BARACK OBAMA

YES,
WE
CAN.

김성 지음

더 큰 나를 꿈꾸는 당신에게 드리는
오바마의 성공 메시지

리즈앤북
ries & book

CONTENTS ▷▷▷

"도대체 오바마가 누구야?"

• • •

최악의 이름을 가진 정치인

기자가 워싱턴에 있는 오바마 상원의원의 사무실에 전화를 걸었다. 신출내기 초선의원의 이름을 묻는 전화였다.

"오바마 의원의 가운데 이름 철자가 정확히 어떻게 됩니까?"

기자는 조심스럽게 물었고 직원은 간단하게 대답했다.

"그 독재자 이름과 똑같아요."

오바마의 가운데 이름은 '후세인'이다. 세상에나! 사담 후세인은 미국인들에게는 저주스러운 이름이었다.

*

그 몇 해 전 상원의원 입후보를 준비하던 오바마는 정치 컨설턴트와 마주 앉아 있었다. 점심을 먹고 있는 그들 옆에는 그날 신문이 놓여 있었다.

오사마 빈 라덴이 매일 1면의 주역으로 등장하던 시절이었다.

"정말 재수 없는 일이네. 이제 와서 이름을 바꿀 수도 없고."

컨설턴트는 그렇게 말하며 난감한 표정을 지었다. '아닌 밤중에 홍두깨라더니….' 오사마의 불똥이 오바마의 속을 시커멓게 태웠다. 이름이 이렇게 자기 운명을 결정지을 줄은 미처 몰랐다.

미군이 오사마 빈 라덴을 상대로 전쟁을 벌이고 있는 실정에서, 미국인들이 그 비슷한 이름을 가진 정치인 버락 오바마에게 호감을 보이고 그를 지지한다는 건 도무지 불가능해 보였다.

*

'버락 후세인 오바마'라는 이름이 어느 날 갑자기 뉴스에 자주 오르내리기 시작했다. "도대체 오바마가 누구야?" 사람들의 반응은 대개 이런 식이다. 미국인들이라고 크게 다르지 않았다. 신문과 방송들은 '버락'Barack이라는 이름 표기마저도 몇 번의 수정을 거친 다음에야 간신히 통일할 수 있었다. 그는 바로 몇 년 전의 점심시간 이후로 자포자기해 있던 그 정치인이었다.

'사담 후세인'과 '오사마 빈 라덴'을 마구잡이로 조합해 놓은 듯한 최악의 이름을 가진 미국인. 매스컴도 자기 나라 상원의원의 이름을 테러리스트 우두머리의 이름으로 잘못 표기하는 실수를 심심찮게 저질렀다. 이름 때문에 정치를 그만둘까 생각하기까지 했던 그가 이제는 미국 대통령 자리를 향해 거침없이 맹렬히 질주하고 있다. 미국인들이 그 이름에 환호하고 그와 더불어 꿈을 꾸고자 한다. 몇 해 전 야속했던 바로 그 이름이 이제는 미국에 내린 축복처럼 거론된다. (실제 '버락'이란 이름은 스와힐리어로 '축복'이란 뜻이다.)

"도대체 그 동안 오바마에게 무슨 일이 일어났던 거야?"

실패한 전쟁으로 결론이 난 이라크 전쟁이 벌어지기 직전, 그러니까 거의 모든 미국인이 부시의 전쟁 개시를 열렬히 지지하던 그때, 공개적으로 반대 연설을 한 정치인이 딱 한 사람 있었다. 당장의 시류가 아무리 거세더라도 먼 장래를 내다보고 원칙을 지켜 일하겠다는 사람이 하나는 있다는 걸 확인한 순간이었다. 물론 연설을 한 다음 그는 매국노라도 된 듯 욕을 바가지로 얻어먹었다. 하지만 미국은 머지 않아 이 원칙의 정치인을 상원의원으로 뽑아 워싱턴으로 보냈고, 이제 대통령으로 뽑아 백악관으로 보내려 한다.

세계가 주목하는 이름이 되다

정치 입문 11년. 그는 그나마 대부분 경력으로 인정해주지도 않는 주 상원의원을 주로 지냈다. 명문 컬럼비아 대학과 하버드 로스쿨을 나왔다는 사실만 보면 상위 몇 퍼센트 안에 드는 집안 좋고 돈 많은 인간이 아닐까 생각된다. 아니면 재수가 억세게 좋아 필생의 기회를 잡은 인간, 혹은 정치 공학에 능수능란하기로 이름난 머리 좋은 귀재 정도일지도 모른다. 그러나 그는 이도 저도 아니면서 삽시간에 미국인들을 열광시키며 미국 정치의 미래와 희망으로 급부상했다. '오바마 신드롬'이라고 부르는 현상이 '오바마니아'(오바마+마니아)들을 중심으로 전 미국을 휩쓸고 있다. 그는 지금 거의 록스타 수준의 인기를 몰고 다니며 자신의 이름 때문에 절망했던 기억을 지워가고 있다. 사람들은 아직도 서로에게 묻는다.

"도대체 오바마가 누구냐?"

질문은 똑같지만 이제는 뉘앙스가 달라졌다. 그는 미국의 다음 대통령으로 가장 가능성이 많은 인물이 되었다. 하와이에서 태어나 일리노이에서 활동했던 촌뜨기 정치인의 정체가 하나둘 세상에 펼쳐지기 시작했다. 거기에는 많은 이야기가 담겨 있다. 링컨도 있고 케네디도 있고 킹 목사도 있다. 흑인도 있고 백인도 있고 아시아인도 있다. 신념도 있고 행동도 있고 전략도 있다. 어머니도 있고 아버지도 있고 할아버지도 있다. 그 숱한 네트워크와 스토리 속으로 대개의 사람들은 파묻힌다. 하지만 오바마는 그 관계와 사연들 속에서 우뚝 솟아올랐다. 미국이, 세계가, 그를 주목할 수밖에 없도록 말이다.

그는 마약중독자가 되어 감옥에 들어가 있을 수도 있었다. 대법원에서 최고의 권위를 누리며 살 수도 있었다. 대형 로펌에서 억대 연봉을 받으며 상류사회에 진입했을 수도 있었다. 그러나 그는 민권변호사와 정치인의 길을 택했다. 쉽지 않은 선택이었다. 선택의 고비마다 그는 쉬운 길 대신 '더 큰 나'를 향한 고난과 도전의 길을 택했다.

그가 정치를 포기하려다가 마음을 돌리며 쓴 글은 그래서 더욱 의

미심장하다.

"어느 순간 나는 나의 한계와 나의 운명을 받아들이기로 결정했다. … 연방 상원의원 선거에 출마하겠다는 말도 안 되는 생각을 한 것이다. … 특별한 꿈을 이루기 위해 오랜 시간 마이너리그에서 노력하고 기다리며 고생한 선수는 재능 있는 선수나 운 좋은 선수와 비슷한 경지에 다다르게 된다."

우리는 이런 경지를 흔히 '내공'이라고 표현한다. 그리고 그 내공이 쌓여나가는 과정을 들여다보고 싶어 한다. 누구에게나 인생을 살아가는 데는 나름의 파도를 맞아낼 내공이 필요하지 않겠는가.

희망, '아메리칸 드림'의 새 이름

신대륙 개척의 시절 이래, 미국은 전 세계 이민자들을 끌어들인 거대한 자석과도 같았다. 그곳은 '꿈이 이루어지는' 약속의 땅이었다. 하지만 지금은 어떤가. 이제는 미국 자신마저도 아메리칸 드림을 믿지 않는다.

'기회는 누구에게나 있고, 어느 누구든 노력하면 바라는 것을 이룰 수 있다!'

가슴 뛰는 말이다. 그러나 최근 들어 아무도 이런 'Dream Come True'의 메시지를 믿지 않을 만큼, 아메리칸 드림의 토양은 척박해져 사막화를 겪고 있는 듯했다. 버락 오바마의 이야기에서 우리는 바로 그렇게 사라진 듯싶었던 가능성과 희망의 조짐을 발견할 수 있다. 그런 점에서 그는 미국인들에게 희망의 메시지를 들고 나타난 정치적 메시아다.

"부모님은 내게 '버락'이란 아프리카식 이름을 지어주셨습니다. 이 관대한 나라 미국에서는 이름이 좀 낯설다고 해서 성공에 방해가 되지는 않을거라고 믿었기 때문입니다. 우스꽝스러운 이름의 이 말라깽이 소년은 이곳에 자리 잡을 수 있다는 믿음과 희망을 품었습니다. 미국이 아니라면 지구 상 어떤 나라에서 내 이야기가 가능하겠습니까. 역경에 맞서는 담대한 희망 audacity of hope, 그건 신이 준 가장 위대한 선물이자 미국의 근본입니다."

*

이 책은 자기계발서이다. 미국 대통령 선거 민주당 후보 경선에 나서 최초의 흑인 대통령 후보가 된 버락 오바마 상원의원의 삶의 이야기에서 찾아낸 자기계발의 지침들이다.

그가 살아온 이야기에 귀 기울이고, 그의 인생의 고비마다 함께 했던 사람들에게 주목해보면, 자기계발의 돌파구를 어떻게 마련할지 그 길이 보인다. 하나의 신드롬으로 자리 잡은 버락 오바마의 삶 속에는 우리가 자칫 잊고 지내기 일쑤인 생의 비밀과 넘치는 에너지가 가득하다. 부시 정권 8년의 끝에서 절망했던 미국인들이, "YES, WE CAN"이라며 주먹을 불끈 쥐고 오바마에게 열광하는 데는 온당한 이유가 있었던 것이다.

그저 그렇게 날마다 흘러가는 생의 껍데기를 뚫고 좀 더 다르게 살아보고 싶은가? 꿈이 불가능해 보여 보다 큰 용기, 대담한 희망이 필요한가? 지금 이 순간의 곤경과 노고가 10년 뒤 '더 큰 나'의 출현을 준비하기 위한 과정임을 확인하고 싶은가? 그렇다면 오바마의 사연과 그의 말 한 마디 한 마디는 당신에게 최고의 멘토링이 될 것이다.

깊은 어둠 속에서 횃불은 더욱 빛나고, 아득한 절망 속에서 길러낸 희망은 더욱 값지다. 불행에 빠졌을 때 진정한 친구를 만나게 되듯, 오히려 역경 속에서 더욱 담대한 가르침을 얻을 수 있다. 늘 도전과 변화를 꿈꾸는 이, 버락 후세인 오바마의 라이프 테라피를 통해 이제 당신도 미래를 향해 외칠 수 있다. "그래, 할 수 있어!"

1부 오바마의 생애 | 오바마의 인생 성공 전략을 본격적으로
살피기에 앞서 1부에서는 세 장에 걸쳐
오바마의 일생을 간단히 살펴본다.

1장은 오바마의 정치적 급부상을 중심으로
그의 삶을 간략히 소개하면서
말미에 오바마에 매료된 한 미국인의
실감 나는 평가를 실었다.
좀 더 자세히 그의 삶의 구비들을
살피고 싶은 독자는 2장과 3장을 통해
'창조적 주변인' 오바마의 탄생과
'더 큰 나'를 향한 오바마의 거듭나기 스토리를
접해볼 일이고, 이미 오바마의 생애에
익숙한 독자들은 아예 1부를 건너뛰고
2부부터 시작되는 본격적인 자기계발
멘토링으로 넘어가도 좋겠다.

1장
빛바랜 아메리칸 드림의
이상을 되살리다

"역경에 맞서는 담대한 희망,
그건 신이 준 가장 위대한 선물이자 미국의 근본입니다."
—버락 오바마

'버락 후세인 오바마'는

짧은 시간에 급부상한 인물이어서 대부분 사람들은 그가 어떤 인물인지 잘 모른다. 특히 그는 공직 생활을 한 지 얼마 되지 않아, 힐러리 같은 거물급 정치인에 비하면 거의 알려져 있지 않다. 그가 나름대로 아메리칸 드림을 이룬 고민과 도전의 개인사를 모르면 어리둥절할 수도 있겠기에 잠깐 그가 살아온 인생을 살펴보는 게 바람직하겠다.

그는 미국인으로는 그리 넉넉하지 않은 평범한 가정에서 태어나 굴곡 많은 어린 시절을 보냈지만 그 바탕을 딛고 일어서서 많은 이들의 경탄을 자아내는 훌륭한 인물이 되었다. 그리고 이제는 미국을 사로잡을 만큼 강력한 영향력을 가진 사람이 되었다. 21세기형 아메리칸 드림을 이뤄낸 인물로 불리기도 한다.

지금까지 그는 삶의 고비마다 깊은 사색과 놀라운 통찰력으로 앞날을 예견하고 자기 원칙에 따라 신념 있게 행동해 왔다. 얼핏 보자면 아주 모범적인 '범생이'의 삶 같기도 하지만 좀 더 면밀히 들여다보면 그 안에는 무수한 굴곡과 고비들이 발견된다. 그걸 이겨나간 그의 태도와 행동에는 우리의 모델이 될 만한 것들이 많다. 세상을 살아가는 방법과 성공할 수 있는 방법들이 보인다.

오바마 패밀리와 미국의 꿈

버락 오바마의 아버지는 그의 나이 스물 세 살이었던 1959년 케냐에서 정부 장학생으로 하와이 대학으로 유학을 왔다. 신생국 케냐의 앞날을 책임질 엘리트였으며, 아프리카 출신으로는 하와이 대학의 첫 학생이었다. 그는 러시아어 수업에서 열여덟 살의 신입생 앤 더넘을 만났다. 흑인이었던 남자와 백인이었던 여자는 교제를 했고 결혼을 했다. 그 시작이 어떠했는지는 자세하게 남아 있지 않다. 1960년대의 미국에서 흑인과 백인의 결혼은 범죄에 해당하던 시기이므로 쉬쉬했으리라 짐작된다.

공부를 계속해 하버드에서 학위를 딴 오바마의 아버지는 박사가 되어 케냐로 돌아가 신생 국가의 고위 공무원이 되었다. 오랜 별거는 이혼으로 이어져 아버지와 어머니는 헤어졌다. 어머니는 하와이 대학의 인도네시아 정부 장학생으로 유학을 왔던 인도네시아인과 재혼을 했고 오바마는 6살부터 10살까지 인도네시아에서 지냈다. 이후 어머니는 다시 이혼을 하고 인류학 공부를 시작했다.

이후 오바마는 혼자 하와이로 돌아와 외할아버지와 외할머니 밑에서 자랐다. 그들과 살면서 자연스럽게 백인 중산층 생활이 몸에 배게 되었다. 케냐인과 백인 사이에서 난 흑백 혼혈로서 자카르타에서 어린 시절을 보낸 오바마가 정체성의 혼란을 딛고 다문화적 장점을 받아들일 수 있었던 것은 평범한 백인들의 문화 속에서 숨 쉬게 만들어준 외할아버지의 힘이 컸다. 그는 오바마가 흑인 콤플렉스를 극복하는 데 많은 역할을 했다.

오바마의 할아버지는 오바마를 키우는 데 최선을 다했다. 할아버지 내외의 노력으로 그는 하와이에서 가장 좋은 푸아호우 사립학교에 들어가 초등학교 과정에서 고등학교 과정까지 그곳에서 마쳤다.

분노와 절망과 동정을 넘어

인종 차별적 분위기가 별로 없던 하와이에서 오바마는 자신의 피부색을 특별하게 의식하지 않고 자랐다. 아프리카인 사위를 받아들였을 만큼 진보적이었던 할아버지 역시 오바마를 무척 사랑했다.

그러나 청소년기의 오바마는 부모와 떨어져 사는 외로움과 흑인으로 살아가야 할 자신의 운명 때문에 고민하기 시작했다. 흑인은 미국 사회 어디에도 속하지 못하는 열등한 존재일 수밖에 없다는 현실을 깨닫기 시작하면서 청소년 오바마는 절망감에 휩싸인 것이다. 그는

1장_빛바랜 아메리카 드림의 이상을 되살리다

술과 담배, 심지어 마약인 마리화나와 코카인에도 손을 대기 시작했다.

대학에 진학해 정치학을 공부하던 그는 남아프리카공화국의 인종 차별에 반대하는 운동을 벌이면서 비로소 자기 안에 있는 소리를 들을 수 있었다. 그때 분노와 절망과 동정을 넘어 '우리'를 하나로 묶는 큰 개념, 즉 공동체 의식을 어렴풋이 깨닫게 되었다. 그것은 흑인뿐만 아니라 차별받는 모든 소수자들을 하나로 묶는 위대한 개념이었다.

그 시절 그는 자신의 정체성을 찾고 자신이 누구이며 어떻게 살아가야 할지를 확고하게 인식하기 시작했다. 자신의 뜻을 펼쳐볼 수 있는 공간으로 빈민가의 공동체 운동에 주목하면서, 인종과 계급으로 얽혀 있는 차별과 억압을 공동체 운동을 통해 풀 수 있으리라고 생각했다. 흑인들은 공동체 의식이 대단히 희박했는데, 소속감을 갖게 되면 그들의 문제를 상당 부분 풀 수 있으리라고 생각한 것이다.

대학을 졸업한 그는 잠시 동안의 회사 생활을 끝으로 빈민운동을 하기 위해 시카고의 저소득층 지역으로 들어갔다. 그곳에서 그는 공동체를 조직해 지역사회 개선 운동을 벌였다. 그러나 그것은 미국 사회의 근본적인 모순과 정면으로 부딪치는 힘든 투쟁이었다. 공동체 운동은 좌절과 실패의 연속이었으나 그는 인내와 노력으로 이겨나갔다.

더 효율적인 방법이 필요하다는 걸 자각한 그는 하버드 로스쿨에 진학했다. 거기서 흑인으로서는 처음으로 법률 학술지인 〈하버드 로 리뷰〉Harvard Law Review의 편집장이 되어 전국적인 화제가 되기도 했다.

졸업 후 그는 출세가 보장된 좋은 직장들을 모두 마다하고 시카고로 돌아왔다. 거기서 민권변호사로 활동하면서 아내를 만나 결혼하고 시카고 대학에서 헌법학 강의를 하면서 이전에 몸담았던 지역사회 개선 운동을 계속해나갔다. 그는 흑인과 백인을 가르지 않고 미국이라는 '더 큰 공동체'를 바라보는 시각에서 모든 이들의 권리 실현을 위해 일하기로 결심한 다음 정치에 뛰어들었다. 그것은 지역사회운동이나 민권변호사 활동보다는 훨씬 효율적으로 가난한 사람들을 돕고 세상을 바꿀 수 있는 방법이라고 생각했기 때문이었다.

그는 이후 일리노이 주의회 상원의원에 당선되어 자신의 꿈을 이뤘다. 그의 의정 활동은 인상적이었으며 점점 사람들의 주목을 받기 시작했다. 그러나 그가 전국적인 정치가로 떠오른 것은 2004년이었다.

건국 초기의 위대한 꿈

2004년 민주당 전당대회 기조연설을 통해 그는 통합과 타협을 통한 아메리칸 드림의 실현을 역설했다. 소수자들이 미국이라는 나라에 사는 참된 의미는 건국 초기부터 유지되어왔던 정신, 아메리칸 드림을 실현할 기회를 누구에게나 부여하는 일이라고 이야기했다. 그것은 '신의 은총'이라는 뜻의 자신의 이름이 상징하는 희망이기도 했다.

그는 공직에 진출하면서 그 꿈을 자신이 이루었다고 말했다. 독립선언문에 나오는 '모든 사람은 평등하며, 생명과 자유와 행복을 추구할 권리가 있다'는 말로 그는 자신의 연설을 마쳤다.

갈등과 분열의 긴 세월에 시달려온 미국은 그의 한 마디에 열광했다. 모두들 잊고 있었던 미국이라는 나라의 존재 이유 중 가장 위대한 가치를 그가 새삼 일깨워준 것이다.

그 연설은 엄청난 반향을 일으켰다. 그는 단 17분의 연설로 전국적으로 유명한 정치인으로 떠올랐다. 무명 신인은 하루아침에 힐러리와 맞먹을 만한 거물이 되었다.

연설 당시 의원 후보였던 그는 그 후 연방 상원의원에 당선되어 국정을 다루었고, 첫 의원 임기를 마치기도 전에 대통령이 되기 위한 후보 경선에까지 나오게 되었다. 케냐 사람의 피를 받은 미국의 한 혼혈 흑인이 개인적인 어려움과 사회적인 모순을 딛고 그 자리에까지 선 것이다. 그 자신이 살아온 삶이 바로 아메리칸 드림이었다.

왜 미국은 오바마에게 열광하는가

샤를 드골이 정권을 잡은 뒤 알제리를 방문했다. 1958년 독립을 열망하고 있던 식민지 알제리는 프랑스와 언제 충돌할지 모르는, 긴장이 팽팽한 상황이었다. 치유될 수 없는 적대감으로 대치하고 있던 유럽인들과 아랍인들이 엄청나게 모여 들었다. 그들 앞에서 그는 마이크를 잡았다. 그리고 그저 간단히 한마디만 했다.

"저는 여러분들을 이해합니다."

군중들은 환호성을 지르며 껑충껑충 뛰었다. 기독교인들과 이슬람 교도들이 함께 감사의 눈물을 터뜨렸다.

"드골이 우리를 이해한대잖아! 됐잖아! 뭐가 더 필요해!"

손아귀에 쥐어준 거 하나 없는데 그 한 마디에 모두 감격을 한 것이다.

미국 국민들이 드디어 그 '드골'을 찾아냈다.

"저 사람은 우리를 알고 있어!"

버락 오바마 역시 예언자 같은 말 한 마디로 국민들을 열광하게 만든다. 정치가들은 워싱턴에서 입씨름으로 세월만 죽이고 있지만, 자신은 국민들과 더불어 미국 자체를 변화시키겠다는 것이다. 기성 정치권에 대해 정치 혐오로만 대응하던 유권자들이 크게 움직이고 있다. 물론 말 한 마디의 힘만은 아닐 것이다. 흑인이라는 타고난 핸디캡을 딛고 21세기 미국이 원하는 새로운 희망과 비전을 스스로 입증해 보인 인물인 덕분이다. 새로운 비전, 그것은 버락 오바마가 갖은 위기와 제약 속에서 온몸으로 일구어낸 21세기형 아메리칸 드림 바로 그것이었다.

합리적인 인간, 호감 가는 사람, 오바마라는 정치가는 냉소로 가득했던 수많은 백인 유권자들의 가슴에 열정의 불을 지폈다. 한 웹 사이트는 그를 숭배하는 기사를 올리며 오바마를 '메시아'로 표현하는 극단적인 제목을 올리기도 했다. 흑인들은 오히려 상대적으로 그에게 휩쓸리지 않는 모습을 보이고 있다.

여성 대통령? 흑인 대통령?

힐러리는 도도새였다가 독수리가 되어 비상했다고 한다. 그의 경쟁상대로 뛰고 있는 오바마의 그림은 더 초라했다. 그는 잡초와 같은 주변인이다. 인도네시아에서도 하와이에서도 LA에서도 늘 울타리 근처에서 쭈뼛거리는 들풀에 불과했다. 그러나 자신의 위치가 파악되자 그 기세도 방향성도 판이하게 달라졌다.

컬럼비아 대학을 다니던 뉴욕 시절부터 울타리 곁의 들풀은 외연을 확장하며 중심을 향해 들어갔다. 그러면서 삭막하던 마당을 온통 희망의 풀밭으로 만들어버린 것이다. 이제는 그는 늘 푸른 초원 가운데에서 살고 있는 주인공이 되었다.

부잣집 딸 힐러리의 성공은 대단해보이기는 해도 별로 감격스럽지는 않다. 하지만 검은 아프리카인의 자식인 하와이의 '깡촌놈'이 힐러리와 겨룰 만큼 성공한 스토리에는 감격스러운 요소들이 가득하다. 그의 인생은 낙관적 미래에 대한 설득력 있는 실례 중의 하나이다.

힐러리와 오바마의 등장은 미국 정치의 '빅 뱅'이라고 할 수 있다. 민주당 대통령 후보 경선에 여성 후보와 흑인 후보가 등장한 것은 한 세대 전은 물론, 10년 전만 해도 꿈도 꾸지 못했을 일이다. 더욱 중요한 것은 그들이 들러리가 아니라 가장 유력한 후보들이라는 점이다.

두 사람의 면면을 살펴보는 일은 흥미롭다. 그들은 사람들의 존경심을 충분히 끌어낼 수 있을 만큼 개인적으로도 성공한 인물들이다. 초기에는 평범했지만 연륜이 쌓여가면서 자신의 모습을 확고하게 다들어간 모범적인 인물들이다. 개인의 성장이 사회적 발전으로 연결되어 지금의 위치에 이른 바람직한 인물들이다.

힐러리 클린턴은 오랜 정치 생활과 백악관 생활로 늘 뉴스의 초점으로 주목받던 인물이다. 그러나 이전 선거 때까지만 해도 그녀가 순식간에 대통령직에 그렇게 가깝게 접근하리라는 예상은 그리 많지 않았다. 준비된 실력과 경험을 갖추고 야심만만하게 전진하는 힐러리에게서는 현대를 사는 우리들이 배울 만한 노하우들이 많다.

여성 후보의 등장보다 더 큰 변화는 흑인 후보의 등장이다. 힐러리가 여성 대통령 후보라는 사실은 아마 흑인 후보 오바마가 없었다면 더욱 크게 빛을 발했을 것이다. 미국의 상류층, 또는 정가에도 성공한 흑인들이 없는 것은 아니다. 그러나 그들은 '백인화'된 흑인들이라고 해도 과언이 아니다. 자기 정체성을 버리고 백인들의 질서와 백인들의 생활을 익혀 그들 속에 섞여 살아온 사람들이다. 버락 오바마는 흑인의 정체성을 지닌 최초의 정치인이었다는 점에서 그의 등장은 미국 정계의 대단한 변화이다. 그가 만약 흑인이 아니었다면 그만한 인기를 얻지 못했을 것이라는 비아냥까지 있었다.

그는 정치 풋내기에 불과하다. 돈이 많은 것도 아니고 경력이 화려한 것도 아니다. 이런 신인이 짧은 시간 안에 폭발적인 인기를 얻게 된 이유는 무엇일까? 그는 힐러리 이상으로 자신의 비전을 성취하기 위해 갈고 닦아온 사람이다.

오바마의 일생은 특별하지 않은 것 같으면서도 아주 특별하다. 또 특별한 것 같으면서도 아주 평범하다. 누구나 공감할 수 있는 보통 사람의 모습이 보인다. 그러면서도 만만치 않게 살아왔다는 긴장감을 준다. 누구에게나 '아, 나도 저렇게 해보고 싶다'는 희망을 주는 사람이다. 정치 지도자로서 대중에게 희망을 주는 존재가 된다는 것은 대단한 축복이다. 대중에게 뭔가 이룰 수 있으리라는 꿈을 꾸게 하는 능력, 이보다 더 큰 정치적 자산은 없다.

오바마는 약속된 출세길을 버리고 자신이 구상한 세상을 만들기 위해 공동체 조직과 구호 활동을 하며 젊은 시절을 보냈다. 남을 위해 살아가는 남다른 길을 걸은 것이다. 그 공동체 개념은 그 후 나날이 발전하여, 갈등과 분열이 극에 달한 미국을 다시 하나로 통합해야 한다는 정치 이념으로 발전했다. 그것은 힘든 일이었지만 그는 이 목표를 위해 자신이 할 수 있는 모든 노력을 쏟았다. 결과는 지금 우리가 목격하는 것처럼 대성공이었다.

국민에게 희망을 주는 신념

그는 스스로가 '미국의 꿈'을 이룬 성공한 흑인이다. 그는 그 꿈이 미국인 모두의 꿈이 되어야 한다는 점을 강조한다. 모든 사람은 평등하며 생명과 자유와 행복을 추구할 권리가 있다는 점을 역설한다. 그러면서 그는 '미국은 미국일 뿐이며, 흑인의 미국도 아니고 백인의 미국도 아니고 라틴계의 미국도 아니고 아시아계의 미국도 아니다'는 말로 미국을 열광시켰다. 이 연설은 그를 전국적인 스타로 만들었다. 바로 2004년 민주당 전당대회 기조연설의 내용이다. 좌절에 빠진 사람들에게 희망의 메시지를 건넨 것이다.

부시의 행태에 절망한 미국인들 때문에 캐나다로의 이민 대열이 급증할 정도로 분열되어 있던 미국인들은 그의 연설을 듣고 깊이 공감했다. 상대를 비난하고 공격하면서 자신의 주장만 내세우던 정치판에 화합과 타협의 정치, 국민들에게 꿈을 실현할 수 있는 정치를 들고 나와 그는 한 순간에 주목받는 리더로 등장한 것이다.

이제 미국은 모든 이들에게 미국의 꿈을 실현할 수 있는 기회를 주는 나라가 아니다. 부자에게는 돈이 넘쳐나지만 의료 보험 혜택을 전혀 받지 못하는 사람들이 몇 천만 명이나 되는 국가다. 사람들은 좌절하고 분노했지만 해답은 아무 데도 없다. 그런 국민들에게 다시 미국의 꿈을 실현할 수 있으며 그 기회를 국가가 제공해야 한다는 정치가가 나타났다. 건국의 초기부터 이상으로 생각하던 국가의 모습을 다시 만들어가자는 그에게 열광하지 않을 수 없었을 것이다. 오바마는 그것이 진정한 미국의 정신이며 앞으로 만들어나가야 할 미국이라고 이야기하고 있다.

그는 타락해버린 미국 정치에서 끝없는 대결, 승리 아니면 패배라는 등식을 받아들이지 않는 거의 유일한 정치인이다. '더불어 살아가는' 정치를 말하는 거의 유일한 정치인이다. 그에게는 진보도 보수도 없으며 '우리는 하나'라고 말하는 미국 현대사의 거의 유일한 정치인이다.

이런 정치적 태도를 취하는 것은 미국 정가에서 쉽지 않은 일이다.

1장_빛바랜 아메리카 드림의 이상을 되살리다

네거티브가 난무하고 이기기 위해서는 무슨 짓이라도 해야 한다는 분위기가 너무나도 지배적이기 때문이다. 그렇기 때문에 그는 거의 유일하게 청정한 정치인이라고 할 수 있다. 그는 그것으로 늘 선거에서 성공했다. 사람들에게 그는 희망이었다.

끝없는 당파 싸움에 지쳐 있는 미국, 양극화가 심해져 절망하는 사람들이 늘어나고 있는 미국, 화해와 타협의 대화가 사라진 미국에 그의 말과 행동은 희망이다. 대중정치인으로서 버락 오바마의 성공은, 좌절과 분열에 고달파 하는 미국인들에게 그가 희망과 화합의 메시지를 자신의 말뿐만 아니라 삶 그 자체로 보여줄 수 있었기에 가능했던 것이다.

"나는 오바마에게 이렇게 매료되었다"*

* 이 글은 오바마 후보를 직접 만나본 한 미국인의 글을 요약한 것이다. 출처는 blog.pmarca.com, "An hour and a half with Barack Obama" by Marc Andreessen.

여러 사람들과 함께 오바마를 한 시간 반 동안 만났다. 흥미로운 만남이었다. 가까이서 그를 자세히 보고 대화를 나누면서 느낀 점들은 다음과 같다.

그는 지극히 정상적인 사람이었다.

나는 지난 15년간 여러 명의 정치인들을 만나서 대화를 해보았다. 그들은 말을 하기만 하고 듣지 않는다는 점에서, 우리와는 좀 다른 사람들 같았다.

오바마 상원의원은 반대로 아주 정상적이었다. 대화하는 스타일도 그렇고, 사람에 대한 관심의 수준도 그랬다.

우리는 실질적이고 솔직한 대화를 나누었다. 이리 갔다 저리 갔다 마구잡이로 여러 가지 주제를 이야기했다. 특히 오바마는 페이스북, 유튜브, 사용자 제작 컨텐츠(UCC) 등등, '사회적 네트워킹'에 관심이 많았다. 그리고 뜻밖에도 지속적으로 차세대 사회적 소통 미디어가 뭐가 될 거라고 생각하는지 꼼꼼하게 물어보았다. 사회적 네트워킹이 정치에 주는 영향이 어떤지도 물어보았다. 그에게는 보좌관들도 없었고 준비한 자료도 없었고 메모도 없었다. 그는 이미 그런 주제에 대해서는 상당량의 정보를 알고 있었다. 그래도 호기심

1장_빛바랜 아메리카 드림의 이상을 되살리다

을 갖고 더 배우고 싶어 했다. 우리는 광범위한 영역의 많은 이야기를 나눴다. 실리콘 밸리와 정치 주제에 대해서도 이야기했다.

대부분의 정치인들은 상대가 얼마나 모금해줄지 파악하면 거기서 이야기를 끝내버린다. 오바마는 그러지 않았다. 이게 그가 정상적인 인간이라는 증거다.

그는 매우 영리했다.

힐러리는 오바마를 라이트급 정도의 가벼운 인간으로 분칠을 하는데, 전혀 그렇지 않았다. 그는 요즘 정치인들 중 누구보다도 지적인 스케일이 컸다. 거의 최고 수준이었다. 그가 머리 좋다는 것은 배경만 보아도 알 수 있다. 시카고 대학에서 헌법 강의를 했고, 하버드 로스쿨을 우등으로 졸업했고 〈하버드 로 리뷰〉라는 학술지의 편집장을 했으니까.

직접 대화해보았더니 요즘 정치인들 중에서 머리가 가장 좋은 인간이라는 게 확실하게 느껴졌다. 최소한 빌 클린턴 이후에는 오바마가 최고라고 할 수 있다. 명쾌하고 간결하고 분석적이다. 아주 많은 양의 정보를 확실하게 소화해서 종합해 놓은 사람이다. 그래서 영리하다.

그는 급진적이지 않았다.

모든 걸 던져버리고 새로 시작하려는 진보적인 혁명가 스타일이 아니었다. 선거 때의 연설은 치워두고 수많은 문제들을 다루는 그의 정책을 보자. 그의 정책들은 깜짝 놀랄 만큼 합리적이고, 온건하고, 사려 깊은 것들이다.

그런데 오바마라는 사람도 그렇다. 합리적이고 온건하고 생각이 깊다. 유토피아나 혁명적인 꿈을 실현시키려고 눈에 불을 켜고 다니는 인물이 아니다. 질문이나 대답을 보면 그는 침착하고, 이성적이고, 비판적이다.

그는 베이비붐 이후 세대에서 나온 믿을 만한 최초의 대통령 후보 경선자이다.

베이비붐 세대들은 1960년대에 태어난 세대로 규정된다. 그들의 세계관과 시야는 베트남 전쟁, 그리고 60년대 말에 절정을 이룬 사회적 불안과 변화를 거치면서 형성되었다.

베이비붐 이후 세대들은 70년대와 80년대 태어난 사람들이다. 베트남 전쟁 이후, 탄핵을 당한 닉슨 이후, 성 혁명 이후, 60년대의 문화 전쟁 이후의 세대들이다.

오바마가 신선하고 달라보였던 것은 세대가 달라서였다. 그는 2차 대전 세대(레이건, 부시 시니어, 돌, 맥케인까지, 1936년에 태어났다)도 아니었고 베이비붐 세대(빌 클린턴, 힐러리 클린턴, 존 케리, 앨 고어, 조지 부시)도 아니었다.

어떻든 베이비붐 세대들은 대부분 아직도 1960년대에서 벗어나지 못하고 있다. 사회 변화, 정치, 정부에 관한 생각들이 아직도 60년대식이다.

오바마와 대화를 해보니 그는 완벽하게 60년대 이후의 세상에 초점이 맞춰져 있다는 게 확실했다.

이 네 가지의 오바마에 대한 인상을 종합해보면 이런 그림이 나온다.

정상적이다, 영리하다, 호기심이 많다, 급진적이지 않다, 새로운 세대의 가치관을 지녔다.

오바마는 의심할 여지없이 비판적이고, 인내심 많고, 지적이고, 윤리적 기준이 높아 훌륭한 대통령이 될 만하다. 그가 아직 준비가 안되어 있다는 건 전혀 맞지 않는 말이다.

*

오바마 선거운동 조직은 가장 잘 짜여 있고 잘 운용되고 있는 선거운동 조직이라고 전문가들은 말한다. 힐러리마저도 오바마의 선거운동 조직이 활동 전반에 걸쳐 잘 훈련되어 있고, 질서 정연하고, 효과적이라는 사실을 인정하고 있다. 그리고 이번 경선에서는 보통 선거에서 흔히 나타나는 네거티브 운동과 공격적인 광고도 하지 않는다. 스태프들이 마음을 바꿔 상대편 진영으로 넘어가는 일도 거의 없다. 아무리 따져보아도 오바마의 조직은 힐러리나 맥케인의 조직보다 월등히 운용이 잘 되고 있다.

이것은 오바마가 조직을 이끌어 가는 능력이 얼마나 뛰어난지를 잘 말해주고 있다. 최고 수준의 선거운동 전문가나 자원봉사자들을 모집해서 운용하는 그의 능력도 많은 것을 말해주고 있다. 이것은 리더십의 중요한 특성이다. 이런 것들을 힐러리나 맥케인 조직의 어마어마한 불화, 내분, 스태프들의 이탈과 비교해보면, 매우 재미있는 데이터라고 말할 수 있다.

2장
창조적 주변인,
'더 큰 나'를 꿈꾸다

"시카고의 저소득층 지역에 글을 읽지 못하는 어떤 아이가 있다면,
그 아이가 제 아이가 아니더라도 저에게는 중요한 문제가 됩니다."
– 버락 오바마

"얼마나 험상궂게 생겼는지.

인상이 너무 무서웠어. 마침 버스가 오지 않았더라면 그 사내가 내 머리를 후려쳤을지도 몰라."

어느 날 아침 할머니와 할아버지가 다투고 있었다. 늘 버스로 출근하던 할머니가 갑자기 할아버지의 차로 출근을 시켜달라고 부탁했고 할아버지는 거절을 한 것이다. 할머니는 버스정류장에서 자기에게 다가와 돈을 달라고 구걸하던 남자가 너무 무서웠다는 거다. 1달러를 주었지만 남자는 계속 더 달라고 했다. 그래서 할머니는 무슨 해를 당하지나 않을까 하여 앞으로 버스를 타고 싶지 않았다. 그런데 할머니가 그 남자를 무서워한 진짜 이유는 그 남자가 '흑인'이었기 때문이라는 것. 할아버지는 그것 때문에 화가 난 것이었다.

"그 남자 흑인이었단 말이에요."

할머니의 그 말에 오바마는 가슴이 떨렸다. 할머니의 사랑은 의심할 여지가 없었다. 앞으로도 그를 극진히 사랑해줄 것이다. 하지만 할머니는 나와 같은 피부색을 가진 사람을 두려워한다. 백인인 할머니는 흑인을 두려워할 권리가 있었다. 그날 그는 정말 외롭다는 생각을 했다.

오바마의 주변에는 이런 우울하고 드라마틱한 이야기들이 많다. 집안 식구들의 사랑의 깊이와는 상관없이 그는 긴 세월을 외로운 주변인으로 견뎌야만 했다. 심지어 가족 안에서까지. 그런 외로움들은 역설적이게도 그에게 생각의 깊이와 품성의 넓이를 더해주었다.

그는 엘리트 코스를 거쳐 온 수재다. 명문 컬럼비아 대학과 하버드 로스쿨을 나왔다는 사실만으로도 그가 특별한 존재라는 걸 알 수 있다. 그러나 결코 순탄한 삶은 아니었다. 자기 정체성을 찾기 전까지는 그저 답답한 인생이었다. 스스로 선택한 것은 아니었지만 그를 낳은 부모들의 인생과 그가 처한 환경이 그리 호락호락하지 않았기 때문이다. 흑인의 삶이란 결코 중심부에 속할 수 없다는 걸 아프게 자각해야 했다.

오바마를 가장 괴롭힌 것은 주변부에서 벗어나는 일이었다. 그렇다고 백인 사회로 들어가기도 싫었다. 오바마는 오바마이어야 했다. 중심부 진입에만 매달려 전전긍긍하느라 인생의 모멘토를 허비하지 않는 주변인, 주변인 특유의 투철한 세계관을 동력삼아 주변과 중심을 함께 바꾸어내는 주변인, 오바마의 정체성은 바로 그런 적극적 주변

2장_창조적 주변인, '더 큰 나'를 꿈꾸다

인이었다.

쉽지 않은 과정이었지만 그는 결국 자신의 힘으로 자신의 의도를 이루었다. 인생 역전의 스토리를 직접 써내려간 것이다. 시절은 어려웠고 고난은 간단치 않았으나 그 시간이 결국은 오바마의 인생 후반부를 준비하는 시간들이 되었다.

너무나 어지러운 어린 시절

오바마의 아버지 버락 오바마 시니어 Barack Obama Sr.는 케냐 출신의 흑인이다. 어머니 앤 더넘Ann Dunham은 캔자스에서 태어난 백인이다.

배움에 목말랐던 아버지는 집을 나와 가게 점원을 하며 통신 교재로 홀로 공부를 했던 사람이었다. 그를 기특하게 본 몇몇 미국인들의 도움으로 그는 스물 세 살의 나이에 하와이 대학으로 유학을 왔다. 부족의 옷을 벗어버리고 백인들의 요리사가 되었던 그의 할아버지만큼이나 아버지 역시 극적인 삶의 주인공이었다.

그는 앤 더넘을 만나 결혼을 하고 아이를 낳자 자신의 이름 '버락'을 아이에게 붙여 주었다. 1960년대의 미국에서 흑인과 백인의 결혼은 범죄에 해당했던 시기였다. 어쨌든 어린 오바마에게 아버지의 기억은 없다.

하버드에서 학위를 딴 오바마의 아버지는 케냐로 돌아가 식민지에서 독립한 신생 국가의 고위 공무원이 되었다. 결국 아버지와 어머니

는 오랜 별거 끝에 헤어졌고 각각 재혼을 했다. 어머니는 정부 장학생
으로 유학을 왔던 인도네시아인과 재혼을 해 오바마는 인도네시아로
옮겨 6살부터 10살까지 지냈다. 얼마 뒤 어머니는 또 이혼을 했다.

아버지가 없는 가족에게 제일 먼저 닥친 것은 경제적인 어려움이었
고, 자식에게는 애정 결핍의 갈증을 가져다주었다. 다행히 오바마의
할아버지 내외가 경제적인 면과 사회적 부성과 애정 결핍을 해결해주
었지만 아버지 부재의 정서는 오바마를 오랫동안 사로잡았다. 존재
하면서도 모습을 보이지 않는 아버지는 그에게 우상과 같은 이미지로
변했고, 이후 '아버지처럼'의 심리와 '아버지와는 다르게'의 심리가 반
복적으로 나타난다. 오바마가 성인이 되어 뭔가를 이루려는 야망, 남
을 위해 큰일을 해보겠다는 희생정신 등을 보여준 것은 이런 심리의
영향이라는 것을 알 수 있다. 아버지의 부재는 어린 시절 불행의 원인
이었지만 오바마는 이를 축복으로 바꿔냈다.

따돌림과 죄책감의 경험

인도네시아에서 지내던 어린 시절, 오바
마는 6개월 만에 인도네시아어를 능숙하게 말할 정도로 익혔고, 특유
의 친화력으로 쉽게 친구들을 사귈 수 있었다고 회고한다. 하지만 자
카르타 시절의 오바마를 기억하는 급우들과 교사들은 한결같이 '외국
어 학습에 소질이 없어 보였던 오바마는 현지 언어를 익히는 데 큰 어
려움을 겪었고, 그래서 늘 말이 없는 아이'였다고 기억한다.

지금과는 달리 유달리 살이 쪘고 피부가 까만데다가 눈치 없이 행동하는 바람에 늘 또래들 사이에서 놀림과 괴롭힘을 당하기 일쑤였다. 더구나 인근에서 그는 유일한 외국인 아이였다. 처음에는 가톨릭 학교에 입학했는데, 이슬람 지역인 인도네시아에서는 아이들이 던진 돌이 학교에 날아들기도 했다.

인도네시아 말을 제대로 익히지 못했던 그가 제일 먼저 익힌 말은 '쿠랑'(사기꾼)이었다. 아이들이 그를 괴롭히면 그는 '쿠랑, 쿠랑!' 하고 외쳤다. 아이들은 유일한 흑인인 그를 '니그로'라고 불렀다. 그러나 몸집이 크고 활달해서 아이들은 그를 이길 수 없었다. 싸움놀이를 할 때에는 3명이 같이 덤벼들어도 이기지 못했다. 이슬람 학교로 옮긴 다음에는 아이들을 전혀 사귀지 못했다. 그는 뒷전에 앉아 스파이더맨이나 배트맨 같은 만화만 그렸다.

오바마는 이 시기에 낯선 외국에서 '따돌림'을 겪었다. 그의 집은 그리 넉넉하지 못해 수업료가 비싼 국제학교에는 갈 수 없었지만, 그래도 또래 인도네시아 아이들에 비해 풍족했고 그것 때문에 죄책감을 느끼기도 했다. 그때의 소외와 죄책감은 성인이 된 다음 남을 배려하고 남의 어려운 처지를 같이 아파하는 성품으로 발전했다.

오바마와 함께 자카르타의 제1초등학교를 다녔던 한 동창은 "오바마가 '대통령이 되겠다'는 장래 희망을 써 우리들은 '꿈에서나 그렇겠지'라고 놀린 적이 있다"고 아직도 기억하고 있다. 초등학교 3학년 담임교사는 그가 수업 시작 전 아이들을 정렬하는 일을 늘 맡고 싶어

했기 때문에 다른 아이들에게도 기회가 돌아가도록 신경써야 했다고 말했다.

"오바마는 항상 1등을 하고 싶어 했어요. 자신이 통제권을 쥐어야 마음이 놓이는 듯했죠."

오바마의 리더 기질은 그때부터 발휘된 듯하다. 가난한 친구들이 느끼는 무력감과 백인 어머니 때문에 누리는 '특권'을 동시에 경험하면서(어머니는 자카르타 주재 미국대사관에서 근무했다) 오바마는 자신이 처한 상황에 눈뜨기 시작한 것이다. 어른이 되어서도 대학 졸업생 같은 순진한 얼굴을 하고 있지만, 그는 어디를 가나 세상물정을 아는 아이라는 느낌을 주었다. 유독 피부색이 다르고 덩치가 컸던 아이 오바마는 오히려 학교에서의 '따돌림' 덕택에 좀 더 빨리 철이 들었다. 일찌감치 자신을 타자화시킬 줄 알았고, 역지사지의 객관성을 터득한 아이로 훌쩍 성장한 것이다.

다문화적 성장 배경

인도네시아에서 의붓아버지와 어머니가 이혼을 하자 오바마는 하와이로 돌아가 외할아버지 내외의 보살핌을 받으며 자란다. 이후 오바마를 키우고 지켜준 울타리는 외할아버지와 외할머니였다. 하와이와 인도네시아를 오가며 보냈던 어린 시절의 경험은 미국인으로서는 매우 특이한 것이다. 케냐인과 백인 사이에서 난 흑백 혼혈이자 자카르타에서 어린 시절을 보낸 오바마의 정체성 혼란은 짐작되고도 남음이 있다. 하지만 오바마는 그 혼란이 수렁으로 나아가도록 내버려두지 않았다. 오히려 그 혼란을 헤쳐 든든한 토대로 만들어 딛고 섬으로써, 그 위에서 다문화적 장점을 받아들일 수 있는 폭넓은 정서를 지니게 된다.

무엇보다 다문화적 성장 배경은 오바마에게 탄탄한 자신감을 심어주었다. 지금도 그는 어딜 가든 어떤 사람과 만나든 편안한 느낌으로 상황과 동화된다. 또 상대가 무엇을 받아들일지 파악하는 남다른 감각을 갖게 됐다. 이런 감각은 서로 의견이 다를 때 많은 도움이 된다. 아이들이 폭넓은 문화적 경험 속에서 성장하여 남다른 생각의 창고를 갖는다는 건 실로 값진 교육인 셈이다.

어린 시절의 오바마는 피부색을 크게 의식하지 못하고 자랐다. 함께 살아온 외할아버지, 외할머니, 어머니가 모두 백인이었고 더구나 하와이라는 땅은 유색 인종을 차별하는 분위기가 아니었다. 그러나 그의 배경은 무척 복잡했다. 흑인과 백인의 피가 섞였고 하와이와 인도네시아 같은 변방에서 자랐으며 가족들의 종교적 배경도 달랐다. 할머니는 손자가 흑인이었지만 흑인 부랑아를 만나면 공포심을 느끼는 평범한 백인 미국인이었다. 그로서는 고민스러운 상황이 한둘이 아니었다. '나는 누구인가'를 묻는 정체성의 고민이 더욱 깊을 수밖에 없었다.

오바마가 최초로 정체성에 의문을 품었던 시기는 인도네시아 시절이다. 생활 여건이 하와이보다 낮은 그곳의 풍경은 충격이었다. 엄마는 거지에게 친절하라고 했지만 구걸하러 온 나환자를 보고 어린 오바마는 어찌 할 바를 몰랐다. 코가 없어지고 구멍만 두 개 있는 그 환자가 말을 하는 순간 구멍에서 휘파람 소리가 났다. 거리에는 거지가 가득했고 오바마는 그런 거지들에게 돈을 주느라 쩔쩔매야 했다. 어머니는 그들을 따뜻하게 대했다. 오바마는 상대적으로 부유했다. 그는 그것 때문에 늘 죄책감을 느끼며 살았다.

어머니의 자비심은 오바마에게 깊이 각인되었다. 그는 어린 시절에도 나이가 들어서도 좀처럼 화를 내지 않았다. 그리고 어떻게든 남을 도우려는 태도를 보였다. 그의 정치이념도 이런 이타심과 자비심을 근거로 하고 있다.

인내심을 키운 새벽 공부

어머니는 아들이 자신감을 잃지 않도록, 회의감이 들지 않도록 하려고 애썼다. 흑인의 위대한 유산, 특별한 운명을 가르쳤다. 미국인들의 무지하고 거만한 모습을 비판했다. 당시의 미국인들은 현지 식당에 절대로 출입하지 않았고, 인도네시아 사람들을 사귀는 법도 없었다. 어머니는 그런 미국인들을 좋아하지 않았다. 오바마가 인도네시아 사람들보다 우월하다는 생각을 갖지 않도록 주의를 주었던 어머니의 교육은 독특한 것이었다. 오바마가 성인이 된 뒤에 "사람은 예의가 발라야 한다"는 식으로 말할 때면, 우리는 그것이 어린 시절 어머니의 영향 때문이라고 짐작해도 좋다.

그런 어머니 때문이었는지 오바마는 닭 꼬치구이, 볶음밥, 미트볼

등 거리에서 파는 인도네시아 음식을 즐겨먹었다. 인형 그림자 연극도 즐겼다. 인도네시아 음악에도 관심이 있었다. 뒤뜰에는 새끼 악어와 극락조와 앵무새 천지였다. 이쯤 되면 어린 소년에게는 천국 아니었겠는가.

한편 어머니는 아들이 미국 아이들에 비해 뒤떨어질까 염려했다. 새벽 4시면 오바마를 깨워 3시간 동안 직접 영어를 가르쳤다. 이 개인 교습이 오바마에게는 무척 괴로웠지만 ─ 종일 대사관에서 일해야 하는 어머니에게도 고된 하루의 시작이었겠지만 ─ 어머니는 건너뛰는 법이 없었다. 어린아이에게는 거의 고문에 가까웠을 이런 훈련이 오바마에게 길러준 것은 영어 실력뿐만이 아니었다. 아무리 상황이 어려워도 해야 할 것은 해야 한다는 어머니의 신조는 이 새벽 공부를 통해 아들에게도 고스란히 전수되었다. 아나 다를까. 오늘날의 오바마는 어떠한 상황도 헤쳐 나가는 놀라운 실행력의 소유자다.

어머니는 아들에게 미 중서부의 전통적인 가치관인 정직, 공정, 솔직 등을 가르쳤다. 상황이 여의치 않아도 자신이 믿는 것은 행동에 옮기고 마는 어머니의 의지 또한 청교도 정신과 개척자 정신이 한 데 어우러진 미국 전통의 일부였고 아들도 그런 강단 있는 기질의 소유자로 자라기를 바랐다. 그러나 인도네시아의 빈곤과 부패에는 회의하지 않을 수 없었다. 결국 어머니는 아들을 하와이로 보내기로 결정한다. 이때가 초등학교 5학년인 열 살 때다.

점점 커지는 정체성 문제

"TV에 나오는 오바마를 보면 학교 다닐 때와 똑같아 웃음이 납니다."

호놀룰루의 사립학교인 푸나호우 초등학교 교사인 앨런 럼은 푸나호우 중학교 2학년 때 오바마를 농구팀에서 만났다. 푸나호우는 수업료가 무척 비싼 학교였는데 할아버지는 기어이 손자를 그 학교에 넣었다. 오바마는 이 학교를 초등학교 5학년부터 고교 졸업 때까지 8년간 장학금을 받고 다녔다. 유치원생부터 고등학생까지 가르치는 하와이 최고의 학교였다.

오바마를 키운 것은 그가 자란 다양한 장소만큼 다양한 사람들이었다. 어머니 앤은 머리가 좋고 실행력이 뛰어난 여성이었다. 외할머니 매들린은 남 앞에 쉽게 나서지 않는 냉철한 실용주의자였다. 외할아버지 스탠리는 따뜻한 심성의 소유자였지만 잘 믿어지지 않는 이야기나 비현실적인 꿈을 꾸는 경향이 다분한 사람이었다. 누이동생 마야 소에토로는 이렇게 말한다.

"되돌아보면 오바마는 이 모든 분들의 완벽한 조합 같은 사람이었어요. 모두들 완벽하지 않은 분들이었죠. 그러나 모두 오바마를 극진히 사랑했어요. 저는 오바마가 그분들에게서 아주 좋은 점들만 받아들인 것 같아요."

오바마가 애늙은이처럼 너른 마음을 갖게 된 데, 이런 애정 어린 양육이 크게 작용했음은 틀림없다.

친구들은 오바마가 외할아버지와 같이 외출 나온 광경을 자주 보았다. 할아버지는 아버지 없이 자라는 손자를 안타까워하며 애지중지했다. 할아버지만큼 오바마를 사랑하고 이해해주는 사람은 없었다.

흑인이라는 점 때문에 아이들에게 괴롭힘을 당하기는 했지만 그는 학교생활에 그럭저럭 적응했다. 그러나 고등학교에 들어가자 고민이 깊어지기 시작했다. 세상에는 두 가지 종류의 인간밖에 없다고 느꼈던 것이다. 백인, 그리고 개만도 못한 인간.

백인 친구들이 모욕적인 발언을 하기는 했지만, 그들의 차별 때문에 자괴감을 느낀 것은 아니었다. 그냥 자신이 흑인이라는 사실 자체가 끊임없이 괴로웠다. 흑인으로는 제대로 된 삶을 살기가 불가능하고, 백인의 질서에 순응하여 그 일부가 되어야 편하게 세상을 살 수 있다는 생각이 끊임없이 그를 괴롭혔다.

"그렇게 백인의 질서에 순응해서 살아가야 하는 것이라면, 그때의 나는 대체 흑인인가 백인인가?"

흑인이란 도대체 어떻게 생겨먹은 인종인지 알 수 없었다. 그는 자신이 무력한 패배자로 남아 수많은 모순을 안고 평생을 살아가야 한다는 사실이 힘들었다. 백인 문화에서는 개인이 존재했지만, 흑인의 문화에서는 개인을 찾아볼 수 없었다.

택시를 잡으려고 해도 세워주지 않거나, 엘리베이터를 타면 여자들이 경계의 눈빛으로 핸드백을 끌어안는 모습을 평생 견디며 살아가야 한다는 게 유색 인종의 운명 같았다. 정치인이 된 다음에도 백화점 경비원은 그를 졸졸 따라다녔고, 백인 쇼핑객들은 그를 주차원으로 보고 열쇠를 맡기려고 하는가 하면, 경찰차가 별 이유도 없이 좋은 차를 몰고 가는 그를 길가로 밀어붙이기도 했다.

그럴 때 아버지의 빈자리는 더욱 커보였다. 아버지가 없었기 때문에 그는 보고 배울 만한 역할모델이 없었다. 자기 정체성 형성을 위해 많은 갈등과 투쟁의 시기를 거치지 않을 수 없었다. 마약과 술에 빠져든 그는 교사도 다루기 힘든 골칫거리 학생이 되었다.

스스로 찾은 해답

그는 역할모델을 찾기 위해 책을 뒤졌다. 제임스 볼드윈, 랠프 엘리슨, 랭스턴 휴즈, 리처드 라이트, W. E. B. 듀보이스 등 흑인 작가들의 책이었다. 유일하게 실망을 주지 않은 글은 맬컴 X였다. 그러나 맬컴 X도 그의 상처를 치료해주지는 못했다.

오바마는 닥치는 대로 읽고 배우면서 자기감정을 애써 비춰보고 꼼꼼히 헤아려보았다. 당장의 효과는 신통치 않았지만 맘속에 들끓는 감정들과 진지하게 대면하여 이해하려고 노력했다. 그러면서 자기 안에 우상처럼 자리 잡고 있는 완벽한 인간인 아버지의 모습을 발견해내고자 애쓰기도 했다. 책과 씨름하며 친구들과 끊임없는 논쟁을 벌이고 세상과 화해를 하려는 온갖 시도를 했다.

그때 읽었던 수많은 책들과 토론은 그의 다문화적 토양 위에 뿌린 건강하고 알찬 씨앗들이었다. 좋은 땅에 뿌려진 이 씨앗들은 금세 뿌

2장_창조적 주변인, '더 큰 나'를 꿈꾸다

리를 내리게 된다. 고민에 휩쓸리지 않고 치열하게 대결하면서 오바마는 자신의 글쓰기 재능을 발견한 것이다. 그것은 그에게는 하나의 구원이었다.

백인이 주도하는 세상에서 흑인의 존재는 무엇인가. 흑인과 백인의 문화와 정서와 사회적 위치는 이토록 다른데, 도대체 어떻게 살아야 하는가. 흑인이 미국에서 살아가는 방법은 하층민으로 그럭저럭 살아가거나 백인들 밑에서 백인들의 입맛에 맞춰주면서 살아가거나 둘 중 하나였을 것이다. 그 두 길 모두 소망스러운 길은 아니었다. 오바마는 그것이 괴로웠던 것이다.

이 문제는 오바마를 청소년기 내내 괴롭혔다. 그것은 앞으로 어떻게 살아야 할지 삶의 방향을 결정짓는 문제였다. 그는 이 문제에 지나치다 싶을 정도로 빠져들어 괴로워했지만, 그 극복을 통해 스스로를 한 단계 올려 세울 수 있었다. 정체성 문제가 해결된 다음부터 그는 마약과 술을 끊고 공부에 매달리게 된다.

그에게 아버지는 없는 존재였다. 다른 가족들은 모두 하얀 피부의 백인들이어서, 자신의 검은 피부에 대한 문제를 상의하기에는 '미묘한' 거리가 있었다. 이 문제에서만은 그는 외로웠다. 그러나 다른 흑인 청소년들처럼 허황된 꿈을 꾸지도 않았고 자포자기도 하지 않았다. 잊어버리려고 한 적은 있었지만 스스로를 팽개치지는 않았다.

문제를 진지하게 생각하고 자신이 할 수 있는 최선의 노력을 기울여 어쨌든 문제를 풀어보려고 했다. 이 외로운 투쟁 속에서 오바마는 자신을 술과 마약에 기대게끔 하는 고민의 실체와 차츰차츰 맞닥뜨리게 된다. 책읽기와 토론, 번민을 객관화시켜보는 글쓰기, 이 뜨거운 과정들을 거치며 오바마는 다음 단계로 자신을 키워나간 것이다.

대학 진학과 새로운 깨달음

고교 시절의 기록을 보면 오바마가 갈등하고 있는 모습이 보인다. 하와이를 떠나 새로운 생활을 하려는데, 어찌해야 할지 망설이는 듯하다. 그는 외할머니와 외할아버지에게는 고마움을 표시하면서도 어머니는 전혀 언급하지 않고 있다. 또 마리화나를 피우는 패거리들에게도 고마움을 표시하고 있다. 푸아호우 고교 시절의 연감에는 〈토요일밤의 열기〉에나 나옴직한 옷을 입고 찍은 사진, 맥주병과 마약 말아 피우는 종이 쌈지를 들고 있는 사진까지 실려 있다.

"맞아요. 어머니가 그게 뭔지 아셨다면 그다지 좋은 기분은 아니셨을 거예요."

그는 마리화나, 알코올, 때로는 코카인까지 사용했다.

"마약 중독자. 마리화나 중독자. 내가 가고 있는 곳이었다. 흑인이 어른이 되면 피할 수 없는 최후의 길이다."

당시의 고민이 무엇이었는지 묻어나는 말이다.

상급학년이 되자 오바마는 인도네시아에 있는 어머니에게서 편지를 받았다. 오바마를 그리 다그치지 않은 어머니였지만 그의 대학 진학

2장_창조적 주변인, '더 큰 나'를 꿈꾸다

을 걱정하고 있다.

"점수 걱정을 하다니 창피하구나. 그래도 지금이 대학 입학 사정 기간이라는 건 너도 알잖아. 토머스 제퍼슨이 살았던 시대에는 돈만 있으면 누구나 하버드에 갈 수 있었다.… 요즘에는 그런 이들이 많이 나오지 않는다고 알고 있다. 대신 리처드 닉슨* 같은 이들이 많지."

*닉슨은 하버드대 입학 허가를 받았으나 LA에서 동부까지 진학할 수 없을 만큼 가난 했다. 그러나 고학으로 로스쿨을 나와 변호사가 되었고, 39세에 아이젠하워의 러닝메이트로 부통령에 당선되었다.

오바마의 친구 하나는 마약을 가지고 있다가 체포되었고 오바마의 성적은 점점 떨어지고 있었다. 대학 지원서는 한 군데도 넣지 않은 상태였다.

오바마는 하와이를 벗어나고 싶었지만 본토에는 가려하지 않았다. 친한 친구가 본토에 갔다가 마약 중독으로 교도소에 드나들었고 노숙자 생활을 하는 등 참담하게 실패한 꼴을 보았기 때문이었다. 만약 그때 하와이에 머물 생각을 했더라면 오늘의 오바마는 없었을지도 모른다. 10대의 막바지에, 어머니의 편지를 받은 오바마는 실패에 대한 두려움을 성공하겠다는 결심으로 승화시키는 데 성공한다.

그는 하와이를 떠나 본토로 건너갈 생각을 한다.

LA의 옥시덴탈 칼리지에 진학한 그는 여전히 술, 담배, 마약, 정체성에 시달렸으나, 자신이 막다른 길에 접어들었다는 느낌을 받았다. 그는 '어떻게든 자신보다 더 큰 뭔가와 자신을 연결할 필요가 있었다'고 했다.

그는 마리화나를 하고 술을 마시며, '백인 사회 속에서 살아가야 하는 자신(흑인)은 누구인가'라는 번민을 잊어버리려고 애썼다. 흑인과 백인의 피가 섞인 그는 흑인으로부터도 백인으로부터도 모두 외면당해 결국 미국 사회에서 아웃사이더로 남게 되리라는 두려움에 시달렸던 것이다. 그러나 자신이 두려움 때문에 전전긍긍하고 있다는 것을 확실하게 깨닫자 오히려 두려움에서 해방될 수 있었다.

그 동안 써왔던 '배리'라는 이름을 버리고 '버락'이라는 이름을 사용하기 시작했다. 그리고 새로운 사람으로 태어났다.

스스로의 세계를 껴안다

"판단을 하기 전에 너 자신부터 돌아봐. 다른 사람에게 네가 어지럽힌 난장판을 치우게 하지 마."

자신의 상처에만 골몰해 있던 오바마에게 대학 시절 한 여자 친구의 이런 충고는 예사롭지 않은 울림으로 느껴졌다. 백인들의 시선에서 벗어나기만을 바랐던 그가 진정으로 스스로를 돌아보게 된 것이다. 그는 일부러 무분별하고 게으르고 꼴사납게 굴던 생활을 반성했다. 이를테면 '정직'이란 백인들의 가치라고 폄훼하면서 위악을 떠는 식으로 반항하던 생각을 거둬들였다.

'자신이 누구이며 앞으로 어떤 사람이 될 것인가'를 두고 시작했던 긍정적인 고민들이 그런 편협하고 부정적인 위악과 반항에 그만 발목 잡힌 꼴이 되고만 것이었다. 그래서 이렇게 형편없는 인간이 되고 말

2장_창조적 주변인, '더 큰 나'를 꿈꾸다

았다는 사실을 그는 자각했다.

영원히 아웃사이더로 살 수 밖에 없는 자기 자신의 운명에 대해 생각했다. 흑인으로 하여금 똑바로 서지 못하게 하는 힘, 끊임없이 무릎을 꿇게 만드는 모든 힘에 맞서겠다는 결단을 한 것이다. 그는 손쉽고 편리한 것에 맞서겠다는 결심을 했다. 책임감을 갖고 앞으로 자신이 어떻게 되어야 할지 다시 생각하기 시작했다. 처음과는 달리, 이번에는 이 고민의 긍정적 계기들이 극대화된다.

사실 정체성을 둘러싼 고민은 인종이라는 객관적인 사실에서 출발한다는 점에서 지극히 원초적이다. 그러나 인내라는 덕목을 떠올린 뒤, 오바마는 자신이 아웃사이더라는 생각을 버렸다. 그리고 흑과 백(아버지와 어머니)의 두 세상이 모두 자신의 일부라고 생각하기로 했다. 시선의 방향을 완전히 바꿔버린 것이다. 생각을 바꾸자 자신이 두려움과 분노와 실망의 노예 노릇을 할 이유가 없었다.

두 세계를 동시에 인정하고 자신의 것으로 받아들이면서 그는 비로소 강인한 목소리와 온건한 목소리를 동시에 아우르게 된다. 관용과 평등의 태도가 싹트기 시작한 것이다. 상반되는 듯 보이는 두 세계 모두를 껴안는 긍정적이고 적극적인 사고로 자신의 세계를 두 배로 크게 만든 것이다.

오바마는 미국 사회에 동화하려고 오랫동안 노력했다. 그러나 나중에는 그와 반대로 자신이 아프리카 태생이라는 점을 더 두드러지게 드러내보였다. 자신이 흑인이라는 점과 뿌리를 간직하려는 평생의 노력이 그렇게 나타난 것이다. 자신은 누구이며 미국 사회에는 어떤 식으로 적응해야 하는가, 그 문제에 스스로 해답을 내린 것이다. 그것으로 그는 이후의 삶을 흔들림 없이 헤쳐나갈 수 있었다. 그가 가장 두려워했던 것, 평생 백인들에게 정신적인 압박을 받으며 정상적인 생활을 하지 못하고 마약과 범죄의 세계로 빠져드는 흑인들의 삶에서 자신을 건져 올릴 수 있었다. 이것은 성찰의 성과였고 오바마의 작고도 큰 '인간 승리'였다. 이 순간 '작은 오바마'가 '큰 오바마'를 만났다. 과거의 오바마가 미래의 오바마에게 길을 닦아 내준 것이다. 창조적 주변인 오바마는 중심부를 해바라기하다 목이 꺾이는 우를 범하지 않고, 더 유연한 시선, 더 폭넓은 관용, 더 적극적인 태도의 소유자로 거듭나는 데 성공했다. 이제 우리는 이 '거듭나는 오바마'의 행로를 쫓아 흥미진진한 여정을 계속할 것이다. 뉴욕의 컬럼비아 대학으로, 시카고의 공동체 운동 현장으로, 하버드 로스쿨로!

3장
'더 큰 나'를 향한 오바마의 도전과 변신

오바마의 일생은

'목표 설정–준비–도전'의 연속이었다고 해도 과언이 아니다. 그의 일생에는 여러 번의 변환기가 있었으며, 그때마다 그는 변신을 시도했고 자신을 더 높은 단계로 끌어올렸다. 목표 설정을 멈추지 않았으며 목표를 향한 도전을 평생 계속했다.

대학 진학, 지역사회 개발 운동, 로스쿨 진학, 민권변호사 활동, 상원의원 도전, 대통령 후보 경선 등 자기계발의 고비마다 그는 인생 업그레이드에 성공했다. 더 큰 목표가 더욱 세찬 노력을 불러일으켰고 결국 '더 큰 나'를 결과했다.

가장 물살이 센 용문을 통과한 잉어가 용이 되듯이 가장 힘들고 어려운 길을 택해 자신을 밀어붙인 오바마는 점점 강해졌다. 하나의 문을 통과한 다음에는 더 큰 일을 할 수 있었다. 앞날을 예측하고 꾸준히 준비하고 진화하는 모습을 평생 보여주었다.

목표를 정해놓고 자신을 밀어붙이는 것은 스스로를 통제하고 집중할 수 있는 최상의 방법이 된다. 오바마는 대학을 졸업한 뒤 공동체 활동에서 의회 활동을 거쳐 대통령 후보 경선에 이르기까지 늘 이 패턴으로 달려왔다.

'장벽을 깨고 끊임없이 도전하라. 그리고 다시 목표를 설정하라.'

오바마의 삶은 그런 끊임없고도 한계를 모르는 도전기의 연속이다.

첫 번째 변신:
일기 쓰는 수도승의 탈출기

오바마의 첫 번째 변환기는 LA의 옥시덴탈 칼리지에서 뉴욕의 컬럼비아 대학으로 옮긴 때였다.

"옥시덴탈 칼리지와 컬럼비아 대학 사이에 내 인생에는 근본적인 단절이 있습니다. 당시에 나는 무척 심각했지요."

술과 담배와 마리화나에 젖어 살던 그는 정체성 문제의 해답을 찾았다. 흑과 백을 동시에 자기 세계로 껴안자는 것이었다. 둘 중 하나를 선택해야 한다는 생각에서 벗어나자 그의 세계는 두 배로 넓어졌다. 변증법적인 혁신을 가능케 해준 시각 변화였다. 보는 각도를 달리 하자 시야에 들어오는 세계의 양상이 완전히 달라졌다.

비관론자가 되느냐 낙관론자가 되느냐는 한 사람의 의식적인 결단

3장_'더 큰 나'를 향한 오바마의 도전과 변신

에 의해 결정된다. 생각을 바꿈으로써 오바마는 불만이 가득 찬 게으름뱅이 학생에서 전혀 다른 모습으로 변해갔다. 마약과 술 속으로 도피했던 그는 결국 스스로의 자각을 통해 그것을 극복했다. 오랜 고민이 가져다 준 깨달음이었다.

결론이 내려지자 당장 모든 것을 바꾸기 시작했다. 우선은 나쁜 습관과 방종에서 벗어나기로 결심했다. 가장 먼저 해보고 싶었던 일은 환경을 바꾸는 일이었다. 그는 학교를 옮길 기회가 오자 컬럼비아 대학으로 옮기기로 결정한다. 이전의 생활에서 벗어나기 위해 모든 것들과 결별했다. 담배를 제외하고는 낭비적인 것들을 일시에 끊어버렸다. 그리고 공부를 시작했다. 스스로도 그 시절을 '공부에 집중한 시기'라고 표현하고 있다.

"많은 시간을 도서관에서 보냈습니다. 다른 활동은 별로 하지 못했지요. 그때는 수도승처럼 살았습니다."

국제 정치학과 미국 정책 세미나를 가르친 마이클 배런 선생이 오바마의 어드바이저가 되어 주었다. 나중에 그는 하버드 로스쿨의 추천서를 써주면서 그 과목에 A학점을 주었다. 세미나 과목의 8명 학생 중 4명은 아주 뛰어났다. 오바마도 뛰어난 축에 들었다고 한다.

"그는 매우 머리가 좋았어요. 국제 정치와 국제 관계 감각이 뛰어났죠. 토론이 많았던 강좌였어요. 그는 토론에 아주 활발하게 참여했죠. 그 강좌에서 가장 뛰어났었지요."

컬럼비아 대학의 룸메이트는 술과 여자를 좋아하는 친구였다. 그는 주말만 되면 오바마를 꼬셨으나 그는 결코 그 유혹에 넘어가지 않았다. 매일 5킬로미터의 조깅을 하고 일요일에는 금식을 할 정도로 스스로에게 약속한 생활을 철저히 지켜나갔다. '수도승처럼 살았다'는 그의 과장 섞인 표현에는 그의 정체성 고민의 진정성이 진하게 배어 있다. 그의 누이동생 말이 맞았다.

"오빠는 정말 냉철한 인간이에요."

그뿐 아니었다. 매일매일 자신이 한 일들을 모두 성실하게 기록했다. 하루 생활에 대해 성찰하고 그 내용을 적었다. 그리고 간단한 시를 써나갔다. 그날 이후 방대한 양의 일기가 쌓여갔다. 일기를 쓰는 일은 작문 연습도 되었지만 자기 생활을 지켜주는 지침도 되었다.

10년 후 회고록을 쓸 때 자료가 되었던 글들은 이때부터 쓰기 시작한 일기들이었다. 당시 오바마가 했던 집중적인 독서, 원고 쓰기, 자기 성찰과 분석이 작가로서 미래에 그가 이뤄낼 작업에 대한 최초의 기초 작업이었다.

수업이 없거나 공부를 하는 중간의 짬에는 도시 여기저기를 걸어서 구경 다니기도 했다. 더러운 주택에서 실직자들이나 노숙자들이 피난처 삼아 살고 있는 모습을 보았다. 마약 거래자들도 있었다. 그에게는 경제적 격차뿐 아니라 인종적인 격차가 더 크게 보였다.

고교 시절 농구부에서 나이 많은 대학 선수들이 그에게 일러준 말이 있었다.

"네가 존경받는 것은 네가 일을 잘했기 때문이지 네 아버지 때문이 아니야."

그는 비로소 외부 요인이 아니라 스스로의 행위로 존경받을 수 있는 인간이 되어야 한다는 것을 깨달았다.

뉴욕의 친구가 그에게 질문했다.

"어이, 버락. 무슨 바람이 불어 이 멋진 도시를 찾아왔나?"

오바마의 대답은 진지했다.

"뭔가 쓸모 있는 인간이 되어보고 싶어서."

인생에 있어서 이런 급격한 전환은 그리 쉬운 일은 아니다. 만취할 정도로 마셔대던 그가 어떻게 갑자기 술과 마약을 모조리 끊을 수 있었을까. 공부 역시 몇 년 만에 처음 해보는 것이었다.

점점 더 단순하고 재미없는 생활을 해나간다는 게 쉬운 일은 아니었다. 그는 유혹에 지지 않기 위해 철저히 무장했다. 그가 지닌 최고의 무기는 다름 아닌 일기였다. 날마다 자신을 관찰하고 그에 대한 기록을 남기면서 그는 하루하루 스스로를 돌이켜보는 계기로 삼았다.

뉴욕의 첫 번째 여름이 지나가고 있었다. 누이와 어머니가 방문을 했다.

"오빠가 너무 말랐네."

"수건도 두 장뿐이야."

"접시도 세 개뿐이야."

일기와 함께 그를 유지시켜준 것은 이런 생활의 단순화였다. 그 빈자리들은 책으로 메워나갔다. 그리고 여름 동안 건설 현장에서 아르

바이트를 했다. 그는 전혀 다른 세계로 훌륭하게 탈출한 것이다. 방종하던 대학생 오바마가 집착에 가까운 자기 관리에 매달리는 수도승같이 되어 세상을 학습하고 자신을 기록하는 학생으로 성공리에 변신한 것이다.

시카고의 공동체 사업에 뛰어들다

오바마의 두 번째 변신은 대학을 졸업한 다음 벌어진다. 뉴욕에 있는 동안 그는 아버지가 사망했다는 소식을 들었다. 그 일로 그는 자신이 앞으로 인생을 어떻게 살아야 할지 결정해야 할 '절박한 느낌'이 들기 시작했다.

대학을 졸업할 즈음 그는 흑인들의 공동체 조직을 생각하기 시작했다. 흑인들의 공동체란 오바마 특유의 개념으로 이전에는 아무도 시도해본 바가 없었다. 개념도 모호했다. 흑인들을 풀뿌리에서부터 조직해보겠다, 그런 막연한 생각뿐이었다. 아웃사이더로 살 수밖에 없는 흑인들에게 소속감을 심어보자는 의도였지만, 그때는 설명조차 하지 못했다. 당시 그는 충동적이었다. 물살을 거슬러 올라가는 연어처럼 그에게는 당면한 처지를 헤치고 실천하는 것이 가장 중요하던 때였다.

"돈을 번다거나 즐기는 것보다 더 큰 일에 몸을 던져보고 싶었지요."

오바마는 두 번째 변환으로 전혀 새로운 길로 들어섰다. 정치 같은 건 생각하지 않던 시절이었고, 따라서 명예나 돈 같은 것도 전혀 염두에 두지 않고 있었다. 남을 위해 일하겠다, 오바마는 그렇게 단호하게 '더 큰 일'을 찾아 몸을 담고자 했다.

공동체 조직가가 되겠다고 결심했지만 공동체 조직가가 뭔지도 모르는 어처구니없는 상황이었다. 단지 변화가 필요하다는 생각으로 그는 사회운동에 뛰어든 것이다. 변화는 저절로 이뤄지는 것이 아니라 조직된 풀뿌리에서 온다고 생각했기 때문에, 흑인을 조직해 풀뿌리에서부터 변화를 이끌어내려는 것이 그의 생각이었다.

그는 자신의 투쟁이 자기 혼자만의 것이 아니라고 생각했다. 미국의 흑인에게는 공동체를 이룰 수 있는 기회가 전혀 없었기 때문에 조직화 과정을 통해서 아웃사이더의 삶이 소속감을 얻을 수 있으리라고 생각했다. 그가 상상했던 공동체는 흑인에서 시작했지만, 나중에는 미국이라는 더 큰 공동체, 즉 흑인과 백인, 라틴계와 아시아인을 모두 포괄하는 공동체로 발전했다. 오바마로 하여금 '더 큰 나'를 향해 변신을 거듭하게 했던 원동력이 그의 공동체운동에도 그대로 적용된 셈이다. 제한된 공동체의 가치를 더 큰 공동체의 가치로 업그레이드시키는 힘으로 나타난 것이다.

막상 지역사회운동을 하기로 결정했으나 아무도 그를 받아들여주지 않았다. 그래서 대출받은 학자금 융자도 갚을 겸 한 1년 다른 일을 하기로 하고 그는 어느 컨설팅 회사에 취직을 했다.

"때때로 일본 자본가나 독일 증권업자와 인터뷰를 하고 나와서 엘리베이터 앞에 서면 문 앞에서 내 모습을 상상해보곤 했다. 양복에 넥타이를 매고 손에는 서류 가방을 들고 있는 모습이 보인다. 잠시 뒤 다른 모습이 떠오른다. 큰소리로 지시를 내리고, 거래를 끝낸다. 그런 생각이 드는 순간 내가 바라던 장래의 내 모습이라고 스스로 되뇌던 게 어떤 인간인지 생각나지도 않는다. 결심 부족으로 뼈아픈 죄책감마저 들었다."

오바마는 컨설팅 회사인 비즈니스 인터네셔널 사에서 근무를 시작했다. 그의 관리자였던 캐시 래저리는 그가 아주 자신감 있고 밝은 사람이었다고 기억하고 있다.

"아주 어른스러웠어요. 다른 사람들보다는 세상 물정에 더 밝았죠. 겉보기에는 느긋해보였지만 속으로는 자기 통제가 되는 사람이었어요. 자신을 잘 알았는데, 그 나이의 애들은 대부분 그런 감각이 없죠."

일단 취직하자 그는 상당한 능력을 발휘해 높은 사람들의 두터운 신망을 얻었다. 언젠가는 회사의 경영자가 될 수도 있겠다는 말까지 들었다. 그러나 그는 저축이 조금 모이자 직장을 버리고 본래의 목표였던 공동체 운동을 하러 나갔다.

"조직 사업? 웃기는군. 왜 그딴 짓을 하려고 하나? 돈이 되는 일을 하게."

남들이 보기에는 웃기는 짓이었지만 그에게는 '더 큰 일'을 향한 신념이 있었다.

다시 여러 단체에 편지를 보냈으나 바라던 답장은 오지 않았다. 정부 고위층을 상대하는 뉴욕의 인권단체에서 제안이 왔으나 거절했다. 그가 원하던 일이 아니었다. 그는 거리에 있는 사람들과 가까이서 접촉할 수 있는 일을 원했다.

6개월쯤 실업자로 지내던 그는 꿈을 접을까 생각했다. 그때쯤에야 시카고의 한 단체에서 제안을 받았다. 미국에서 인종 차별 의식이 가장 심한 도시 시카고에서 그는 드디어 조직 운동을 시작하게 된다. 과감한 도전이었다. 그는 그곳에서 한 달에 1백만 원도 안 되는 월급을 받았다.

그때 오바마는 의미 있는 변화란 항상 일반 대중에게서 시작된다는 것을 배웠다. 함께 일하는 평범한 시민들이 엄청난 것을 이룰 수 있다는 것이었다. 이때의 활동은 나중에 그의 정치 활동에 큰 자산이 되었다. 조직 운동을 위해 정치를 시작했지만 정치를 할 때에는 조직 운동의 도움을 톡톡히 받았다.

실직과 마약, 빈곤과 절망과 싸우고 있는 가난한 지역에서 빈민운동가로 일하기로 결심한 것은 어머니에게서 물려받은 가치들을 현실에 적용하려는 생각이었다. 어머니는 남에게 늘 베푸는 삶을 살았다. 상대를 존중하고 상대의 입장에서 생각했다. 어린 시절 어머니의 가르침이 결국 시카고에서 꽃피어난 셈이다.

오바마는 그곳에서 일생에 가장 힘든 일을 시작했다. 3년 반 동안의 지역사회 조직 운동이었다. 주민들을 조직해서 스스로 생활을 개선할 수 있는 활동을 하게 만드는 일이었다. 지역 개발 프로젝트라는 이름의 운동에는 교육, 환경, 취업을 비롯한 여러 가지가 들어 있었다.

그는 빈민가 부모들의 조직을 만들어 시카고 시에 지역사회의 개선을 요구했다. 치안 문제, 청소년 상담 및 멘토링 프로그램, 석면 제거, 직업 훈련, 거리 청소, 범죄 감시 프로그램, 위생 서비스 개선, 녹지와 운동장 개선 등의 요구는 여러 도시에서 그를 주목하게 만들었다.

요구 사항들이 늘 받아들여지지는 않았다. 성공보다 실패가 많았다. 시카고는 여전히 문제점이 많았고, 3년 동안 그는 거의 매일 좌절을 맛보며 살았다.

그는 자신이 견고한 권력 구조와 싸우고 있다는 것을 알았다. 계속해서 같은 장애물에 부딪치고 있었던 것이다. 관료주의, 부패, 개인적인 이익에 몰두하는 지역의 지도자들, 주민들의 무관심.

"진짜 적은 누굽니까?"

동료 활동가가 어깨를 으쓱하며 대답했다.

"투자 은행가들*, 정치가들, 살찐 로비스트들."

> * 미국의 도시정치에서 inve-stment bankers란 부동산 개발 자본을 가리킨다. 마음을 송두리째 갈아엎는 대규모 개발사업을 펼치면서 수익성만 따질 뿐 지역사회의 요구엔 귀를 막는 걸로 악명이 높다.

오바마는 한계를 느꼈다. 그의 아버지가 겪었던 한계였다. 자신의 나머지 인생은 아버지와 같은 실수를 하지 않는 것이라고 생각했다.

한계를 느꼈을 즈음 오바마는 로스쿨에 가서 학위를 따겠다는 결심을 했다. 공공부문에서 일하려면 특별한 경력이 필요함을 절실하게 깨달았던 것이다. 동료 활동가들은 드디어 그와 헤어져야 할 때가 왔다는 걸 알았다.

"그때쯤 체제 외부에서 밀어붙이는 것보다는 체제 내부를 변화시킬 수 있다면 훨씬 효과적이라는 걸 깨달았던 거죠."

시카고에서 그는 마침내 완전하게 성장했다. 체제의 내부와 외부를 꿰뚫어보면서 공동체의 이익을 위해 전략적으로 사고할 줄 아는 수준까지 말이다.

세 번째 변신:
지역사회를 위해 로스쿨에 가다

그의 세 번째 변신은 로스쿨 진학이었다. 그는 자신의 운동이 지지부진하다는 것을 깨닫고, 진짜 변화를 위해서 새로운 준비에 착수했다. 한 단계 높은 목표 설정─준비─도전의 다이내믹 메커니즘을 작동시킨 것이다.

그에게는 변호사나 정치가들이 휘두르는 정치적 영향력이 필요했다. 그는 권력에 관계된 모든 것들을 배우기 위해 하버드, 예일, 스탠퍼드에 입학 신청서를 냈다. 그러면서 다시 돌아오겠다는 결심을 했다. 하버드에서 입학 허가를 받았으나 공부가 끝나면 학위가 보장하는 부와 권력에 빠져들지는 않겠다는 결심이었다.

"진정한 변화를 이끌어내기 위해서는 이자율, 기업 합병, 입법 과정 같은 것을 배울 필요가 있다. 기업과 은행에 접근하는 방식, 부동산 벤처 기업이 성공하고 실패하는 요인을 배워야 한다. 권력이 유지되고 작동하는 방법에 대해, 세세하고 미묘한 부분들까지 모든 것들을 배워야 한다."

그 모든 것들을 배우고 익힌 뒤에 그것들이 필요한 곳, 곧 시카고의 가난한 흑인 구역으로 다시 돌아오겠다는 것이 그의 계획이었다.

그것은 그의 아버지가 케냐에서 미국으로 올 때 품었던 꿈과 비슷한 것이었다. 꿈과 희망의 나라로 건너온 아버지는 불합리한 것에서 도망친 것이 아니었다. 미국 유학은 자신의 위대한 포부를 실현하는 데 필요한 준비 과정이라고 생각했다.

실제로 그의 아버지는 공부를 마치자 케냐로 돌아가 미국에서 배운 지식을 바탕으로 신생국의 행정부에서 열정적으로 활동했다. 그러나 오바마는 그것이 흑인들의 오랜 역사 속에서 흔히 볼 수 있는 도피 심리가 아닐까 하고 경계했다. 권력의 중심부와 부패의 고리에 대항해봤자 백인의 권력은 요지부동이라는 것을 알고 있었기 때문에 로스쿨 진학은 도망치기 위한 핑계에 불과한 것이 아닐까 스스로 반성해보았다. 흑인을 위한 진보적인 법들이 통과되어도, 흑인이 자유롭게 살 수 있는 가장 쉬운 길은 백인의 질서 속으로 굽히고 들어가는 것이라는 걸 흑인들은 누구나 뼈저리게 느끼고 있었다. 자신이 백인의 세계로 도피하기 위한 수단으로 로스쿨을 선택했을 수도 있었다.

물론 그는 흑인을 위해 일을 하면서도 풍족하게 살 수 있었다. 그러나 그는 자신이 흑인들에게 같은 흑인으로 인정받기를 원했다. 공동체 운동을 하면서도 빈민가의 흑인들에게 개인적으로 신경 쓰지 않고

3장_'더 큰 나'를 향한 오바마의 도전과 변신

살 수도 있었다. 하지만 떳떳한 일, 다른 사람들이 보기에 옳은 일, 고통 받는 이웃에게 의미 있는 것을 전하는 일, 고통을 치유하는 데 동참하는 일, 이런 일을 하려면 공동체에 귀속감을 느끼는 것 정도로는 부족했다. 그는 날마다 그런 일들을 실천하고 학생들을 위해 자신을 기꺼이 희생하는 교사들을 곁에서 보아왔던 것이다. 그에게는 더 강한 신념이 필요했다.

더 큰 나, 더 강한 신념

그는 한 단계 나은 인간으로 성장하기 위해 필요한 것들을 묵묵히 수행해나갔다. 로스쿨에 진학하자 도서관에서 판례와 법전에 파묻혀 3년을 보냈다. 법은 권력을 가진 자들을 위해서만 일할 뿐, 힘없는 자들에게는 어쩔 수 없다는 식으로 설명하는 것 같아 실망하기도 했다.

하버드에서 오바마는 이전과는 완전히 달랐다. 드러내려고 하지 않았지만 그는 두드러져 보였다. 이미 세상의 이치를 체득하였고 공동체주의적 원칙에 투철하였으며 전략적 사고능력까지 갖춘 인물이었던 것이다. 한 동창은 이렇게 기억한다.

"나는 자의식으로 똘똘 뭉친 거만한 인간들이 한 자리에 그렇게 많이 모여 있는 건 처음 봤어요. 특히 법률가들은 완벽주의자 타입들이죠. 그런데 오바마는 달랐어요. 그런 자들에게서 한 발자국 떨어져서 상황을 관찰하고 있었어요. 여유가 있었죠."

로스쿨 수학 기간 동안 그는 법을 공부하면서 자신의 공동체 개념을 모든 사람에게 적용될 수 있는 더 큰 개념으로 발전시켰다. 권력을 정의로, 분노를 사랑으로 바꿀 수 있는 방법을 법에서 찾게 된다. 자신의 공동체 경험을 한 차원 높은 추상수준에서 일반화해 더 큰 사회 정의의 신념을 다진 것이다.

로스쿨을 졸업하자 그는 더 강한 신념으로 무장하고 다시 시카고의 빈민가로 돌아갔다. 그는 변호사가 되어 지역 공동체와 함께 일하며 푸드 뱅크 같은 작은 봉사 활동을 계속하고 인종 차별과 관련된 소송을 맡기도 했다. 민권변호사로 활동하며 오바마는 모든 국민들이 자유와 평등과 행복 추구권을 아무 차별 없이 골고루 누릴 수 있는 나라가 되도록 하겠다고 결심했다.

목표가 뚜렷하지 않으면 신념이 생기지 않는다. 신념이 강하지 않으면 흔들리기 쉽다. 오바마는 늘 목표가 구체적이었으며 신념을 새롭게 다졌다. 특히 그의 목표는 떳떳하고 옳은 것이었다. 올바른 일이라면 신념이 강해질 수밖에 없다. 뒤에서도 살피겠지만 오바마의 자기계발은 철저하게 사회정의를 맥락 삼아 그 속에서 그 목표를 위해 벌어진다. 오바마는 무슨 일을 하든 늘 남을 생각하고 전체를 생각했다. 그것이 개인의 성공과 이득을 보장받는 가장 확실한 방법이다.

오바마는 어려운 상황이 닥쳐도 절망하거나 자기 연민에 빠지는 일이 없었다. 낭비나 퇴행 없이 적절히 자신을 통제했다. 공동체의 이익과 사회정의를 향한 드높은 신념이 있었기에 가능한 일이었다.

3장_'더 큰 나'를 향한 오바마의 도전과 변신

신념이 강하면 자신을 통제할 수 있다. 성공의 확률이 더 높아지는 것이다. 신념은 고난을 극복할 수 있는 방패가 된다. 원한다고 모든 게 이루어지는 것은 아니다. 강력하게 원하고 실천해야 한다. 그것을 뒷받침해주는 것은 신념이다. 오바마를 만든 사람은 결국 오바마 자신이었다.

〈하버드 로 리뷰〉와 정치력

2년차 때 그는 하버드 로스쿨의 법률 학술지 〈하버드 로 리뷰〉의 편집장이 되었다. 교황 선출식 마라톤 투표로 18번째 개표에서 선출이 되었다.

〈하버드 로 리뷰〉는 학생들이 입학하는 첫 해에 글쓰기와 분석력을 기초로 상급반 학생들이 편집팀을 선정했다. 540명의 학생들 중에서 선발된 40명의 편집팀. 매해 겨울에 2년차와 3년차로 구성된 편집팀은 다음 해의 편집장을 뽑는다. 19번째 후보 오바마는 18명(그 중 4명이 흑인이었다)의 후보들을 차례로 젖혔다.

오바마의 정치 입문은 〈하버드 로 리뷰〉에서 첫 흑인 편집장으로 선출되면서부터 시작되었다고 볼 수 있다. 그것은 작은 사건이 아니었다. 당시 그는 다른 친구들보다 나이가 좀 많아 서른에 가까웠고 세상 돌아가는 걸 잘 알았다. 그는 보수주의자와 진보주의자로 나뉘어 있는 투표자들을 잘 아우름으로써 편집장에 선출되는 정치적 수완을 보였다. 규모는 좀 작았지만 그는 정치라는 파도를 헤치고 나아가는 방법을 이미 익히고 있었다. 투표자들을 연합하여 이기는 방법을 경험한 것이다.

그는 자신을 백인 후보로도 흑인 후보로도 나타내지 않았다. 그저 모든 무리들의 이야기를 경청하는 것으로 소수 그룹의 파벌 대립으로 유명한 〈로 리뷰〉의 지지를 얻어냈다. 당시의 사람들을 만나보면 진보주의자건 보수주의자건 가리지 않고 오바마를 존경하지 않는 사람은 없었다. 한 여자 후배는 오바마를 이렇게 회상한다.

"그는 한 그룹의 결정이 그 그룹의 의도를 나타내야지, 오바마의 의도를 반영하면 안 된다고 생각하는 사람이었지요. 그가 회장이 되자 모두들 잘 됐다고 생각한 이유 중 하나는 그는 충분히 진지하게 경청하기 때문이었어요. 무슨 결정을 내리든 그랬죠. 사람들은 그가 남의 의견을 들어주는 사람이라는 걸 알고 있었어요. 그는 사람들이 말을 하도록 만드는 데 아주 능숙했죠. 그러다가 가끔 오바마가 입을 열면 정말 더 기분이 좋았어요. '이게 우리가 하려는 방식이야. 그러니 이제 입 다물어!'하고 결론을 내리죠."

오바마는 자신의 야망이 점점 커져간다는 것을 알았다. 아마 그의 손에 권력 같은 것이 쥐어지기 시작했을 무렵부터였으리라.

"나는 내가 잠시 동안만 법을 활용할 거라고 생각했다. 법의 활용은 큰 규모의 지역사회 전체를 개조하는 노력의 일부분이라고 생각했다. 비영리 활동, 내가 다뤄왔던 몇 가지 문제들을 해결할 수 있는 비영리적 노력이라고 생각했다."

초기에는 단지 빈민활동을 위한 수단으로 법을 생각했던 것 같다.

그때만 해도 그는 정치에 대해서는 전혀 생각이 없었다.

"때때로 내가 썼던 편지나 노트들을 되돌아보면 막연하게나마 그 시점에서 공직에 나가려는 생각을 가졌던 것 같습니다. 다시 돌아와서 3, 4년 일한 다음에 주 상원의원에 출마하고, 그 다음 시장에 도전한다는 식의 조직적인 계획은 없었습니다. 그건 만들어낼 수 있는 일이 아니라고 생각했으니까요."

하버드에서 공부를 마치고 다시 돌아오겠다는 약속을 동료 운동가들은 믿지 않았지만 그는 다시 돌아왔다.

오바마가 무엇을 선택했느냐는 중요한 문제이다. 그는 집중력과 끈기와 머리가 있었다. 무엇을 했더라도 출세했을 것이고, 주목받는 인물이 되어 있을 것이다. 그러나 돈과 지위를 자신의 목표로, 일생의 가치로 삼았다면 지금처럼 많은 사람들에게 희망을 주는 인물은 되지 못했을 것이다. 억대 연봉의 안락한 삶을 포기하고 그 1/10밖에 안 되는 보수로 살아간다는 것은 결코 쉬운 일이 아니다. 그러나 남들의 의견을 경청하고 자기 신념과 목표에 귀기울인 끝에, 그는 더 어려운 길을 선택하면서 더 큰 사람으로 성장해갔다.

더불어 성공하라

오바마의 인생에서 도전은 늘 고통을 수반했다. 그것을 잘 알면서도 그는 피하지 않았다. 고통스러운 과정을 통해 자신을 끊임없이 키워나갔다. 대학 시절부터 스스로를 끌어올리고 성장시키는 일을 평생 계속한 것이다.

그의 인생에는 돈이나 안락보다 더 중요한 큰 뜻이 있었다. 그것은 어머니가 심어준 자비와 평등과 자긍의 개념, 그리고 남을 위한 희생이었다. 이타적 가치를 실천하는 오바마의 삶이 미국적 기준으로 얼마나 유별난 것이었는지 살펴보도록 하자.

오바마가 〈하버드 로 리뷰〉의 편집장이 되자 흑인 최초의 편집장이 탄생했다는 게 전국적 뉴스가 되었다. 그 자리가 얼마나 대단했는지는 랜덤하우스 같은 뉴욕의 큰 출판사들이 서른도 채 안 된 학생에게 거액의 계약금을 주고 회고록 출판을 제안한 것을 보면 알 수 있다.

그러나 동료 학생들은 그가 뉴스에 뜨는 것을 보고 놀랐다. 물론 그는 학교에서도 주목받는 대단한 인재였다. 그를 연구원으로 고용했던 적이 있던 한 교수는 자신이 37년 동안 가르친 학생 중에 아주 유능한 학생이 딱 두 명 있는데 그 중 하나가 오바마라고 말했을 정도였다. 그래도 전혀 내색을 하지 않았고 한 걸음 옆으로 물러서 있는 듯한 태도를 취하고 있던 인물이었다.

하버드를 졸업했을 때에는 가고 싶은 직장이라면 어디든지 골라서 갈 수 있었다. 특히 〈로 리뷰〉의 편집장은 서로 데려가지 못해 안달이었다. 미국 최고의 로펌에 갈 수도 있었지만, 연방항소법원 서기를 거쳐 대법원 배석 판사로 고속 승진을 하는 것이 정해진 길이었다. 법을 공부한 사람이라면 누구나 욕심을 내볼 만한 화려한 장래였다. 그러나 항소법원 재판장이 관례대로 채용하겠다는 제안을 했는데도 그는 거절했다. 졸업하기 직전에는 월스트리트의 회사들과 대기업들에서 채용하겠다는 의뢰가 들어오기 시작했다. 당시 〈로 리뷰〉 편집장 비서는 오바마를 채용하고 싶다고 신청을 했던 약속 전화가 수백 건이 넘게 들어왔다고 했다. 이런 식이었다.

"오바마 씨는 지금 없는데, 혹시 용건이 채용 의뢰인가요?"

"예, 그렇습니다만……."

"목록에 올려드릴게요. 643번입니다."

이런 고액 연봉과 사회적인 출세의 기회를 마다한 오바마가 선택한 길은 민권변호사의 길이었다. 시카고의 작은 법률 회사에 들어가 인종 차별 사건들을 맡았다. 로스쿨 동료들은 오바마가 특별했다고 회상한다.

"오바마는 정말 눈부시게 뛰어난 인재였어요. 그런데 대개 그런 천재들은 인간적으로는 가까이하고 싶지 않죠. 밥맛없는 친구들이 대부분이니까요. 오바마는 전혀 그렇지 않았어요. 늘 앞장서서 뭔가 사람들에게 필요한 일을 스스로 찾아서 했어요."

그는 남의 말을 듣고 움직이는 사람이 아니었다. 기다리지 않았다. 늘 자기가 할 일을 스스로 찾아냈다. 오바마는 완벽한 인간이었다고 그들은 기억했다.

그는 작은 민권변호사가 되었다. 그러면서 시카고 대학에서 파트타임으로 헌법을 강의했다. 그리고 『내 아버지에게서 물려받은 꿈』이라는 책을 쓰기로 계약했다.

시카고의 빈민가 사람들은 당연히 그가 돌아오지 않을 거라고 생각했다.

"돌아오지 않아도 전혀 섭섭해 하지 않았을 거예요."

그 정도의 인물이면 답답하게 이런 곳에 갇혀 있지 말고 떠나는 게 당연하다고 생각했다. 그러나 그는 약속을 지켰다. 그의 인생에는 돈이나 안락보다 더 중요한 큰 뜻이 있었다. 그 뜻, 그 신념을 실천하는 것이 곧 자신의 성공이라고 그는 생각했다.

오바마에게 있어 돈과 명예는 세속적인 성공의 지표이자 겉모습일 뿐이었다. 돈은 오히려 사람을 초라하게 만들고 명예는 흔히 사람을 추하게 만든다. 인간들은 대개 돈과 명예가 가지고 있는 본질적인 가치보다는 부수적인 가치만을 취하기 때문이다.

오바마의 존재를 빛나게 하는 것은 더 높은 가치들이다. 자신을 닦고 가꾸는 일과, 남을 위해 일하는 자세이다. 한 사람이 가지고 있는 사회적 의무에 대한 적극성과 타인에 대한 관심의 정도는 오바마의 가치를 다르게 만든다.

올바른 삶의 목표는 무엇인가. 오바마에게는 그것이 확실했다. 어머니가 심어준 고양된 정신의 세계가 있었다. 그리고 그는 그것을 실천하는 데 부족함이 없었다. 그의 어머니는 해야 할 일은 하는 사람이었다. '한다면 하는' 사람 특유의 의지도 있었다. 오바마를 새벽 4시에 깨워 3시간씩 가르치고 직장에 나가던 '강인한' 어머니였다.

한 개인이 스스로 성공하는 것, 그것도 중요하다. 그러나 남과 더불어 성공하는 것, 그것은 더 중요하고 귀중한 가치이다. 오바마는 성인이 된 다음에는 그것을 행동의 규범으로 삼았다.

목표와 꿈을 유지하라

오바마에게는 모든 것이 예비되어 있었다. 목표를 향한 집중력과 절제력은 완벽했다. 성실성과 진정성은 불리한 조건을 충분히 보충했다. 그는 목표를 달성할 준비가 이미 다 되어 있었던 것이다.

오바마가 2003년 연방 상원의원에 출마를 결심했을 때 아내는 마지못해 동의했다. 그가 "예비선거 승리, 총선거 승리, 그리고 회고록 집필"을 결심했을 때 아내는 속으로 '될 법한 이야기를 해야지'라고 웃어넘겼다. 셋 중 하나만이라도 해낸다면 성공이려니 싶었던 거다.

그의 경쟁 상대는 2,900만 달러의 선거운동 자금을 동원할 수 있는 부자 기업가를 비롯해, 일리노이 주 고위 공무원 등 막강한 백그라운드를 자랑하는 후보들이었다. 오바마는 조직조차 없었다. 그의 시카고의 작은 사무실에는 선거의 경험이 전혀 없는 직원 네 명뿐이었다. 선거자금을 대줄 만한 기부자도 없었다. 민주당 지부의 지원도 거의 없었다.

선거운동이 시작되자 그는 직접 차를 몰고 유세를 다녔다. 아는 사람을 통해 유권자들을 모아 놓고 부엌 테이블에 앉아 그들과 대화하는 것으로 선거운동을 시작했다. 교회 지하실에서 사람들과 마주 앉아 아버지가 아프리카 케냐 출신이며, 어머니가 캔자스 출신이라는 걸 설명했다. 자기 이름의 유래를 말하고 자기가 자라났던 환경을 설명했다. 이런 그를 두고 승리를 점치는 사람은 거의 없었다.

오바마는 시의 외곽과 작은 도시들과 농장에서 열정적으로 선거운동을 펼쳤다. 노동자와 가게 주인과 교사들을 만났다. 자신을 꾸준히 알려나갔지만, 선거자금은 전혀 들어오지 않았다. 그러나 백인들이 많은 지역에서도 흑인 후보인 오바마의 열기가 서서히 달아오르기 시작했다. 어떤 노동자는 이렇게 말했다.

"뭔가 다른 사람이야. 정치인 냄새가 나지 않아. 우리를 이끌 지도자라는 느낌이 들어."

그는 53%의 득표로 예비선거에서 승리했다.

그는 선거운동 중에 들은 이야기, 평범한 사람들이 매일 겪는 희망, 두려움, 투쟁에 대한 이야기를 사람들에게 전달하려고 했다. 이런 선거 연설을 듣고 사람들은 놀랐다. 오바마가 바로 자기들의 이야기를 하고 있었던 것이다. 그들은 반응은 뜨겁지 않을 수 없었다.

그의 회고록은 베스트셀러 목록에 올랐다. 그는 세 권의 책을 더 내기로 하고 190만 달러의 선금을 받았다. 재정적인 문제는 모두 해결되었다. 대학 학자금 대출금을 갚고 160만 달러짜리 집을 샀다.

2005년 1월 그는 일리노이 주 상원의원 취임 선서를 하기 위해 워싱턴에 도착했다. 아내가 말도 되지 않는 소리라고 생각했던 세 가지 목표가 어느새 모두 이루어진 것이다. 아내는 그를 보고 말했다.

"정말로 이걸 다 해냈네."

오바마에게 그 모든 것이 가능했던 것은 준비 때문이었다. 그는 할 수 있는 것을 한 것이다. 그의 집중력과 절제력은 훌륭했다. 불리한 조건에서 그가 보여준 성실성과 진정성은 자금과 인원 같은 제약 요인들을 메우고도 남았다. 시카고의 조직 활동으로 그는 이미 진정성으로 승부하는 험난한 실전훈련을 철저히 한 셈이었다.

그는 글 솜씨를 이미 갖추고 있었을 뿐만 아니라 오래 전부터 그날 그날의 기록을 유지해온 탓에 회고록을 쓸 만한 자료는 다 갖추어져 있었다. 그는 목표를 달성할 준비가 이미 다 되어 있었던 것이다. 그것은 목표와 꿈을 달성하려는 적극적인 태도를 평소에도 줄곧 유지해왔기 때문에 가능한 일이었다. '더 큰 나'로의 변신은 어느날 갑자기 이루어진 게 아니었다. 꾸준한 준비 없이는 불가능한 일이었다.

주 상원의원을 지내면서 오바마는 열악한 보험제도 개선을 위한 입법, 정치 관련 윤리법, 빈민을 위한 세금 혜택 법안, 육아 재정 확대, 사회 보장 제도의 개선 등 중요한 성취를 이뤘다. 그러나 무엇보다도 오바마를 주목하게 한 것은 이라크 전쟁 반대 연설이었다. 정치인 중에서는 유일한 반대자였다. 동시에, 이라크 주둔 미군 철수 계획을 제안하고 미국의 에너지 정책을 바꾸어나가자며, '변화가 없으면 전쟁은 지속될 수밖에 없다'는 노선을 명확히 했다. 결과적으로 선견지명이었다는 갈채를 받기에 이른다.

세상을 바꿔보겠다는 그의 꿈은 너무 커서 단순한 희망사항 정도로

밖에 보이지 않았다. 그러나 그는 목표를 구체적으로 설정하고 차츰 차츰 단계를 높여갔다. 좀 서두른다는 느낌은 들지만 그것은 그만큼 그가 내세운 가치들이 설득력이 있었고, 그의 집중력과 준비가 뛰어났으며, 도덕성과 진정성이 확보되었기 때문에 가능한 일이었다. '그는 뭔가 달라 보인다'는 유권자들의 중평은 오바마가 얼마나 참신하면서도 알차게 준비된 인물인지 단적으로 보여준다.

세상을 바꿔보겠다는 그의 대통령 선거전 구호는 대학을 졸업하고 공동체 운동을 하면서부터 시작된 생각이었다. 아주 오래 간직해온 목표이자 꿈이라고 할 수 있다. 이전에 이룬 꿈들은 이 마지막 꿈을 이루기 위한 작은 단계에 불과했다. 매일의 일기가 회고록을 쓰기 위한 준비였듯이 말이다. 꿈을 간직하고 있으면 생각이 달라진다. 목표가 설정되어 있으면 생활이 달라진다. 간절히 원하면 이루어진다는 것은 바로 그런 뜻이다.

상식으로 보면 미래가 보인다

이라크 전쟁에 대한 그의 정확한 예견은 대단한 것은 아니었다. 그가 늘 원칙으로 삼고 있는 상식이 그 기준이었다. 오바마는 자신이 '대실패'라고 규정한 부시 정권의 이라크 침공에 대해 진작부터 반대 입장을 분명히 했다. 반면 힐러리는 전쟁을 지지했었다.

9·11 사태가 발생하자 전 미국은 분노의 도가니가 되어, 어딘가에

서 누군가를 응징하고 복수하기를 원했다. 그런 상황에서도 오바마는 냉철하게 이라크 전에 대해 반대 의사를 밝혔다. 그것 때문에 그는 갑자기 주목받는 인물이 되었다. 그는 미국이 어딘가에 분풀이를 하고 싶고 해야 되겠지만, 이라크에서 전쟁을 일으키게 되면 문제가 많다는 것을 설명했다. 기간이 정해지지도 않았고, 비용이 얼마가 들지도 알 수 없으며, 어떤 결과를 초래할지도 모르는 점령 상태를 유지해야 한다는 것은 잘못된 모험이라고 보았다.

오바마는 부시의 이라크 침공을 단순히 반대하는 데 그치지 않았다. 일단 전쟁이 벌어지자 어떻게 이라크 주둔 미군을 철군할 것인지 계획을 제시했으며, 궁극적으로 미국의 에너지 정책을 바꾸어야만 이라크 사태가 해결될 수 있다고 역설했다.

나중에 분명하게 밝혀졌듯이 이는 정확한 선견지명이었다. 이로 인해 무명의 일리노이 주 의원 버락 오바마는 전국적인 주목을 받게 되었다. 물론 그것은 연방 상원으로 가는 발판이 되었다. 수많은 젊은이들이 죽어가고 있는데도 발을 뺄 수 없게 된 처지에 다다르자 미국인들은 새삼 그를 주목하며 새로운 방향의 제시를 기대했다.

한계가 바로 기회이다

오바마가 연방 상원의원에 출마하겠다고 하자 모두들 콧방귀를 뀌었다. '너무 빨리 가지 말라'거나 '차례를 기다리라'는 충고가 대부분이었다. 아내도 믿지 않았다.

오바마가 이런 무모한 결심을 한 것은 오히려 자신의 한계를 깨달았기 때문이었다. 한계를 의식한 그는 물러서지 않고 돌파하려고 시도했다. 정치를 그만두고 더 안정적이고 수입 좋은 일을 할 수도 있었지만 자신이 세상을 바꿔보겠다고 꿈꾸었던 구상을 어떻게든 실현해보고 싶었다.

그는 사실 정치를 즐기는 스타일이다. 누구와도 열정적으로 토론하기를 좋아했고, 사람들과 따뜻하게 악수를 주고받는 걸 좋아했다. 군중과 접촉하기를 좋아했다. 그러나 정치가 늘 즐거운 것만은 아니었다. 가장 힘들게 하는 것은 돈이었다.

미국 정치에서는 돈을 빼놓고는 선거를 생각할 수도 없다. 많은 부분이 광고 비용이다. 정치 헌금을 잘 모으는 게 정치인의 능력 같이 여겨진다. 그러나 그는 선거자금을 모금하는 것이 가장 괴로웠다. 특히 부자들에게 거액을 부탁하는 스타일이 아니어서 작은 금액들을 모아 많은 선거자금을 충당해야 했다. 그 일은 거의 고문에 가까웠다.

상원의원이 된 이후에는 지루한 파티에 시달려야 했다. 좋아하지 않는 음식에 건강을 상하고, 아내와는 점점 대화가 줄어들었다. 입법 활동에서는 두각을 나타냈지만 그것조차도 너무 느리고 답답하게 생각되었다. 전국 차원의 더 큰 문제들, 즉 조세와 안보, 보건과 고용 같은 문제들은 자신이 손도 대지 못하고 있다는 생각에 시달렸다.

그는 자신이 마이너리그의 그저 그런 선수 같다 싶었다. 끝없이 오디션만 보고 있는 무명의 배우거나. 좀 더 큰일들을 해보고 싶었지만 더 이상 희망이 보이지 않았다. 정치를 시작하면서 생각했던 꿈은 이뤄지지 않을 것이라는 회의가 들기 시작했다. 다른 정치인들과 똑같이 생활하면서 그런 상황을 받아들이고 말 것인지, 좀 더 높은 목표를 설정해야 할지 고민이 시작되었다.

치명적인 병에 걸렸다는 통보를 받은 환자들이 대부분 그 사실을 거부하는 것처럼, 그는 자신이 정치적으로 치명적인 질곡에 빠졌다는 사실을 받아들일 수 없었다. 그러나 일단은 전국 차원의 큰 문제를 다룰 수 없는 자신의 한계를 인정하고 주 상원의 의정 활동에 집중했다. 그리고 전보다 많은 시간을 가정에서 보냈다. 두 딸이 자라는 모습을 지켜보며 아내를 사랑하고 장래를 생각했다. 그러면서 다음 목표를 설정했다.

연방 상원의원에 출마하겠다는 결심은 누가 보아도 무리한 결정이었다. 그러나 실패해도 좋다는 생각으로 뛰어들었다. 예비 선거 경쟁자는 6명이나 되었고 그는 당선 가능성이 별로 높지 않았다. 기자 회견을 열면 아무도 오지 않았다. 시카고 시의 문화 행사에 퍼레이드를 하려고 참가해도 그와 자원봉사자들은 행렬의 맨끝에 배치되어 보이지도 않았다.

그는 혼자 차를 몰고 일리노이 주를 샅샅이 누볐다.

다음 행선지로 향하는 차 안에서 오바마는 자신의 정치 활동 목표를 다시 생각했다. 바로 그런 순간에 그는 보람을 느꼈다. 살아오면서 그 어느 때보다 열심히 뛰고 있다는 느낌이 들었다.

선거운동을 끝낸 뒤 달력을 체크해보던 그는 놀랐다. 1년 반 동안 쉰 날이 단 7일뿐이었던 것이다. 나머지 시간은 하루 12시간에서 16시간까지 강행군을 했다. 그러나 그것으로 그는 또 다른 희망의 싹을 보았다. 그는 유권자들에게서 희망을 얻었고 그 희망은 다시 그들에게 돌아갔다.

선거운동, 그 고단한 기적

오바마는 민주당 조직을 활용할 수 없었기 때문에 친구들에게 부탁해 사람들을 만날 수밖에 없었다. 교회, 노조, 사교 모임과 클럽 등 가리지 않고 다녔다. 몇 시간씩 차를 몰고 가 두세 명밖에 못 만날 때도 있었다. 아예 자신에 대한 소개조차 하지 못한 때도 있었다. 그래도 그는 최선을 다했다. 모인 사람이 두세 명이든 수십 명이든 가리지 않고 찾아갔다. 으리으리한 대저택이든 빈민가의 아파트든 깡촌의 농가든 가리지 않았다. 기다리는 사람들의 반응이 냉담하거나 적대적이어도 그는 자신의 이야기를 멈추고 그들의 이야기를 들어주었다.

그들은 직업이나 사업이나 학교 문제를 이야기했다. 부시에게도 분개하고 민주당에도 분개했다. 그는 그런 소리들을 모두 귀담아들었다. 애완견 이야기도 들어주었고, 사소한 병치레 이야기도 들어주었고, 참전 경험도, 어린 시절의 추억도 다 진지하게 들어주었다. 정치적인 이야기를 하는 사람도 있었지만 대부분은 정치에 관심이 없었다. 그들

3장_'더 큰 나'를 향한 오바마의 도전과 변신

은 당장 생활에 닥친 사소한 일들을 이야기했다. 승진과 난방용 기름 값과 아이들 이야기를 했다.

그런 사소한 일상 이야기에서 오바마는 희망을 보았다. 몇 달 동안 나눈 대화를 통해 결코 터무니없는 사람은 없다는 사실을 깨달았다. 보통 사람들에게는 지나침이 없었다. 모두들 온당하고 합당한 소망을 품고 있었다. 인종이나 지역이나 종교에 관계없이 대부분 옳은 판단을 하고 있다는 생각이 들었다. 그들은 일자리와 의료 보험과 자녀 교육 문제를 걱정했고, 범죄와 환경 문제와 노년의 삶을 걱정했을 뿐이었다. 많은 것을 바라지도 않았다.

그들은 정부의 도움이 필요하다는 것을 잘 알고 있었다. 오바마는 그들에게 그 생각이 옳다는 것을 인정했다. 그는 우선순위를 조금만 조정하면 여러 가지 어려운 문제를 해결할 수 있다고 설명했다. 오바마의 말을 들은 사람들은 고개를 끄덕이며 참여할 수 있는 방법을 물었다. 정치에 냉소적인 사람들이 비로소 참여를 시작하게 되는 순간은 그렇게 오랜 경청의 시간 끝에 왔다.

선거운동을 하기에는 모든 것이 부족해보였지만 그는 발로 뛰며 공백을 메워나갔다. 대중과 접촉하기를 좋아하는 그의 성향이 가치를 발휘하는 순간이었다. 마주 앉아 이야기하는 것이야말로 확실한 선거운동이었다. 그는 대통령 후보 경선을 하는 지금도 이런 방법을 마다하지 않는다. 오바마는 전화를 걸어 한 사람의 유권자라도 설득하려고 애쓴다. 유권자들은 그의 전화를 받고는 깜짝 놀란다.

오바마가 초선 상원의원으로 워싱턴에 진출한 지 불과 3년 뒤인 2007년 민주당 대선 후보 경선에 나서겠다고 발표한 이후, 6개월간 모은 정치헌금이 5,800만 달러. 최고 기록이었다. 이 가운데서도 200달러 이하의 소액 기부가 1,640만 달러나 되어 어떤 후보보다 소액 기부자가 많았다. 아직 경선에 나서려면 한참 멀었던 시기인 2007년 4월, 미국 연방정부는 오바마가 최초의 흑인 대통령이 될 수도 있다는 점을 감안해서 전례 없이 그에게 비밀경호를 붙이기 시작했다.

완벽한 기회가 올 때까지 기다려서는 안 된다. 지금보다 더 발전하기 위해서는 한계가 느껴질 때 그 한계에 도전해야 한다.

세상에는 성공하는 사람들보다 실패하는 사람들이 더 많다. 그 이유는 스스로 주저앉기 때문이다. 한계가 느껴질 때는 그 한계를 뛰어넘어야 성공할 수 있다. 그러므로 한계 자체가 기회인 것이다. 한계에 도전할 수 있는 힘은 희망과 신념, 꿈과 원칙에서 나온다.

실패하지 않을 가장 확실한 방법은 아무 것도 하지 않는 것이다. 실패를 두려워하는 자는 오바마처럼 '더 큰 나'로의 변신을 꿈꿀 자격이 없다. 세상은 오바마처럼 전진하는 사람들의 것이다.

2부

오바마의 인생 성공 전략

• • •

오바마의 변신, 오바마의 노력은
무엇을 향해 있었던가?
오바마는 어떻게 내면의 잠재력을
길어올렸고, 그 과정에서 어떤 원칙의
소유자가 되었나?
미국인들의 가슴에 '담대한 희망'의
뜨거운 열정을 샘솟게 한
오바마의 인생 전략에서
우리는 또 어떻게 뜨거운 미래의 꿈을
그려볼 수 있을까?

2부의 4장과 5장은 흥미진진하고
생생한 에피소드 속에서 이런 질문들에 대한
대답을 찾아본 결과물로서,
오바마의 삶에서 추출해낸 담대한 인생의
성공 전략 보고서이다.

4장
담대함의 성공 전략 15

"돈을 버는 것은 잘못된 일이 아니지만, 돈을 버는 데에만 매달려
살아간다는 것은 야망이 빈곤하다는 것을 보여주는 것입니다."
—버락 오바마

골프를 열심히 한다고 누구나

타이거 우즈가 되는 것은 아니다. 프로선수들은 아무리 열심히 해도 다다를 수 없는 경지가 있다는 걸 알고 있다. '노력하는 천재'는 누구도 따라갈 수 없다. 하지만 '노력하는 범재'만 되어도 이룰 수 있는 것은 많다.

오바마가 좌절감에 빠져 정치를 포기할 생각을 하고 있을 때 그는 어느 순간 마음을 돌리며 이렇게 말한 적이 있다.

"특별한 꿈을 이루기 위해 오랜 시간 마이너리그에서 노력하고 기다리며 고생한 선수는 재능 있는 선수나 운 좋은 선수와 비슷한 경지에 다다르게 된다."

천재보다 더 두려운 범재의 '기'가 느껴지는 말이다.

사람은 누구나 밖으로 드러나지 않은 내면의 역량을 지니고 있다. 그 내면의 힘을 얼마나 성공리에 표출시키느냐에 방법에 따라 인생의 성패가 갈린다고 해도 과언이 아니다.

오바마의 삶은 우리에게 새삼 '원칙의 힘'을 환기시킨다. 인생의 성공 여부는 중요한 것이 아니고, 목적이 될 수 없다. 그것은 어쩌면 한 인간이 삶을 대하는 자세와 원칙의 부산물이나 다름없다. 그래서 오바마의 삶을 통해 우리는 우리의 삶을 다시 뜨겁게 달굴 원칙의 재발견을 얻어내는 기쁨을 누릴 수 있다.

드디어 특별한 꿈을 이루어 메이저리그의 마운드에 올라 감격의 갈채를 받고 있는 어느 프로선수의 영상을 떠올려 보시라. 그의 모자 아래 당신의 얼굴을 오버랩 시켜볼 수 있다면, 이제 당신은 오바마의 전지훈련에 동참할 준비가 된 것이다.

1 작 은 일 에 충 실 하 라

오바마는 일의 크고 작음을 분별할 줄 아는 진정한 리더였다.
작은 일을 대할 때는 정밀하게, 큰일을 대할 때는 대담하게 대응하는 법을 알았다.
작은 일에 충실하라, 오바마처럼!

큰 인물들을 보면서 우리가 착각하는 사실이 하나 있다. 그들이 원래 큰 인물이었으려니 지레짐작하는 거다. 그들은 처음부터 큰 인물이 아니었다. 처음부터 큰일을 한 사람들도 아니었다. 그들도 걸음마를 배우던 어린 시절을 거쳤고 어설픈 사춘기를 거쳤다. 성인이 되어서도 대개는 많은 실패와 좌절을 맛본다. 그런 과정을 거쳐서 지금의 인물이 된 것이다. 인생은 과정이다. 작은 실개천들이 모이고 모여 큰 흐름을 만드는 과정이다. 실개천을 소중히 여기듯 작은 일에 충실해야 하는 이유다.

오바마가 일리노이 주 상원의원으로 뽑혔을 때의 일이다. 아직 업무를 시작하기 전이었는데 누군가가 그에게 충고로 일러준 말이 있었다. 주 정부의 정치는 워싱턴의 연방 정치보다는 매력이 덜할 거라는 이야기였다. 주 의회의 일이라고 해봐야 작은 일들이기 때문에 이름이 잘 드러나지 않는다는 것이었다. 주 의회에서 다루는 사안들은 대개 이동 주택 규제 문제, 농사 설비 감가상각에 대한 세제 혜택 같은 사소하고 자질구레한 일들이었다. 그 일과 연관된 당사자들만 관심을 둘 뿐 일반 서민들의 관심 밖이라는 것이다.

하지만 오바마는 달랐다. 그는 어떤 일이든 최선을 다했다. 오히려 작은 일들에 만족스러워 했다. 왜냐하면 사람들의 생활에 밀착된 일들이었기 때문이었다. 주 정부는 살림살이의 규모가 작아서 빨리 구체적인 결과를 내놓기가 쉬웠다. 극빈 아동들을 위한 건강 보험 확대 법안 같은 것은 해결도 빨랐고 보람도 컸던 일이었다.

오바마에게는 일의 그럴듯함보다는 혜택을 볼 주민들이 중요했다. 대개의 정치인들이 자기 위주로 일하는 데 비해 그는 상대를 생각하면서 일했기 때문에 작은 일들이 즐거웠다. 어려서 어렵게 살아본 경

힘이 있는 사람들은 상대의 아픔에 쉽게 공감한다는 사실은 클린턴 대통령을 통해서도 이미 알려진 사실이다. 오바마에게도 이런 점은 큰 장점으로 작용했다.

그가 주 정치에 흥미를 가진 또 다른 이유가 있다. 주 의회 건물 안에 있으면 그 지역구의 살아가는 이야기들을 생생하게 들을 수 있었다. 그런 이야기를 진심으로 귀 기울여 듣는 것 또한 오바마의 큰 장점이기도 했다. 빈민가에서 아이를 키우는 어머니들, 옥수수 재배 농민들, 일용 노동자들, 부자 은행가들까지 몰려와 자신들의 어려운 문제나 사정을 호소했다.

그런 이야기들을 들으면서 현실과 밀착된, 밑바닥에서부터 쌓아 올라간 의정 활동을 펼치는 게 오바마에게는 기쁨이었다. 나중에는 연방 상원의원이 되어 국가 차원의 일들을 다뤘지만 정치의 초기부터 작은 일들에 충실했고 거기에 만족하며 최선을 다했다. 그것은 허황된 구호나 실속 없는 정책들이 아니었다.

오바마는 작은 일에 충실했고, 결국 나중에 큰일을 할 수 있는 자산을 쌓아 나갔다. 그는 주민들의 생각과 고민을 누구보다도 잘 아는 의원이 된 것이다. 말만 번드르르한 정치인들과는 달랐다. 오바마는 돈도 조직도 없는 천둥벌거숭이 같은 정치인이었다. 그런 그가 3선의 주 상원 진출과 연방 상원 진출에 성공한 것은 이런 과정을 거치며 유권자들과 접촉도가 넓은 정치를 했기 때문이었다. 그에게는 그들이 모두 정치의 동력이었다.

오바마가 작은 것에 성실했다고 해서 사람이 작아서 그런 것은 아니다. 큰 사람일수록 작은 일에 집요하다. 천재들은 마냥 대범한 것 같지만 실제로는 한없이 집요한 기질의 소유자인 경우가 많다. 집요함과 투철함이 천재성의 바탕을 이루는 경우들이다. 오바마는 일의 크고 작음을 분별할 줄 아는 진정한 리더였다. 작은 일을 대할 때는 정밀하게, 큰일을 대할 때는 대담하게 대응하는 법을 알았다. 작은 일에 충실하라, 오바마처럼. 그것이 실은 대담함의 시작이 된다.

작 은 것 의 힘

지금 할 수 있는 일에 최선을 다하라. 이 불변의 진리에 우리는 때로 너무 소홀하다. 눈앞의 작은 일이 장차 큰 일을 할 수 있는 바탕이 된다. 부분적이고 사소한 것에 숙달되면 전체를 볼 수 있는 눈이 생기기 때문이다. 그때 자신을 한 단계 업그레이드 시킬 수 있다.

편집증적 투철함과 번득이는 천재성은 동전의 양면인 경우가 많다. 거대기업의 총수 빌 게이츠의 충고를 보면 유난히 작은 일에 충실하라는 내용이 많다. '목표를 세분하고 순차적으로 도전하라. 작은 일도 소홀히 여기지 말라. 평범한 것이 큰 일을 이룬다. 작은 일부터 시작하라. 작은 것에서 승부를 낼 줄 알라.' 잔소리꾼이 아니다. 이것이 대가들의 특징이다.

그러므로 실천은 작은 것부터 하는 것이 순서이다. 속담도 '천리 길도 한 걸음부터'를 가르친다. 작은 걸음이 없으면 장거리 경주도 없다. '지금 여기'의 작고 사소해보이는 일이 실은 가장 귀하고 중요하다.

2 돈보다는 신념을 위해 살아라

사람은 역경에서 훨씬 더 많은 지혜를 얻고 성장하는 법. 천 번의 갈망보다
한 번의 시도가 낫다. 신념을 안고만 있어서는 아무런 쓸모가 없기 때문이다.
시도하라. 오바마처럼!

돈을 버는 것은 잘못된 일이 아니다. 하지만 돈을 버는 데에만 삶을 집중시키는 것은 야망의 빈곤함을 드러내는 꼴이다. 오바마는 고액의 연봉이나 고속 승진, 연방대법관의 명예 등을 다 포기했다. 오로지 자신의 야망과 신념을 삶의 현장에서 실현시키고 싶어서였다.

대학 졸업이 다가오자 동기생들은 고소득 직장을 찾거나 대학원 원서를 내느라고 바빴다. 하지만 오바마의 장래 구상은 남달랐다. 그는 남을 위해 살았던 어머니를 떠올렸다. 뭔가 좀 더 큰 일, 개인의 이득을 위한 일이 아니라 많은 사람들을 위한 일에 몸을 던져보고 싶었다. 자신이 가지고 있는 것을 남들에게 돌려주고 싶었다. 타고난 이상주의자인 오바마는 가난하고 절망에 빠져 있는 사람들, 힘없는 사람들, 자유를 빼앗긴 사람들을 돕기 위해 뭔가를 해보고 싶다는 뜨거운 희망을 잃지 않고 있었다.

빠르게 돈 벌 수 있는 길을 찾는 대신 그는 여러 민간 운동 단체에 편지를 쓰며 졸업을 준비했다. 그러나 그를 채용하겠다는 답장은 단 한 통도 오지 않았다. 그는 때를 기다리며 직업을 구하고 학자금 대출금을 갚고 저축을 했다. 비즈니스 컨설팅 회사에 입사한 그는 승승장

구하며 엄청난 연봉을 받을 정도가 되었다. 모두들 그가 언젠가는 회사의 경영진이 될 거라고 믿고 있었다. 비서실의 아가씨들은 모두 그를 흠모했다.

그러나 케냐로부터 동생 하나가 죽었다는 전화를 받고는 다시 생각을 일깨웠다. 그의 '형제 의식'이 새롭게 발동했다. 그가 몸 바쳐 해야 할 일, 더 좋은 전망을 가진 고층 건물 사무실보다 더 중요한 일에 참여하는 사명을 형제의 죽음으로 깨달았다. 몇 달 뒤 그는 사표를 내고 지역사회 활동가 자리를 구하는 편지를 다시 수백 통 보냈다.

6개월 후 그는 공장 폐쇄와 정리 해고로 먹고 살기마저 힘들어진 시카고의 빈민가인 사우스사이드 근처에서 면접을 보고 일자리를 제의받았다. 그 사람은 오바마의 가슴 속에서 이글대는 열망을 알아보았다.

"당신 같은 능력 있는 인재가 왜 지역사회 조직 활동을 하고 싶다는 거요? 무언가에 화가 났군. 나쁘게 듣진 마쇼. 화가 나야 일을 잘 할 수 있으니까. 조직가들은 가슴에 화를 품어야지. 아니면 훨씬 편한 직업을 택하든지."

그는 직업 소개와 훈련을 담당할 센터 설립을 위해 활동하는 민중 활동가였다. 오바마는 그 밑에서 훈련생으로 근무를 시작했다. 한 달에 1천 달러. 친구들이 비웃을 만한 작은 보수였지만 그는 기꺼이 그 일을 맡았다.

오바마는 이 세상에는 돈보다도 더 가치 있는 것들이 많다고 생각하는 이상주의자다. 이런 사람은 부자가 되었다는 이유만으로 행복해 하지 않는다. 돈이 자신의 존재 가치를 드높이기는커녕 오히려 초라하게 만들지도 모른다. 대부분의 사람들은 자신의 이상을 포기하고 밥벌이에 매달린다. 하지만 오바마는 포기하지 않았다. 생활은 힘들었으나 그의 앞날은 더욱 창대해졌다.

사람은 역경에서 훨씬 더 많은 지혜를 얻고 성장하는 법. 천 번의 갈망보다 한 번의 시도가 낫다. 신념을 안고만 있어서는 아무런 쓸모가 없기 때문이다.

시도하라, 오바마처럼. 안락의자에서 일어나 자신의 가치에 따라 자신의 신념을 실현하라. 당장은 힘들어도 시간이 지난 뒤에는 더 큰 열매를 얻을 수 있다. 요즘 굶어 죽는 사람은 드물지만, 신념의 빈곤 탓에 삶의 끈을 놓아버리는 사람은 허다하다. 삶의 가치를 깨달은 이에게서라야 돈의 가치도 제 빛을 발한다.

3 가 정 의 가 치 에 충 실 하 라

아이들은 가정에서 '함께 꾸는 꿈, 더불어 사는 삶'의 기본을
행복하게 배워야 한다는 게 아버지 오바마의 지론이다.
가정으로 돌아가라, 오바마처럼!

정치인들은 가정에 문제를 안고 있는 경우가 대부분이다. 미국의 대선 주자들도 예외는 아니어서, 도덕적·윤리적으로 깨끗한 정치인은 찾아보기조차도 힘들 정도이다. 오바마는 그런 면에서 드물게 깨끗한

정치인 중 하나이다. 아마 어린 시절의 기억 때문에 가정의 소중함을 남다르게 생각한 것이 아닌지 모르겠다. 어쨌든 그는 의정 활동 외에는 가족과 시간을 보내는 모범적인 가장이다.

오바마가 연방 상원의원이 된 이후 가장 불만을 느끼는 점은 집과 너무 멀리 떨어져 있다는 사실이다. 가족을 워싱턴으로 옮길까 하다가 몇 가지 문제 때문에 포기했다. 그는 워싱턴에서 일주일 중 4일을 일한 다음 목요일이면 시카고로 간다. 가족들과 주말을 보내고 월요일이면 다시 워싱턴으로 간다.

그는 아내를 돕기 위해 최선을 다한다. 아내는 시카고 대학 병원의 지역사회 관계 프로그램과 다양성 프로그램 등을 운영하며 사회를 위해 일해 오다가 최근에는 오바마의 선거운동을 돕기 위해 일을 그만두었다. 집에 돌아오면 그는 등교하는 두 딸 말리아와 사샤를 직접 학교까지 데려다 준다. 수업이 끝나면 다시 데려와서 피아노와 발레 강습을 받게 하고 숙제를 도와준다.

시카고에서 멀리 떨어져 있지 않을 때에는 일찍 귀가해 가족과 식사를 한다. 딸들의 그날 하루 이야기를 듣고 책을 읽어주고 잠을 재워준다. 그의 성실성이 가장 돋보이는 부분은 가족에 대한 태도이다. 이만하면 너무 모범적이라는 생각이 들 정도이다.

워싱턴에는 임대 아파트를 하나 구해놓았다. 침실 하나짜리 작은 아파트에 머물면서 의사당의 화려한 사교 행사에는 나가지 않는다. 대신 저녁이면 스테이크에 맥주를 즐기면서 동료 의원들과 토론하기를 좋아한다. 그의 식사 상대는 무척 다양하다. 식사 시간을 철저히 의정 활동을 위한 커뮤니케이션 기회로 활용한다. 쉬는 시간에는 텔레비전을 보거나 의원 체육관에서 운동을 한다. 그리고 링컨 기념관이나 마틴 루터 킹의 연설 장소까지 저녁 조깅을 한다.

오바마의 어린 시절을 통해 우리는 왜 그가 좋은 아버지와 좋은 남편이 되려고 그토록 노력하는지 헤아려볼 수 있다. 그는 나이가 들면서 어머니와 외할머니를 자주 떠올린다. 남자가 기둥이 되어 주지 못하는 집안에서 자신을 키우느라 얼마나 힘들었을까를 생각한다. 아버지가 없다는 것이 어린 아이에게 어떤 상처를 입히는지도 깨달았다. 아버지와 의붓아버지와 외할아버지로부터 얻은 교훈은 좋은 아버지가 되어야 한다는 점이다.

오바마는 성공한 남자임에 틀림없다. 결혼 생활에는 아무런 문제가 없다. 가족들은 부족함 없이 살고 있다. 아이들의 학부모 모임에 참석하고 학교 행사에도 얼굴을 내민다. 하지만 늘 부족하다는 생각이다. 아버지와 남편 구실을 제대로 하고 있는지 자꾸 뒤돌아본다. 생각과 행동이 늘 일치하기는 힘들지만 정치인이라는 직업을 핑계로 가족에게 최선을 다하고 있지 않다는 생각 때문에 항상 미안한 마음이다.

가정을 지킨다는 것은 중요한 일이지만 집에는 몸만 있고 마음은 바깥에 있는 경우도 많다. 그래도 아이들에게는 아버지 노릇을 확실하게 하기 위해 노력한다. 아무리 노력해도 불규칙한 일정 때문에 일상이 엉망이 되고 가족들에게는 스트레스를 주는 생활이 이어진다.

딸들의 학교 행사에 자주 참석하지 못하는 것이 그는 특히 미안하다. 자신이 정치를 아무리 잘 한다고 해도 그것으로 용서받을 수는 없다고 생각한다.

가족은 공동체의 기본 단위이다. 더불어 사는 삶을 강조하는 오바마에게는 이보다 더 중요한 공동체가 있을 수 없다. 아버지 없는 가정이 대부분인 빈민가의 흑인들에게 가장 취약한 부분은 바로 가정이다. 그 역시 아버지 없이 살았다. 아이들은 가정에서 '함께 꾸는 꿈, 더불어 사는 삶'의 기본을 행복하게 배워야 한다는 게 아버지 오바마의 지론이다. 가정으로 돌아가라, 오바마처럼.

가 족 의 힘

가정에는 사람이 세상을 살아나갈 수 있는 가장 원초적인 에너지가 있다. 부모들의 어른다운 절제력과 무조건적인 사랑. 그리고 아이들의 생생한 호기심이다. 이 세 가지가 균형을 이루고 있는 곳이 바로 가정이다.

오바마는 가정의 이런 특질들을 알고 있다. 그는 가정에서 모든 것을 배운 사람이다. 그에게 세상을 살아갈 가치를 가르쳐준 것은 어린 시절의 가족 구성원들이었다. 자신을 돌보아주지 않았던 아버지를 떠올리며 더 좋은 아버지가 되어야겠다고 생각하고 있다.

모든 것은 가족에서 시작해 가족에서 끝난다. 태어날 때 거기 가족이 있어 나를 맞고 숨을 거둘 때도 가족이 나를 떠나보낸다. 우리 삶의 가장 큰 부분을 떠맡는 건 사회도 정부도 아니고 바로 가족이라는 것. 오바마의 교훈이다.

4장_담대함의 성공 전략 15

순탄하지 않았던 어린 시절부터 간직한 그의 소망이
이제 모든 이들의 희망으로 피어나고 있다.
담대하게 역경을 헤치라, 오바마처럼!

　흑백 혼혈로 태어난 오바마는 엄청난 정체성 혼란을 극복하는 과정을 통해 그의 인격과 신념 체계를 형성한다. 흑인으로서 어떻게 살아가야 할지 고민하며 정체성을 찾는 몸부림이 미국의 지도자를 탄생시켰다는 사실은 큰 진리 하나를 우리에게 확인해준다. 고통과 역경은 사람을 키운다!

　그는 젊은 시절 다른 흑인들처럼 많은 방황을 했지만, 그 방황의 끝에서 학업에 열중하고 철저하게 자기관리를 하는 등 생활 태도를 완전히 바꾸는 데 성공했다. 그 후 그는 공동체 개념에 착안하여, 더 나은 세상을 위해 자기 생각을 실천해볼 수 있는 사회개혁운동에 모든 것을 바치며 진지한 인생을 살아왔다. 그리고 그 활동이 기반이 되어 주 상원의원과 연방 상원의원이 되었다.

　오바마가 2004년 연방 상원의원 선거에서 승리하자 뒤이어 폭발적인 현상이 벌어졌다. 그가 백악관까지 갈 수 있겠다고 생각하는 사람들이 급격히 많아진 것이다. 사람들은 그것을 격렬한 방식으로 드러냈다. 오바마가 아내와 영화를 보러 가면 영화관에서는 난리가 났다. 관객들은 박수를 치고 사인을 부탁하고 사진을 함께 찍었다. 정치계에서는 때 아닌 록스타가 나타났다고 빈정거렸다.

그런데 그는 보란 듯이 진정한 정치계의 스타가 되어버렸다. 그의 상원 활동 역시 워싱턴에 새로운 바람을 몰고 왔다. 어떤 정치인도 오바마만큼 사람들의 관심을 끌어 모으지 못했다. 그의 대단한 호소력과 협상력 때문이었다. 그 능력은 대중들의 호감뿐만 아니라 동료 정치인들의 호의적 평가까지 자아냈다. 오늘날의 오바마는 그 당시에 이미 예견되어 있었던 것처럼 보인다.

민주당원들은 2004년 여름 전당대회의 감동적인 연설과, 70% 이상의 지지를 받은 상원의원 선거의 압도적인 승리를 생각하며, 이미 대통령 선거에 나선 오바마의 모습을 그려보고 있었다.

좀 빠른 감도 없지 않았다. '초선의 신참이 우습게도 너무 설친다'며 꾸짖는 매스컴도 있었다. 원로들은 '서둘지 말고 차례를 좀 기다리시게'라며 언짢아했다. 그러나 그의 나이는 존 F. 케네디가 대통령에 당선되던 때와 같은 나이였다. 그가 그 이야기를 들고 나오자 주위에서는 견제하기에도 쑥스러워지고 말았다.

텔레비전 대담 프로그램 〈래리 킹 라이브〉에서 래리 킹은 '미국의 첫 번째 흑인 대통령이 될 수 있는 사람'이라는 과감한 발언을 했다. 그러나 그 말이 더 이상 이상하게 들리지 않았다. 몇 년 전만 해도 전혀 말도 안 되는 소리였는데, 이제 다들 고개를 끄덕이며 수긍하는 소개말이 된 것이다.

아웃사이더가 대통령이 된다는 것은 엄청난 역사적 사건이자 진전이 될 것이 틀림없다. 그는 대통령이 되지 못한다 해도 이미 중요한 인물이 되어버렸다.

흑인으로서의 정체성을 찾으려던 젊은 날의 몸부림 덕분에 그는 새 시대의 아메리칸 드림을 이뤄냈고 결국 미국의 지도자 중 한 명으로 두각을 보이기에 이르렀다. 이 사실은 미국 역사와 미국 사회에 남다른 의미를 남겼다. 가령 '오바마 대통령'은 미국의 민주주의와 다원주의가 한 차원 높아졌음을 보여주는 획기적 징표가 될 것이기 때문이다.

고통과 역경은 실로 인물을 길러낸다. '고난과 성공'은 미국인들의 삶을 해석하는 코드 중의 하나이다. 링컨이 독학으로 변호사가 되고 대통령이 된 사실은 책 속의 이야기가 아니라 그들 자신의 현실이다. 하지만 이제는 꿈을 실현할 수 있는 기회의 땅이라는 개념이 그 빛을 잃었다. 누구든지 노력만 하면 자신의 힘으로 성공할 수 있는 곳이 아니다. 부자는 자기 증식이 얼마든지 가능하고 가난한 자는 죽어서야 가난을 벗어난다. 자본주의의 혹독함만이 판치는 미국에 더 이상의 링컨은 없다.

오바마가 갑자기 스타가 된 것은 그렇지 않다고 외쳤기 때문이다. 그걸 깨뜨리겠다고 나섰기 때문이다. 그는 미국의 국가적인 모순과 맞서는 담대한 구호를 들고 정치 리더로 등장했다.

이만큼 큰 이슈를 꺼내들 만큼 그는 큰 인물이 되었다. 그를 키워낸 것은 무엇일까? 이 차원의 오바마는 더 이상 아버지의 우상과 어머니의 의지로 설명되지 않는다. 그는 '난 앞으로 어떻게 살아가야 하나?'

라는 소박한 질문으로 자기 정체성에 대한 고민을 시작했다. 그의 앞에 놓인 선택의 폭은 그리 넓지 않았다. 어린 그가 보기에는 딱 두 가지였다. ①마약 중독자가 되어 밤거리를 어슬렁거리는 빈민가의 범죄자. ②백인들의 비위를 맞춰주면서 골치 아프지 않게 슬렁슬렁 살아가는 노예.

그는 둘 다 거부했다. 오바마가 사회적 신분이나 지위 같은 것을 거부했다는 건 아니다. 그는 끌려다니는 삶을 거부한 것이다. 어렵기는 했지만 그는 자신이 앞장서서 끌고 가는 구도를 그려냈다. 흑인을 버릴 것이냐, 백인을 버릴 것이냐 라는 선택이 문제가 아니었다. 양측을 모두 아우를 크고 원대한 가치를 오바마가 내걸었고, 모든 미국인이 그 가치에 환호하고 있다. 이전 시대까지는 모든 사람이 본받을 만한 표상이 링컨이었다면, 이 시대에는 오바마가 바로 그런 범인종적 아메리칸 드림의 모델이 되었다.

토론과 타협을 통해 조정해나가는 정치 제도의 부활, 다양한 의견들이 배척되지 않고 적절히 고려되는 과정, 그리고 설득을 통해 서로 양보해나가는 방식. 이런 정치적인 컨셉트는 모든 사람이 평등하다는 개념, 누구나 행복을 추구할 권리가 있다는 개념에서 출발한다. 오바마가 어린 시절부터 갈망했던 소박한 가치들이다. 순탄하지 않았던 어린 시절부터 간직한 그의 소망이 이제 모든 이들의 희망으로 피어나고 있다. 담대하게 역경을 헤치라, 오바마처럼.

5 아버지의 우상을 극복하라

아버지의 자산을 받아들여 자신을 한 차원 끌어올릴 수 있다면
그것은 아주 소망스러운 극복이요 상승일 것이다.
아버지에게서 벗어나라, 오바마처럼!

아버지에 대한 환상은 적어도 오바마가 절망에 빠지지 않게 늘 그에게 경고하고 그를 보호해주었다. 또 그 환상이 완전히 사라진 다음에는 어떻게든 아버지를 뛰어넘어야 한다는 의무감을 가지게 되었다. 또 그 환상을 극복하자 아버지보다는 잘 할 수 있다는 자신을 가지게 되었다. 오바마에게 아버지의 이미지는 삶의 굴곡을 넘어서는 동력이었다.

가족을 버린 케냐인 아버지와 백인 어머니 사이에서 난 그는 엄청난 정체성 혼란을 겪었다. 그것을 극복하는 과정은 그의 인격과 신념 체계 형성에 결정적인 영향을 주었다.

그는 평생 아버지 없이 자란 셈이다. 어린 시절 아버지를 딱 한 번 봤을 뿐이다. 그의 정체성 혼란에는 아버지의 부재도 영향을 주었다. 존재하지 않는 아버지는 우상은 될 수 있어도 역할 모델은 될 수 없었다. 아버지는 단지 확고한 우상으로만 자리 잡고 있었다. 명석한 학자, 관대한 남자, 탁월한 지도자. 아버지의 비참한 몰락을 목격하지 못한 그는 어머니가 전해준 아버지 이미지를 안고 살았다.

성인이 될 때까지 줄곧 그를 돌봐준 외할아버지는 무능력했다. 의

붓아버지는 부패와 불의에 타협했다. 두 어른의 망가지는 모습을 보고 어린 그는 실망을 느꼈다. 그들을 본받을 수는 없었다. 대신 흑인이자 아프리카의 아들인 친아버지가 아버지의 원형으로 남았다.

그는 아버지를 맬컴 X나 만델라처럼 존경할 만한 흑인 지도자들처럼 보았다. 아니, 아버지는 훌륭한 흑인 지도자들보다도 훨씬 높은 자리에 있었다.

'배리, 왜 열심히 하지 않느냐. 자기가 할 건 반드시 해야 해. 더 힘을 내라. 네 민족의 투쟁을 도와야 해. 일어나라, 흑인의 아들아!'

이것은 평생 그의 귓전에 울리던 아버지의 목소리였다. 그것 때문에 그는 쉽게 포기하지 않는 남자가 되었다. 동기생들이 앞다퉈 취업 원서를 쓸 때 더불어 사는 공동체를 생각하는 남자가 되었다.

그러나 아버지의 고향을 방문해 아버지의 비참한 최후를 알고 난 다음에는 그 우상을 지워버렸다. 아버지의 이미지는 관대한 보호자였고 준엄한 경고자였다. 그런데, 그를 절망에 빠지지 않도록 붙잡아주던 그 아버지가 이제 완전히 죽은 것이다. 아버지는 삶의 지표가 될 수 없었고 인생의 교훈을 줄 수 없었다. 그는 다시 결심했다.

"좋아. 내가 해야 할 일이라면 난 누구보다도 잘 할 수 있어. 어떻게 하더라도 아버지보다는 잘 할 수 있어."

그는 비로소 아버지를 극복했다. 아버지가 몰락한 사연을 자세히 듣고 그는 새로운 교훈을 얻은 것이다. 그는 아버지의 야망을 뒤늦게 자신의 자양분으로 받아들였다. 아버지의 이미지에서 벗어난 다음에 비로소 아버지를 받아들일 수 있었다. 그리고 진정한 어른이 되었다.

아버지를 극복하지 못하면 진정한 아버지가 될 수 없다. 아들에게 아버지 극복은 평생의 숙제이다. 자기 아버지를 극복하고 나서야 비로소 자신도 한 사람의 아버지가 된다. 이때 완전한 존재로 여겨지던 아버지나 어머니를 '극복'한다는 것은 그들의 삶을 내 삶 속에서 더 크게 '내화'한다는 뜻이기도 하다. 어른이 되기 위한 가장 큰 통과의례가 바로 그것이다.

오바마처럼 아버지의 자산을 받아들여 자신을 한 차원 끌어올릴 수 있다면 그것은 아주 소망스러운 극복이요 상승일 것이다. 아버지에게서 벗어나라, 오바마처럼.

6 말과 행동을 일치시켜라

위선보다도 더 해로운 것은 없다. 사람은 누구나 자신의 신념을 명확하게 한 후에 자신의 행동을 그 신념에 일치시켜야 한다. 믿음을 줘야 한다. 오바마처럼!

일상생활에서 올바르다고 생각하는 행동과 선거에서 승리하기 위해 취하는 행동 사이에는 차이가 있다. 모든 정치인들이 선거 때는 이기기 위해 '빈말'을 하는 게 다반사 아닌가. 이긴 다음에는 입을 닦아도 별 흠이 안 된다. 어디 정치인만 그런가. 보통 사람들 역시 일상에서 흔히 말과 행동이 어긋나게 처신함으로써 평판에 먹칠을 하곤 한다.

사람들은 특히 정치인들의 이런 행태에 넌덜머리를 내고 있다. 그래서 말과 일치된 행동, 자기 말에 대한 진정성을 보여주는 지도자를 바라고 있다.

하지만 말과 행동의 통일은 생각만큼 쉽지 않다. 워낙 말만 앞세우다 보니 정치는 이제 하찮은 것으로 전락해버리고 말았다. 비웃음과 희롱의 대상이 되어 버렸다. 오바마는 이런 정치를 바꾸고 싶어 한다. 정치의 제 모습을 찾아주기 위해 정치를 바꾸려는 것이다. 그는 경쟁의 룰을 바꾸고 싶어 한다. 자기가 지지하는 정치가가 야비한 방법으로 상대를 공격해도 분노하거나 부끄러워하지 않는 풍토를 바꾸려는 것이다. 정당하지 못한 정치가가 이겨도 자기편이 이겼으므로 상관없다며 좋아라하는 국민들을 바꾸고 싶어 한다.

그런데 이것은 단지 정치만의 문제는 아니다. 우리 모두가 새겨들어야 할 일상의 충고이다. 말만 앞세우지 않으려면 이상과 현실을 적절히 조화시켜 균형을 잡아야 한다. 타협할 수 있는 것과 없는 것을 구별할 줄 알아야 한다. 상대방에게도 가끔은 귀담아 들을 만한 주장이 있다는 점을 받아들여야 한다.

정치의 경우 국민들은 이념적인 논쟁을 이해하지 못할 수도 있다. 그렇지만 독선적인 주장과 상식적인 견해, 책임감 있는 태도와 무책임한 방기, 지속적인 흐름과 일시적인 쏠림 사이의 차이는 분명하게 인식할 수 있을 만큼 현명하다. 오바마의 주장은 결국 정치건 인생이건 상식적인 수준에서 정상적으로 무리 없게 살아가자는 것이다. 사실 말과 행동이 일치하지 않는 것도 무리수를 두기 때문이 아니겠는가.

그는 국민들이 정치가들보다 훨씬 앞서 있다고 생각한다. 그는 지역구를 돌아다니면서 주변에 있는 많은 보통 사람들의 모습을 보아왔다. 보통 사람들은 대립하지 않을 수 없는 상황 속에서도 이웃과 화해하며 적절히 조정하고 양보하는 미덕을 몸에 익히고 살아간다. 그렇기 때문에 말만 앞세우는 정치가보다는 양보와 화해의 미덕을 직접 실행하는 보통 사람들이 훨씬 현명하다는 것이다.

언젠가 의회는 휴회 중이고 대학원에서는 강의가 없는 한가한 시간이 있었다. 그래서 그는 손수 운전을 하며 자기 지역구를 돌아다닌 적이 있었다. 한가롭게 골프나 치자는 핑계를 대고 나선 여행이었으나 그는 골프를 포기하고 말았다. 사람들과 이야기하는 것이 좋아 지방마다 머물며 여러 사람들을 만났다. 그들에게서 그는 자신의 외할아버지가 가지고 있었던 자유주의, 외할머니의 실용주의, 그리고 어머니의 자비와 인정을 볼 수 있었다.

사람들이 마음을 조금만 열면 모든 것이 해결될 것 같았다. 서로의 다름보다는 공통점을 더 많이 발견하게 되고 공감하게 될 거라는 생각이 들었다. 물론 지역마다 분위기가 다르고 가치관이 다르기는 했다. 생각이 다른 사람들이 있었고 문화가 달랐다. 이런 요소들은 뒤섞이고 다투다가 충돌을 하긴 했지만 그 충돌이 워싱턴에서처럼 심하거나 위험하지는 않았다. 그러다 체계적이지는 않았지만 모든 충돌 요소들이 결국은 새로운 형태로 응집되는 것을 보았다. 그것은 어디를 가도 마찬가지였다. 대부분은 미디어에서 떠드는 것보다는 관대했다. 결국은 타협과 통합이 가능했다.

그러나 정치인들은 가치관에 대한 견해를 솔직하게 밝히는 경우가 드물다. 대개는 계산된 발언을 하고 미리 짜놓은 각본에 따라 행동한다. 흑인 교회를 방문한다거나 유치원에 찾아가 아이들에게 책을 읽어주는 것처럼 정해진 프로토콜을 따른다. 국민들은 어디까지가 진심이고 어디까지가 연출인지 알기 힘들다.

더구나 오늘날에는 가치관 같은 것은 아예 뒷전이다. 스핀닥터spin doctor라는 표현이 생겨난 데서 알 수 있듯이, 상대의 이야기를 날조하거나 다른 사람의 발언을 왜곡하는 일에 더 신경을 쓴다. 부끄러운 일을 거리낌 없이 해치우는 게 보통이다. 상대를 모욕하고 끊임없이 의혹을 제기하고 꼬투리를 잡기 위해 개인의 사생활을 파헤친다.

오바마가 연방 상원의원에 출마했을 때 상대당 후보가 젊은이 한 사람을 붙여 거의 스토킹 수준으로 따라다니며 2, 3미터 거리에서 하루 종일 그를 촬영한 적도 있었다. 오바마가 실수하는 장면을 담겠다는 의도인 것. 상식적으로 이해하기 힘든 짓이었지만 아무렇지도 않게 그런 일을 저지르고 있는 것이다. 단지 승리하기 위해.

선거철이 되면 이익단체에서는 후보들에게 설문지를 보내 자신들이 지지할 후보를 고른다. 자신들에게 이익이 될 만한 사람을 고르는 것이다. 그러나 오바마에게는 그마저도 간단한 문제가 아니었다. 가령 노동조합 문제는 북미자유무역협정NAFTA 과 밀접한 관계가 있다. 한

쪽만 보고 함부로 의사 표시를 할 수가 없다. 전국민건강보험은 맨 먼저 처리해야 할 가장 시급한 과제인 게 분명하다. 그러나 이를 위해 헌법을 개정하겠느냐고 질문하면 그건 쉽게 대답할 성질의 것이 아니다.

물론 '예스'라고 대답하면 지지를 받을 수 있다. 그러나 오바마는 그 대신 선택하기 어려운 이유를 여백에 써서 보낸다. 보좌진들은 지지 세력을 포기하는 그런 태도를 못마땅하게 생각한다. 그러나 그는 흑백을 가르는 듯한 분열 상태에 빠져들고 싶지 않다. 그것이야말로 그가 앞장서서 끝장내고 싶은 일이기 때문이다.

더구나 선거 기간 중에 한 말과 당선된 뒤에 하는 말이 다르면 안 된다고 생각하기 때문에 섣불리 대답을 하지 않는다. 물론 이익단체들이 원하는 대답을 하지 않아 지지를 잃기도 한다. 그러나 모든 단체들이 그런 것은 아니었다. 그걸 보고 놀라기도 하고 희망을 느끼기도 했다.

당선 뒤의 의정 활동 중에는 원칙과 신념을 지키려고 노력한다. 그러다 보면 지지자들의 이익과 부딪치는 행동을 하기도 한다. 설득을 한다 해도 상대방들이 늘 그의 설명을 납득해주는 것은 아니다. 때로는 지지 세력들이 분노해 지지 기반을 잃기도 한다. 그것은 다음 선거에서 치명적인 결과를 낳을 수도 있다.

관련 상임위원회나 본회의에 올라오는 법안들도 대부분 선뜻 결정을 내리기 어려운 건 마찬가지이다. 법안이 상정되기까지 크고 작은 타협과 절충 과정을 100번은 거칠 것이다. 그 속에는 타당한 정책 목표도 있지만, 정치적인 인기몰이, 임시변통의 규제, 구태의연한 지역구 선심성 방안이 뒤섞여 있다.

원칙에 바탕을 둔다는 것이 처음 생각했던 것처럼 명료하지 않음을 오바마는 깨달았다. 찬성이나 반대에 상관없이 표결을 한 뒤에는 얼마간의 후회나 가책 같은 것이 남는다.

상황이 이렇다 보니 그는 늘 양심에 따라 행동하는 것이 정확히 어떤 것인지 모호하다는 생각을 버리지 못하고 있다. 그러나 언행일치와 진정성, 원칙과 신념의 문제는 타협의 대상이 될 수 없다는 입장을 그는 줄곧 유지해 왔다. 지지자들이 그를 뭔가 다른 정치인으로 보는 것은 바로 그런 성향 덕분이다.

신뢰할 만한 사람은 자신이 하겠다고 말한 것을 실제로 실행하는 사람이다. 모범을 보이면 쉽게 신뢰를 얻을 수 있다. 신뢰할 수 있는 사람인가를 결정할 때는 우선 그 사람의 말을 들어보고 난 다음에 그 사람이 하는 행동을 보면 된다. 그 사람의 말과 행동이 일치할 때 '믿을 수 있다'는 판정이 내려진다.

위선보다도 더 해로운 것은 없다. 사람은 누구나 자신이 소중하게 생각하는 가치와 자신의 신념을 명확하게 한 후에 자신의 행동을 그 신념에 일치시켜야 한다. 믿음을 줘야 한다, 오바마처럼.

7 이성보다는 감성에 호소하라

더 큰 힘을 발휘하는 것은 상대방을 배려하고, 동정심을 느끼고, 감싸주는 감성이다.
감성을 건드려 감동을 자아내라, 오바마처럼!

이성이 사는 곳은 머리라는 복잡한 동네이다. 감성이 사는 곳은 가
슴이라는 따뜻한 동네고. 둘은 늘 같이 있지만 바라보는 방향은 다르
다. 서로 보완도 하지만 쉽사리 갈등하기도 한다. 이성은 복잡하게 계
산하고 따져 질서를 잡지만, 감성은 물 흐르듯 부드럽게 모든 것을 감
싼다. 이성은 냉정하게 성찰하지만, 감성은 뜨겁게 충격을 준다.

힐러리가 이성이라면 오바마는 감성이다. 2004년 민주당 전당대회
의 연설은 감성에 호소하는 사자후의 전형이다. 젊고 패기 있는 이미
지와 감성적인 명연설로 그는 열풍의 주역이 됐다. '오바마 열풍'은 이
라크 전 이후 땅에 떨어진 미국의 이미지를 상승시키기에 충분했다.
그날 힐러리는 오바마 앞 순서에 연설을 했지만 그의 이성적 연설로
는 사람들의 가슴을 울리지 못했다.

프랑스의 한 전문가는 오바마를 가리켜 "저게 바로 세계가 꿈꾸는
미국의 모습"이라고 말했다. 오바마와 힐러리를 비교하는 평가도 재
미있다.

"유럽에서 여성 대통령은 전혀 새로울 게 없지. 하지만 흑인 대통령
은 엄청난 쓰나미야. 미국의 변화를 보여주는 상징으로 딱이지."

힐러리는 연륜과 경험을 앞세운다. 오바마는 패기와 감성이 무기이

다. 두 사람의 화법은 그 차이를 선명하게 보여준다. 힐러리가 '나'를 주어로 내세우는 데 비해 오바마는 '우리' We라는 말을 자주 쓴다. 힐러리가 '나의 풍부한 경험으로 이를 변화시켜나갈 것이다'라고 할 때, 오바마는 '우리 스스로 힘을 합쳐 함께 고쳐나가자'라고 말하는 식이다.

오바마의 '우리'는 젊고 확신에 찬 개인적 매력과 맞물려 유권자들의 공감대를 이끌어내는 데 강점을 보이고 있다.

청중의 입장에서는 힐러리와 오바마를 셀러 seller 와 바이어 buyer 로 해석해볼 수 있다. 힐러리는 셀러이다. 유권자에게 정책 또는 자신의 경험을 파는 사람이다. 경험을 강조하며 자기 정책의 장점을 설명한다. 그것은 '이 상품이 저 상품보다 나으니 저것을 버리고 이것을 사라'는 말이다. 이걸 사면 저게 죽고 저걸 사면 이게 죽는 제로섬의 구조이다.

오바마는 바이어이다. 그는 유권자의 호소를 받아들여 정책을 만든다. '당신이 내놓는 것을 내가 사겠다'고 한다. 오바마의 연설을 들으면 유권자들은 '내 얘기를 하고 있구만'이라는 익숙함을 느낀다. 그것은 그의 정책이 머리로 만들어낸 것이 아니고 따뜻한 가슴으로 유권자들에게 다가가 그들의 이야기를 오랜 시간 귀 기울여 경청해 얻어낸 결과이기 때문이다. 따라서 그의 태도는 양자택일이 아니라 다양성의 수용이다.

힐러리의 연설은 자세하고 논리적이지만 재미없고 지루하다. 반면에 오바마의 연설은 두리뭉술하여 전체는 파악되지만 세부적으로는 구체적으로 뭘 하겠다는 건지 파악하기 힘들다. 하지만 흥이 나고 재미있다. 함께 신나게 해보자는 오바마의 콘텐츠가 청중들의 영감을 자극한다. 그러니까 일종의 '바람몰이'라고도 할 수 있다. 자칫하면 실체가 없다고 비판받기 십상이다. 지금도 오바마의 연설은 알맹이가 없다는 비판을 받는다. 하지만 청중은 오바마의 연설에 더 열광한다.

사람의 마음을 움직이는 데는 이성보다는 감성이 유리하다. 따지고 분석하고 계산하는 일을 잘 해야 성공에 유리하다고 여겨지곤 한다. 그러나 그것은 반드시 갖춰야 할 필요조건일 뿐이다. 그 다음에 더 큰 힘을 발휘하는 것은 상대방을 배려하고, 동정심을 느끼고, 감싸주는 감성이다. 감성은 옳고 그름을 따지는 가치가 아니다. 감정이입에 충실하여 감동을 주고받는다. 설득의 충분조건인 것이다. 감성을 건드려 감동을 자아내라, 오바마처럼.

8 첨단 미디어를 활용하라

'변화는 위에서 아래로 일어나는 게 아니다. 아래에서 위로 일어나는 것이다.'
그 변화의 기반이 되는 것이 바로 온라인 공간이다.
접속하고 소통하고 공유하라, 오바마처럼!

지난 해 〈피플〉지가 후보들에게 '아침에 집을 나설 때 반드시 갖고 나오는 것'을 물었다. 공화당의 한 후보는 건강식품 그래놀라를 들었고, 민주당의 힐러리는 블랙베리 휴대폰을 꼽았다. 각각 '가정'과 '효율성'을 말해주는 키워드들이지만 다소 낡은 '웹1.0 버전'이었다.

오바마는 이들과 달리 컴퓨터 화상 전송용 카메라인 웹캠을 들었다. 이 정도면 2.0 수준이다. 웹2.0은 일방적 전달 방식의 패러다임이 아니다. 양방향에서 정보를 주고 받고 공유하며 참여하는 새로운 패러다임이다. 이용자가 적극 참여하여 스스로 정보와 지식을 만들고 공유하는 열린 공간이다.

경영·리더십 전문 월간지 〈패스트컴퍼니〉는 다른 후보들이 전통적 상하 전달식 메시지를 던졌다면 오바마는 유튜브 시대에 어울리는 수평적 메시지를 던졌다고 해석했다. 어떤 홍보 전문가는 이런 평가를 내놓는다.

"오바마는 사람들이 브랜드에서 원하는 새로움과 차별성, 매력 등 3박자를 모두 갖추고 있다."

최근의 선거에서 중요한 역할을 하는 것이 이런 첨단 전략들이다. 특히 첨단 미디어 기기들은 선거에서 가장 중요한 커뮤니케이션 영역에서 대단한 성능을 발휘하여 알게 모르게 후보의 당선에 영향을 미친다. 오바마와 힐러리의 후보 경선에서도 첨단 미디어 활용은 예외가 아니다.

오바마는 힘겨우리라는 예상을 뒤엎고 초반부터 힐러리를 압도했다. 힐러리의 맹추격을 당하면서도 선두를 내주지 않고 계속 앞서 달렸다. 그 요인 중 하나가 오바마의 인터넷 선거 전략이다. 이전 선거전들의 전략이나 다른 후보들의 전략과는 가장 두드러지게 차별화되는 점들 중 하나가 인터넷 선거이다.

오바마는 어느 선거든지 풀뿌리 조직을 기반으로 선거를 치렀다.

사실 맨손이나 마찬가지였다. 그저 '무식하게' 몸으로 때우는 식이었다. 선거를 치르기 위해 나섰지만 정작 선거운동에 필요한 준비물은 전혀 갖춰져 있지 않은 경우가 허다했고 손에 쥐고 있어야 할 무기가 하나도 없었다. 이번 대선 예비선거에서도 자금력, 지명도, 조직 기반 등 모든 면에서 힐러리에게 열세였다. 그러나 일정 시간이 지나자 유권자들의 폭발적인 지지를 얻는 데에 성공했다. 그 요인으로 인터넷, 특히 웹2.0 기반의 소셜 네트워크가 커다란 역할을 했다.

선거운동이 시작된 이래 힐러리가 오바마를 따라잡지 못한 결정적인 요인은 바로 인터넷 공간의 활용도 측면에서 연신 오바마에게 밀렸다는 점이다. 마이스페이스MySpace, 페이스북Facebook, 링트인LinkedIn 등과 같은 신생 소셜 네트워크 사이트들을 인터넷 선거공간 삼아 오바마는 종횡무진 네트워킹의 선풍을 일으켰다. 오바마는 21세기의 풀뿌리 조직이 어떠해야 하는지를 미리 파악하고서 이들 소셜 네트워킹 사이트들에 주목해 과감한 투자와 함께 파고들기 시작했다.

네트워크의 홍보 효과는 처음엔 지지부진했다. 그러나 폭발적인 파괴력을 발휘하는 데는 그리 오랜 시간이 걸리지 않았다. 온라인 공간에는 '오바마 패밀리'라는 무시무시한 위력의 마피아(?)가 결성되었다. 오바마를 지지하는 크고 작은 온라인 커뮤니티들이 수없이 많이 생겨났다. 이들이 서로 연계되자 네트워크는 눈덩어리처럼 커졌다. 공간이 기하급수적으로 불어난 것이다. 이 '오바마 네트워크'는 엄청난 규모로 힐러리의 지명도, 자금, 조직을 압도해버렸다.

오바마 네트워크는 선거자금 모금에서도 위력을 발휘했다. 대개 거물 정치인들은 상류층들과 가깝다. 또 선거 때는 로비 성격의 접촉들이 많다. 이 과정에서 거액의 선거자금이 오간다. 그리고 이런 방법이 많은 자금을 모으는 데는 쉽고 빠르고 편한 방법이다. 그러나 오바마는 선거 뒤에 발목 잡히는 그런 방법이 싫었다. 또 그런 인맥도 변변치 못했다. 이에 돌파구를 마련해준 온라인이었다.

오바마의 온라인 캠페인 전략을 두고 '긴 꼬리 정치'long-tail politics라고 부른다. 기부에 있어 개별 기부액이 적은 대신 기부자 숫자는 엄청 많아 '긴 꼬리'를 이룬다는 것이다. 이것을 한 데 모을 방법이 이전에는 없었지만 온라인 공간에서는 가능하다. 오바마는 여기에 착안을 한 것이다. 힐러리는 무시해도 될 만한 액수 이하의 기부자는 잘라버린다. 긴 꼬리가 필요 없다. 큰 거래선만 잡으면 해결되니까. 오바마에 빗대자면 힐러리의 정치 스타일은 '도마뱀 꼬리 정치'라고 부를 만하다.

오바마의 조직 전략은 '위키 정치'wiki-politics 라고 불리기도 한다. 네티즌이 묻고 답하며 참여형으로 만들어낸, 방대한 데이터베이스를 자랑하는 인터넷 백과사전 위키피디아wikipedia 에 빗댄 표현이다. 열린 공간으로 다양한 스펙트럼의 사람들을 모아 포용하고 상생하자는 정치이다. 참여를 원하는 사람은 누구든 배제하지 않는다. 집단 지혜를 바탕으로 한 참여 정치모델로서, 인터넷에 새로운 공간을 만들어나가며 오바마 특유의 공동체 지향적 가치를 첨단화하고 있다.

오바마 캠페인이 위력을 발휘하는 요인은 하나 더 있다. 바로 사람들을 움직이게 만든다는 것이다. 오바마는 온라인 지지자들을 오프라인의 자원봉사자로 탈바꿈시킨다. 오바마는 단순히 정치 광고를 퍼붓는 물량 공세를 거부했다. 대신 온라인에 모여 있는 사람들의 소셜 네트워크 공간에서 자신의 메시지를 확산시켜 나갔다.

소 액 기 부 의 힘

오바마 지지자들은 돈이 많지 않은 보통 사람들이었다. 모두들 적은 금액을 들고 나왔다. 그러나 이 소액 모금 결과는 역사적인 기록을 올렸다. 지난 1월에는 270만 명의 지지자들이 3,200만 달러를 지원했다. 그 중 2,600만 달러는 순전히 온라인을 통해 기부한 금액이었다. 이는 미국 선거 사상 최대 규모라고.

놀랄 만한 사실은 그것만이 아니다. 이 소액 기부자들이 자발적으로 참여했다는 점이다. 온라인 기부의 90%가 100달러 미만이었다. 그 중 40%가 25달러 미만의 소액 기부자들이었다. 1만 명 이상이 인터넷을 통해 5달러나 10달러를 기부했던 것이다. 엄청난 네트워크의 승리이자 감동의 물결이었다.

같은 기간 힐러리의 전체 모금액은 1,350만 달러였다. 그중 200달러 미만의 기부자는 12%에 불과했다. 50% 정도는 1인당 기부 한도액인 2,300달러의 거액 기부자들이었다. 힐러리는 워싱턴의 로비스트 등 소수의 거액 기부자들로부터 큰 자금을 끌어들인 것이다.

오바마는 개개인의 액수는 작았지만 머릿수에서는 압도하는 자발적 지지자들의 도움을 이끌어냈다. 이 이벤트 하나로 오바마는 힐러리보다 더 뜨거운 지지를 끌어내는 부수적인 효과를 거뒀다.

이런 온라인 풀뿌리 운동이 '오바마 신드롬'을 낳았다. 거대 자본과 거대 매체에만 의존하는 정치는 더 이상 사람들의 폭발적인 지지를 받기 힘들다. 사람들의 마음을 움직이는 정책과 정치를 이길 수 없다.

선거 중반에 선거 전문가들은 미디어의 영향력을 의식해서 '힐러리의 눈물'을 연출했다. 동영상이 유포되고 일시적으로 효과를 보긴 했으나 일회성 이벤트에 그쳤다. 지지자의 신뢰가 있어야 '진정성'이 형성된다. 단순히 '전략적'으로 접근해서는 감동을 끌어낼 수 없다. 반면 오바마의 정치적 메시지를 담은 콘텐츠는 날마다 블로거들에 의해 생산되고 유포되고 공유된다.

대중에게 아이디어를 얻어 전략을 구상하는 '크라우드 소싱'crowd-sourcing 기법, 포용과 수용을 핵심으로 하는 '긴 꼬리 정치'는 차세대에 걸맞는 웹2.0의 원리들이다. 오바마는 이런 면에서 잠재력이 대단하다. 첨단 테크놀로지를 선거운동의 핵심으로 활용한 첫 후보이다. 인터넷 자원봉사자들은 오바마의 홍보물을 엄청난 속도로 퍼뜨리고 있다. 유튜브에 올라온 3,000여 개의 오바마 연설 동영상은 각 게시물마다 적게는 1만여 건, 많게는 100만 건 이상의 조회수를 기록 중이다.

페이스북Facebook의 오바마 공식 사이트는 회원이 36만이다. 비공식 사이트 '버락 오바마를 대통령으로'는 45만 명이다. 힐러리의 공식 사이트 회원수가 9만인 것과 대비된다. 반면 안티 힐러리 사이트 '스톱 힐러리 클린턴'STOP Hillary Clinton 사이트는 회원이 75만이다. 힐러리 공식 사이트에는 5개의 네트워크가 접속되어 있는 데 비해 오바마 공식

사이트에는 16개의 네트워크가 접속되어 있다. 공화당 매케인 후보의 사이트 회원수는 5천 5백 명이다. 그의 공식 사이트에 접속되어 있는 네트워크는 없다. 각 후보가 각기 다른 시대를 대표한다고 말하는 게 어찌 과장이겠는가.

오바마는 계속 부르짖는다. '변화는 위에서 아래로 일어나는 게 아니다. 아래에서 위로 일어나는 것이다.' 그 변화의 기반이 되는 것이 바로 온라인 공간이다. 접속하고 소통하고 공유하라, 오바마처럼.

블로거의 힘

소셜 네트워킹의 잠재력이 효과를 보기 위해서는 후보자에 대한 신뢰와 지지를 보낼 수 있는 컨텐츠가 있어야 한다. 오바마에 대한 다양한 이야기와 이슈를 만들어내는 매개자, 바로 블로거들이 있어야 한다. 인터넷 정치 공간에서 '블로거'들은 화제를 만들어내고 여러 사람들에게 확산시키는 강력한 정치 담론 생산자 겸 매개자들이다.

실제로 마이스페이스의 수많은 '패밀리'들은 오바마의 사진과 동영상을 매시간 퍼나르고 있다. 이라크 전쟁. 지구 온난화 등의 사회적 이슈에 관한 토론에 적극적으로 참여한다. 이런 것들이 '정치 블로거'가 수행하는 기능이다. 오바마 지지 블로거들 중에 선거 전문가들보다 훨씬 낫다고 할 만큼 뛰어난 홍보 기능을 수행하는 사람이 적지 않다.

9 전략을 적절히 사용하라

양극단을 껴안을 수 있는 상생의 방식을 고려하라.
제3의 대안을 제시하라. 오바마처럼.

급진적인 방법이나 극단적인 방법은 단기적인 효과를 후딱 가져온다. 그러나 정상적이고 상식적인 방법이라고는 볼 수 없다. 중요한 것은 누구에게도 피해가 안 가고, 모두에게 이익이 분산되는 방법을 찾는 일이다. 오바마는 젊고 참신하여 일견 급진적으로 보이지만 정치적인 태도에 있어서는 철저하게 중도적인 자세를 견지하는 정치인이다. 정치에서는 중도가 쉽지 않다. 어중간한 입장성 탓에 주목을 받기가 여의치 않다. 그러나 최상은 아닐지라도 차선은 되는 바람직한 전략이다.

오바마는 일명 '트라이앵귤레이션'triangulation*이라는 삼각 분할 전략의 귀재라는 평가를 받고 있다. 그는 절대로 상대방의 정책을 비판하는 데 그치지 않는다. 그는 좌와 우의 정책을 적극적으로 비교한 다음 나름대로의 대안을 제시해 양극단의 갈등을 해결하는 입체적 접근법을 취한다.

> * 사회과학 방법론 중의 하나로서 '삼각 측량'을 떠올리면 쉽게 이해할 수 있는 입체적 접근법이다. 즉 한 개념이나 사건을 세 가지 이상의 다면적·입체적 점검을 통해 분석하여, 특정 입장을 따르는 데 기인하는 연구 결과의 왜곡을 최대한 방지하자는 방법론이다.

소속 정당의 정책을 자아비판하는 고해성사적 태도도 기꺼이 취한다. 이는 변화와 혁신의 리더십을 갖추고 있다는 이미지를 심는 데 효과적이다. 지지층의 외연을 확장시키는 최상의 무기라 할 수 있다.

예컨대 이런 식이다. 오바마는 처음부터 부시의 이라크 전쟁을 반대한 극소수 정치인들 중 하나다. 그렇다 해서 오바마를 평화 지상주의자로 봐서는 판단 착오다. 그는 미국의 이익이 위협을 받을 경우 군사력 사용을 망설이지 않겠다는 것을 분명히 했다. 노동조합 지도자들에게는 경쟁에서 살아남아 남보다 유리한 자리를 차지하기 위해서는 사장의 압력을 받아들여야 한다고 주장한다. 그런가 하면 자기편이라할 수 있는 흑인 유권자들에도 쓴 소리를 해댄다. 흑인 사회는 투표권을 적극 행사하지 않으면서 정부가 자신들을 홀대한다고 불평하지 말라는 것이다. 출세한 흑인들을 보고 "백인 흉내를 낸다며 조소하는 냉소적 문화가 가득하다"고 비판의 소리를 멈추지 않는다. 이런 다각적이고 폭넓은 전략의 유연성을 드러내 보임으로써 그는 사람들에게 통상적인 정치인과는 다르다는 인상을 깊게 심어준다.

오바마는 이처럼 기존의 정치인들에게서 한 걸음 떨어져 있는 듯한 모습을 유지한다. 그러면서 좌와 우, 양 극단을 뛰어넘어 제3의 대안을 제시한다. 늘 새롭고 보다 나은 것으로 발전해나가는 삼각변증법trilectics 전략이 바로 오바마 특유의 트라이앵귤레이션 전략이다.

트라이앵귤레이션은 양극단을 참조하지만 그 중 하나에만 머무르지 않는다. 좌우 어느 한 곳을 선택했을 때는 손해보는 쪽이 생기게마련이다. 좌와 우를 살핀 다음 오바마는 제3의 방향에 꼭지점을 찍는다. '좌'도 손해고 '우'도 손해다. 동시에 '좌'도 이익이고 '우'도 이익이다. 즉, 서로 적절히 타협하고 양보함으로써 새로운 지평의 공동체의 이익을 벼려낸 것이다.

오바마는 이런 중재에 강하다. 그리고 이런 입장이 그의 정치적 신념이다. 대안 제시는 상생과 포용을 전제로 한다. 갈등을 해결하면서 한 단계 진화할 수 있는 방법이다. 한 단계 진화해서 보면 좌도 우도 별개가 아니고 흑과 백도 불가분으로 연결된 상호의존적 친밀성의 세계가 새로운 지평으로 펼쳐진다는 것이다.

흑과 백의 세계를 자신이 모두 껴안기로 한 다음부터 그는 늘 양극단을 모두 살리는 방법을 생각하면서 살았다. 그 결과 자신이 먼저 말하기보다는 상대의 말을 경청하는 습관이 들었다. 자신의 대안을 주도면밀하게 트라이앵귤레이팅 하는, 그야말로 귀 기울여 경청하는, 고도의 정치적 과정인 것이다.

대안 제시는 가장 인간적이고 가장 발전적인 태도이다. 무슨 일을 하든지 '예스' 아니면 '노'를 선택하는 방식은 절반의 손해를 부른다. 양극단을 껴안을 수 있는 상생의 방식을 고려하라. 제3의 대안을 제시하라, 오바마처럼.

10 이상주의적 가치를 앞세워라

날 선 공격이 오가는 이 신경과민의 사회에서도, 아니 오히려 그런
파국의 사회일수록, 이상주의를 포기하면 안 된다.
남을 공격할 시간에 앞날의 희망을 얘기하라, 이상주의자 오바마처럼!

상원에서 오바마의 전술은 뛰어난 편이다. 그러나 그는 이러한 과정을 통해 자신의 출세를 도모하지 않았다. 꿈과 이상을 위해 자기를 헌신하는 지도자로서의 이미지로 자신을 철저하게 유지해갔다. 그의 생애를 두루 살펴보면 이게 의도적인 이미지 관리의 결과가 아님을 쉽게 알 수 있다. 기득권을 포기하며 소외받는 사람들 곁으로 달려갔던 그의 생애는 그를 뿌리 깊은 이상주의자로 만들었다. 그래서인지 그는 좀 순진해 보이는 대학 졸업반 학생 같은 분위기를 늘 유지하고 다닌다.

그는 이상주의자이다. 오바마 특유의 '퍼지'하고도 힘찬 연설에는 현실을 넘어서서 이상을 추구하려는 자들 특유의 철학이 깃들어 있고 가치 논쟁이 담겨 있다. 그의 주장에는 사회 약자에 대한 아픔과 고통 받는 인간을 향한 영혼의 온기가 스며 있다. 그래서 오바마의 연설을 듣는 사람은 논리와 감성이 함께 작동하는 감동을 느낀다고 한다. 영혼이 떨리는 것과 동시에 몸도 함께 전율한다는 것이다.

이상주의자들이 추구하는 희망은 단지 경제 성장이나 정책 논쟁 또는 국제 전략의 선택에서 발견되는 것이 아니다. 희망은 인간의 아픔과 갈망을 함께 느끼는 지도자에게서 찾을 수 있다는 것을 미국인들

은 지금 '본능적으로' 알아차린 것이다.

부시 정권 8년 동안 미국은 돈과 권력지상주의로 천박해졌다. 메마르고 강퍅해졌으며 인간을 향한 배려와 생명과 정의에 대한 사고는 마비되었다. 미국이 풋내기 정치인 오바마를 보고 뜨겁게 열광하는 이유는 오바마가 그 대척점에 서 있기 때문이다. 그는 '품위 있는 삶'을 역설하며, 천박한 미국을 고결한 미국으로 거듭나게 하자고 사람들에게 손을 내민다.

희망, 정의, 가치, 품격, 사랑, 평화, 용기… 이런 단어들이 정치의 담론이 되고, 정치는 현실이 아니라 이상이라고 외치는 지도자가 있는 나라. 미국인들은 오랜만에 유쾌한 희망을 발견하고 기뻐하고 있다. 세계적으로 비난의 대상이 되어버린 '아메리카 제국'의 현실에 대해 진지하게 고민하면서 변화를 모색하는 오바마의 말은 그런 인간적인 진심을 담고 있다. 물론 그에게도 모순과 약점이 있다. 그도 완성된 존재가 아니라, 계속해서 성장해나가야 할 인간이다. 그러나 자본주의 대본영 미국에서, 그는 경제와 안보를 둘러싼 수준의 논의를 넘어섰다. 오바마가 삶의 품격과 희망을 말하는 것은 분명히 진화이다. 척박한 현실이 있어 그의 이상주의가 더욱 빛나고 있다. 이제 그의 이상주의가 현실을 이끌어가고 있다.

오바마가 힐러리에게 이기느냐 지느냐보다 더 중요한 주제가 있다. 인간이 인간다운 삶을 살아갈 수 있는 세상을 용기 있게 선택하자는 오바마의 요청이 그것이다. 흑인들만이 오바마를 지지할 것이라던 당

4장_담대함의 성공 전략 15

초의 예상을 깨고 백인 남성, 젊은 층, 심지어 공화당원들까지 그를 지지하고 나섰다. 캐롤라인 케네디 등 케네디 가문의 일원들이 오바마 지지를 선언한 데 이어, '토크쇼의 여왕' 오프라 윈프리 역시 "나는 오바마가 흑인이어서가 아니라 스마트한 후보이기 때문에 그를 택했다"고 지지 이유를 밝혔다.

무엇이 미국인들로 하여금 오바마에게 열광케 할까? 최근 영국 '인디펜던트'가 오바마의 저서 『담대한 희망』을 바탕으로 그의 인기 상종가 이유를 분석하는 특집 기사를 실었다.

오바마는 케네디에 필적하는 명연설가로 불린다. 그러나 오바마는 민주당 대선 예비후보이면서도 부시 정부를 맹렬히 공격하거나 비난하지는 않는다. 그는 주로 앞날의 희망과 미국의 통합을 설명하는 데 연설의 대부분을 할애한다. 『담대한 희망』에서 오바마는 '부시 대통령과 현재의 정부 조직원들이 나쁜 사람이라고는 결코 생각하지 않는다. 그들은 그저 잘못된 신념을 갖고 있을 뿐이다'라고 말한다.

부시를 대하는 오바마의 태도를 보면 좀 어리둥절해지는 부분도 없지 않다.

"처음 일리노이 주 상원의원이 되어 백악관에 초대를 받아 갔습니다. 조찬 모임이었는데 부시 대통령은 집권 2기 구상을 열심히 설명했습니다. 이라크 전 파병의 정당성과 애국법 개편, 사회 보장 제도와 세제 개혁 등등에 대해서 말하더군요. 대통령이 대단한 확신에 차 있다는 느낌을 받았고, 공화당 의원들은 마치 홀린 것처럼 그의 설명을 듣고 있었습니다. 저는 그의 설명을 들으면서 권력을 잘못 사용하면 매우 위험할 수도 있겠구나 하는 생각을 언뜻 했지요. 하지만 대통령이 로라 부시 여사를 내게 소개하면서 '로라, 오바마 의원을 알지? 지난번 TV에서도 봤잖아. 부인도 얼마나 멋진 사람인지 몰라'라고 말했을 때 나는 나도 모르게 '과찬이십니다. 대통령 각하'라고 아부하듯 대답하고 말았습니다."

인간적인 모습이긴 하지만 부시에게 분노를 느끼지 않는 그의 모습이 자연스럽지는 않다. 그래서 때로는 사람들에게 이중적이라는 비난도 받는다. 하지만 오바마의 이상주의는 닫힌 이상주의가 아니다. 분노의 이상주의, 절망의 이상주의가 아니라 포용과 희망의 이상주의다. 40여 년 전 베트남전에 반대하며 킹 목사가 "어둠이 어둠을 몰아낼 수는 없다. 오직 빛만이 어둠을 몰아낸다"고 했던 것처럼, 오바마의 이상주의는 빛의 이상주의다.

열린 이상주의자 오바마는 자신의 가치 실현을 위해 노선을 변경하지 않고 끝까지 노력했다. 그것은 인간의 가능성을 믿고 그 잠재력이 최대한 발휘될 수 있도록 함으로써 최고의 가치를 실현시켜보겠다는 이상주의적 태도이다. 그래서 그는 늘 대중들의 지혜를 구하며 거기서 미래를 바라보고 있다. 현실주의자는 눈앞의 일에만 매달리고 자기중심성의 벽을 넘어서지 못 한다. 이상주의자는 미래에 대한 전망이 넓다. 인간에 대한 믿음과 호의가 넓다. 넓은 중심의 소유자, 너른 품의 이상주의자, 오바마에게는 많은 가능성이 열려 있다.

오바마의 구호가 사람들에게 희망을 주는 이유는 이런 이상주의 때문이다. 날 선 공격이 오가는 이 신경과민의 사회에서도, 아니 오히려 그런 파국의 사회일수록, 이상주의를 포기하면 안 된다. 남을 공격할 시간에 앞날의 희망을 얘기하라, 이상주의자 오바마처럼.

11 평범한 가치를 소중히 여겨라

일상의 가치는 당의 이념이나 정책보다 더 중요한 것이다.
사람들은 이념 속에 살아가는 게 아니라 일상 속에서 살아가고 있기 때문이다.
일상을 재발견하라, 오바마처럼!

오바마는 미국인들이 가장 원하는 게 무언지를 잘 안다. 그것은 거창한 이슈가 아니다. 도덕성, 자유롭고 행복한 삶, 그리고 자녀 교육이라는 것이다.

"가끔 등록금 때문에 대학을 그만두게 되었다는 학생들의 메일을 받을 때가 있습니다. 정부가 도와야 할 이들은 바로 이런 이웃들이라고 생각합니다."

오바마는 이런 이슈들을 통해 '평범한 가치관'이 중요하다는 것을 재확인시킨다. 선거 유세를 위해 전국을 돌아다니면서 그는 보통 미국인들의 가치관이 서로 많이 다르지 않다는 인상을 받았다. 전국선거운동은 그에게 미국인들의 일상을 재발견하는 소중한 기회였다. 오바마는 그들의 소중한 일상에서 가능성을 보았다.

오바마가 만난 많은 미국인들은 그의 할아버지처럼 자유스럽고, 할머니처럼 실용적이고, 어머니처럼 자애로운 사람들이었다. 하지만 선정주의적 언론은 인종이나 종교, 지역이나 경제적 지위 같은 것을 기준으로 미국인들을 분류하고, 그들이 분열되어 있는 것처럼 보도한다. 그가 보기에는 정반대였다. 부자들도 가난한 사람들이 하루빨리 가난에서 벗어나길 바라고 있었다. 가난한 사람들은 더 열심히 일해 가난을 벗어나려고 노력하고 있었다. 그는 정치가 바로 이런 보통사람들을 격려하는 정책들을 펼쳐야 한다고 생각했다.

오바마는 때로 의외일 정도로 보수적인 면모를 드러내기도 한다.

"저는 예절을 중요하게 여기는 사람입니다. 어린이들이 '감사합니다' '실례합니다' 같은 예의 바른 말을 하는 것을 들으면 흐뭇해집니다."

그는 경쟁에서도 이런 예의를 지켜야 한다고 생각한다. 그래서 상대를 비난하는 발언이나 광고를 하지 않는다. 어렸을 때 어머니에게서 받은 교육, 가난한 인도네시아 사람들을 무시해서는 안된다는 가르침, 친구들 사이에서 겪은 소외와 죄책감 등이 마음 깊이 새겨져 남다른 정치를 할 수 있게 해준 것이리라.

오바마는 '일상의 가치'가 소중하다는 것을 아는 사람이다. 그에게 일상의 가치는 그가 소속한 당의 이념이나 정책보다 더 중요한 것이다. 사람들은 이념 속에 살아가는 게 아니라 일상 속에서 살아가고 있기 때문이다. 가족의 일상, 공동체의 일상, 그 소중한 가치들을 지키기 위해선 안정된 사회와 튼튼한 국가가 필요하며, 그는 그것을 지키기 위해 대통령 출마를 결심하게 됐다.

"그동안 미국은 사회를 아우르는 공감대를 갖지 못했습니다. 정치인들 역시 보통의 미국인과 같은 공감대를 가지고, 보통의 미국인이 원하는 가치관을 구현하기 위해 싸워나가야 합니다."

오바마는 컬럼비아 대학과 하버드 로스쿨을 거쳐 시카고 대학 로스쿨 교수를 지낸 전형적인 엘리트다. 지금도 일부 흑인들은 오바마를 향해 '백인 같은 흑인'이라고 비난한다. 그는 정말 어렵게 살아가는 평균적인 흑인의 삶을 살지는 않았다. 그러나 지금 미국인들은 흑백을 가리지 않고 오바마에게 광범위한 지지를 보내고 있다. 그것은 바로 오바마가 '평범한 가치의 소중함을 아는 특별한 사람'이기 때문이다. 어쩌면, 특별하다기보다는, 가장 일상적인(!) 정치인의 면모를 보여주기 때문이다. 일상을 재발견하라, 오바마처럼.

12 적을 만들지 말라

야심이 있다면 적을 만들지 않도록 경계하고 또 경계하라,
겁쟁이(?) 오바마처럼!

모든 사람과 좋은 관계를 유지한다는 것은 불가능한 일이다. 모든 일을 원칙과 신념대로 처리한다는 것도 불가능한 일이다. 그러나 오

바마는 강박 관념처럼, 세상 사람들은 모두 한 구성원이며 누구도 적이 아니라는 생각을 가지고 있었다. '우리는 하나'라는 식의 무대뽀 공동체 근본주의와 다름없는 신념이다. 또 원칙에 어긋나는 일은 절대로 하지 말아야 한다는 신념도 있었다. 하지만 이 두 가지 생각이 충돌하는 경우도 많았다. 그러다보니 부시의 정책에는 반대하면서도 '부시 대통령이 나쁜 사람은 아니다, 생각이 잘못된 거다'라는 식의 발언으로 괜한 비난을 사기도 했다.

오바마에게 따라다니는 우스운 에피소드가 있다. 의회에서 결정을 내리기 힘든 사안에 투표할 때는 그는 늘 화장실로 도망을 가버린다는 것이다. 오바마는 언젠가는 백악관으로 가야 한다는 사실을 의식한 것 같았다. 그래서 선거전에서 흠 잡힐 기록은 아예 남기지 않으려고 취한 행동으로 여겨지는 것이다. 어쨌든 겁쟁이라는 힐난을 피하기는 어려운 상황이다.

오바마는 포커를 즐긴다. 그의 포커 스타일은 보수적이었다는 것이 동료들의 평이다. 말하자면 온건하고 조심스러웠다고 한다. 함께 포커 게임을 하던 공화당 의원들은 오바마에게 "의사당 안에서도 지금의 절반 정도만 보수적이 되어도 좋겠다"는 농담을 하곤 했다. 다른 사람들은 맥주를 마시고 잡담을 나누며 즐겁게 포커를 했지만 그는 진지하게 게임을 했다. 그러다보니 절대로 많이 잃지는 않았다. 동료 의원들은 그가 양손에 든 것을 다 가지려는 경향이 있었고, 나중에 흠이 될지도 모르는 어려운 사안에 투표하는 걸 피하려 했다고 기억했다.

"엄청난 야심을 품고 있다는 걸 보지 않아도 알 수 있었어요."

의회에서 의안에 투표를 할 때에는 오바마가 늘 양다리 걸치는 식의 태도를 취했다는 데에 동료들도 동의한다. 그러나 의회에서는 양당 간에 주고받기식의 법안 상정이 아주 흔했다. 그로서는 진퇴양난이었다. 그는 일리노이 주의 법률을 최대한 활용했다. 스스로 말려들고 싶지 않으면 찬성도 반대도 하지 않고 '재고 요청'을 택했다. 주 의원 시절 그는 130회나 이런 선택을 했다. 실행하는 사람이라기보다는 말만 하는 사람으로 비쳐졌다. 하지만 그만큼 신중했다고도 할 수 있다.

"재고 요청 버튼을 누르면 노란색 불이 켜지지요. 뒷걸음질 쳐서 피하는 거지요." 그렇다고 그것이 신념이 없는 짓이었다고 말할 수는 없다. 오히려 결정을 내려야 할 경우에는 그는 가능한 한 극좌에 표를 던지곤 했다.

"그렇게 극좌적인 사람은 없었어요. 그는 자신이 좌파라는 것을 증명하기 위해 비현실적인 행동을 하곤 했죠. 그러나 정치적 이익을 위해서는 극좌적 태도를 취하지 않았어요. 목소리는 부드러웠는데 신념은 부드럽지 않았어요."

그는 원칙주의자로 알려져 있기 때문에 남들보다는 공격을 많이 받는다. 선거철이 되면 그의 이전 의정 활동과 발언을 하나하나 검증해 비난의 도구로 활용하는 상대들이 반드시 나타난다. 가장 골치 아픈 사례는 '거두절미'이다. 가령 그가 다니는 교회의 목사가 "갓뎀 아메리카"라고 했다 해서 문제가 된 적이 있었다. 그 발언은 미국의 문제들을 짚으며 던진 비판적 표현이었지 미국 자체를 부정하거나 저주하는 발언은 아니었다. 하지만 사람들은 설교 전체의 취지에는 별 관심이 없다. 그 말만 붙들고 늘어지며 "미국을 반대한다는 거냐?"라고 묻는다.

오바마의 홈페이지에도 그의 발언이나 의회의 의결 사항에 대해 전후 사정을 자세히 설명하는 기사들이 많다. 임신중절에 대해 그는 찬성하는 쪽이다. 그러나 그의 표결 결과는 '살아있는 태아에 대한 구명조치 거부'로 포장되었다. 원칙을 지킨다는 것은 무척 힘든 일이다.

"살아가는 기술 중 90%는 싫어하는 사람과 잘 지내는 방법이다." 달리 말하면 싫어하는 사람과 잘 지내는 방법은 성공의 기술이 된다. 세상을 살아가면서는 좋은 친구도 중요하지만 적을 안 만드는 게 더 중요하다. 적은 다 쌓아놓은 탑을 무너뜨릴 수도 있다. 인기의 급상승을 누린 오바마이니만치 1%의 실수가 그 인기를 단번에 허물 수도 있다. 한 건의 효과적인 공격은 지지율 10%를 깎아먹는다.

옛 사람들은 "위인과 만나거든 너의 좋은 인상을 남기도록 하되, 소인과 만나거든 그 사람의 좋은 인상만을 남기도록 하라"고 말하였다. 세상에 위인은 적고 대부분의 사람들은 소인이니, 다른 사람을 만나면 언제나 그 사람의 좋은 인상만을 기억하려 애쓰는 게 상책이다. 우리 같은 소인들은 상대의 그런 호의적 반응에 얼마나 쉽게 감동하는가.

열 명의 친구가 주는 이익보다 한 명의 적이 끼치는 해가 더 클 수 있다. 야심이 있다면 적을 만들지 않도록 경계하고 또 경계하라, 겁쟁이(?) 오바마처럼.

13 상대를 죽이지 말라

오바마는 작살로 물고기를 잡지 않고 물길을 막아서 물고기를 잡을 생각이다.
상대를 상하게 하지 않으려는 것이다.
끝까지 따뜻하게 공격하라, 오바마처럼!

"자신이 갑자기 주목을 받은 것은 정중한 어조 때문"이라고 한때 오바마가 말한 적이 있다. 선거운동 기간 동안에는 출마자들만 상처를 입는 것이 아니다. 유권자들 역시 저질스럽고 실망스러운 선거운동 방식에 상처를 입는다. 거친 선거운동은 1800년대 이래 계속되어온 미국 정치의 부끄러운 전통이다.

대통령 후보 경선 선언 이후 그는 선거 참모들에게 자신의 방식대로 선거운동을 하겠다고 말했다. 상대를 먼저 세게 공격하는 것이 정석인 기존의 운동 방식을 쓰지 않겠다는 것이었다. 상대를 공격하기 위해 기자들에게 익명으로 헐뜯는 정보 흘리기, 블로거들에게 비열한 가십거리를 제공하는 짓을 하지 않겠다고 했다. 정책 설명에만 매달리겠다는 것은 워싱턴 정가의 사정에 능통한 참모들이 보기에 고지식하다 못해 위험한 방법이었다.

네거티브에 대한 그의 반대는 참모들의 반대에 부딪쳤다. 유세가 밋밋해지자 참모들은 그에게 힐러리처럼 하라고 사정하기 시작했다. 그런 다음에 힐러리가 인도 출신 미국인들에게 기부를 받는 동안 이득을 챙겼다는 비리 메모가 기자들 사이에 돌았다. 힐러리 진영은 오바마가 '희망의 정치'를 포기했다고 비난했다. 오바마는 참모들에게 불같이 화를 냈다.

"내 대학 친구들 중에는 인도와 파키스탄 출신들이 있습니다. 그들에게 전화를 해서 설명을 했지요. 우리 선거운동이 외국인 혐오와는 아무 상관이 없다고."

오바마는 참모들에게 단단히 주의를 주었다. 선거 중에 그렇게 화를 내보기는 처음이었다.

"선을 넘을 듯하면 나에게 먼저 물어보는 게 좋습니다."

희망과 변화는 진지했지만 험난한 선거 공학의 개념으로 보자면 좀 순진한 구호였다. 그러나 그는 이런 방식으로 상당한 성공을 거두었고 그 결과는 노련한 정치인 빌 클린턴까지 놀라게 만들었다. 통상적이지 않은 오바마 특유의 접근법이 신선하게 주효한 것 같았다.

정치 입문 11년 만에 대통령에 도전한 것은 대단한 행운으로 보인다. 그러나 사람들이 미처 보지 못한 부분들이 있다. 그는 철저히 준비를 한 다음에 다가선 것이다. 한동안의 시카고 지역사회 활동을 하는 동안에 광범위한 정치적인 조직이 소리 없이 구축되고 있었다. 700명의 유급 스태프들이 전국에서 말로 설득하는 운동을 하고 있다. 자원봉사자 중에는 18세의 청소년들도 있다. 오바마 클럽은 고교에까지 뿌리를 뻗었다. '오바마 08 클럽'은 지금도 친구들을 설득 중이다. 기존의 정치인들이 상대를 깎아내려서 자기의 지지율을 상승시키려고 했던 것과는 반대로, 그는 밑바닥에서부터 잠식해 들어가는 방식을 쓰고 있다.

"저는 처음부터 가장 밑바닥의 제로 상태에서 시작해 지금은 정치 현장에서 가장 훌륭한 정치 조직을 만들었다고 줄곧 말해왔지요. 그것이 계속 표의 결과로 확인되고 있습니다. 극적으로 드라마처럼 그 작전을 전개하지는 않았습니다. 우리 스태프들은 예의 바르고 사람을 존중하는 것으로 유명하지요."

그는 일일이 손품을 팔아야 하는 일까지 손수 한다. 직접 전화를 걸어 선거운동을 한다. "여보세요? 저는 버락 오바마입니다." 이런 전화를 받고 어떤 주부는 뒤로 넘어갈 뻔했다고 한다. 그녀는 그 이틀 전 오바마가 열었던 가정 집회에 참석한 적이 있었다. 다음날 운동원들을 만났지만 아직 마음을 정하지 못했는데, 직접 오바마의 전화를 받은 것이다. 일주일 이내에 그녀는 오바마 지지를 결정했다.

하지만 오바마의 스태프들은 그런 방식을 탐탁지 않아 했다. 상대를 공격하지 않는 방식으로는 힐러리를 깨뜨릴 가망이 없다는 것이었다. 참모들은 토론에서도 좀 더 날카롭게 대응하고 힐러리와 직접 맞부딪치라고 주문한다. 명쾌한 인상을 심어주지 못하면 자칫 그의 토론 방식이 맥 빠지고 지루해질 수 있기 때문이다.

정치 원로들도 힐러리에게 강하게 반격하라고 주문한다. 두려움을 이기고 희망을 갖는 것, 두들겨 패고 화형시키는 비난전을 극복하는 것, 이런 그의 새로운 정치 방식은 존경받을 만한 것이긴 하지만, 아직 풋내기라고 할 수 있는 후보가 채택하기에는 상대가 그리 만만치 않았다. 오른뺨을 맞으면 왼뺨을 내놓는 일을 오바마가 언제까지 계속할지 의

문이다.

힐러리의 뒷조사를 해서 의혹을 부풀리라는 주문도 받는다. 목소리를 높이고 차별화할 준비는 되어 있다. 가벼운 입씨름을 교환하기도 했다. 그래봤자 요즘 정치 기준으로 봐서는 아주 부드러운 반격일 따름이다.

어쨌든 그는 힐러리를 악마로 만들지는 않겠다는 것이다. 그렇게 되면 그의 선거운동의 이론적 근거가 송두리째 깨져버린다. 오바마는 충고하는 원로들에게 이렇게 대꾸했다.

"난 그런 식으로는 이기고 싶지 않아요. 우리는 사사로운 일을 하는 게 아니잖아요. 우리는 비열한 방법으로 이기려는 게 아니잖아요."

버락이 사람들을 죽 훑어보며 그렇게 말하자 방안이 조용해졌다.

선명한 차별화와 노골적인 공격의 차이는 뭘까. 그는 〈뉴스위크〉와의 인터뷰에서 이렇게 말했다.

"연방 대법원에서 외설 사건을 맡았던 스튜어드 판사가 있었죠. 사람들이 외설이 뭐냐고 물었습니다. 그는 이렇게 대답했습니다. '보면 알 수 있습니다.' 저는 여러분들이 정치의 어두운 구석으로 넘어가려는 경계선이 어딘지 알고 있습니다."

그는 자원봉사자들에게까지 강조한다.

"집집마다 방문할 때는 자신이 버락 오바마 상원의원을 대표한다고 생각하고 행동하세요. 절대 잊지 말아야 할 것은 사람들에게 언제나 정중하고 예의 바르게 행동해야 한다는 것입니다."

네거티브 운동에 대한 오바마의 거부 반응은 오래된 것이다. 〈하버드 로 리뷰〉 편집팀장 선거에 나섰을 때, '소수 민족 우대 정책' 같은 이슈를 건드리지 않은 결과 보수주의자들의 지지를 부분적으로 받아냈다.

그가 좀 더 전투적이지 않은 점 때문에 불만을 나타내는 지지자들도 있다. 그러나 오바마는 작살로 물고기를 잡지 않고 물길을 막아서 물고기를 잡을 생각이다. 상대를 상하게 하지 않으려는 것이다. 그에게는 힐러리도 공동체의 일원이다. 끝까지 따뜻하게 공격하라, 오바마처럼.

포지티브의 힘

만화가들은 오바마가 웃으면서 힐러리를 껴안고 있는 그림을 그려놓고 제목을 이렇게 달았다.

'오바마, 힐러리를 공격하다.'

사람들은 그 만화를 보고 자신들의 안타까운 마음을 담아 오바마에게 편지를 보내왔다.

'오바마는 네거티브로 돌아서야 한다. 이런 포지티브 운동으로는 계속 버틸 수 없다. 힐러리를 잡으려면 다른 정치인들처럼 상대의 무릎을 쏴서 거꾸러뜨리는 비열한 방법을 써야 한다.'

'…그는 너무 괜찮은 사람이다. 그래서 이길 수 없다.'

그러나 그는 진로 변경을 하지 않았다. 계속 포지티브 작전을 쓰기로 했다. 자신의 모습을 보여줄 뿐, 상대를 공격하는 짓은 하지 않는다. 상대를 악마로 몰아붙여 자신을 돋보이게 하는 중세식 마녀사냥 기술은 단호하게 거절했다.

14 기회가 오면 반드시 잡아라

기회는 누구에게나 오는 것이다. 단지 우리가 그것을 모르고 지나갈 뿐이다.
치밀하게 대비하라, 오바마처럼!

오바마는 순진한 대학 졸업생인가. 그의 정치력이 어디까지인지 궁금해하는 사람들이 많다.

로스쿨을 마치고 시카고에 돌아온 오바마는 그해 일리노이 '투표 프로젝트' 운동을 이끌었다. 미국에서는 유권자 등록을 해야 투표를 할 수 있는데, 흑인들은 대개 '투표하면 뭐 하나' 하는 심정으로 아예 등록을 안 하는 경우가 많았다. 그는 12만 5천 명의 흑인들을 유권자로 등록시켜 민주당 후보가 연방 상원의원이 되는 데 큰 기여를 했다. 그리고 4년 뒤에는 자신이 주 상원에 출마했다. 그때 그는 아주 충실하게 활동했고 사람들과 끈끈한 유대를 맺었다. 야심 가득한 면도 있었다.

주 상원의원이 된 몇 달 뒤에 그는 에밀 존스를 찾아갔다. 새로 선출된 주 의회 상원의장이었다. 일리노이 주에서는 가장 영향력이 있는 흑인 정치가였다.

"이제 의장이 되셨으니 힘 좀 쓰시겠군요."

"힘을 쓴다구?"

"예, 힘이 있잖아요."

"내게 무슨 힘이 있단 말인가?"

"연방 상원의원을 만들 힘 말입니다!"

"그거 반가운 소리군! 생각조차 못해봤는데. 마음에 둔 사람이라도 있는가?"

"예. 접니다."

존스에게는 아주 흥미 있는 대화였다.

"그거 한번 생각해봅시다."

오바마는 존스의 지지라면 다른 정치가들의 영향력을 제압할 수 있다는 걸 알고 있었다. 그리고 다른 라이벌들에 대한 지지를 묶어놓을 수 있었다. 그걸로 승부의 추는 오바마 쪽으로 기울었다. 오바마는 에밀 존스 같은 인간도 다룰 줄 아는 정치력이 있었다. 선량한 얼굴과 부드러운 목소리를 가졌지만 보이지 않는 속은 단단했다. 어투는 부드러우나 신념은 견고했다. 견고한 신념은 그의 내부에서 야망을 불태우는 동력이 되었다.

그는 결코 부드럽지 않았다. 느긋하지도 않았다. 즉흥적이지도 않았다. 신념과 야망을 가지고서 그는 치밀하게 정치지도자로 떠오를 준비를 하였다. 그가 갑자기 떠오르자 친구들도 가족들도 놀랐다.

오바마가 연방 상원에 출마하겠다고 선언하기 몇 달 전, 에밀 존스는 그의 오랜 친구인 전 시카고 시의원 클리프 켈리에게 전화를 했다. 켈리는 당시에는 인기 있는 라디오 프로그램을 진행하고 있었다.

"클리프, 연방 상원의원을 하나 만들어볼 생각이네."

"뭐, 자네가? 누군데?"

"버락 오바마."

존스는 오바마에게 주목받을 만한 입법 활동은 모두 몰아줬다. 많은 신참 의원들이 화를 냈다. 그들은 오바마보다 선배들이었고, 법안 하나를 통과시키기 위해 몇 년을 보낸 사람들이었다.

오바마는 그의 7년차인 마지막 해에 법안 상정이 늘어났다. 26개 법안을 통과시킨 것이다. 굉장한 성취였다. 그렇게 전국적인 정치인의 길로 접어들었다. 에밀 존스가 없었더라면 그는 그것을 이룰 수 없었다. 존스는 오바마가 법안들을 가지고 민주당과 공화당을 중재할 수 있는 능력이 있다고 생각했다.

오바마가 주 상원에서 에밀 존스의 도움을 얻어 가장 심혈을 기울였던 것은 야망을 추진할 수 있는 실속 있는 성과를 얻어내는 일이었다.

"내가 할 수 있었던 것은 내 위치를 민주당을 위한 조정자로 설정하는 것이었죠. 공화당에서 기꺼이 협력을 얻어낼 수 있는 이슈들에서 말입니다."

존스는 25년 동안 운용해온 주 윤리법을 철저하게 분석·개정하는 데 오바마를 내세워 협상하려고 했다. 주 복지 법안 개정도 마찬가지였다. 조례는 원하는 만큼 개정되지 않았다. 하지만 오바마의 친교관계는 양당에 걸쳐 넓어졌다.

2000년 오바마는 결정적인 계산 착오를 일으켰다. 시카고 사우스사이드 출신인 현직 의원에게 도전한 것이다. 3명의 흑인 후보가 나오자 에밀 존스는 중립을 지킬 수밖에 없었다. 출마하지 말아야 할 이유는 많았으나 오바마는 멈추지 않았다. 그는 이 게임에 졌다. 그의 멘토인 법률회사의 보스 뉴트 미노우가 오바마를 위해 등장했다.

"아는 흑인 친구들은 다 불러 모아서 의견을 들어보았죠. 그랬더니 '그 친구 서두르지 말고 차례를 좀 기다리라고 그래'라고 핀잔을 주더군요. 그는 그 선거에서 졌습니다. 실패했지만 약이 됐죠."

2년 뒤 그는 다시 기회를 얻어 주 상원에 진출했다.

이때 경찰 심문 비디오 촬영 법안을 제출했다.

"모두들 재고할 가치가 없는 문제라고 말했을 때 오바마는 그걸 잡았죠. 귀찮은 문제라서 아무도 건드리려 하지 않았습니다. 하지만 그는 설득하고 설득하고 몇 달 동안을 검찰과 경찰 사이를 왔다갔다 했죠. 그런 다음에 개정자에게, 그런 다음에 경찰 서장들에게, 그리고 다시 의원들에게 돌아왔습니다. 정말 노련하게 그 어려운 문제를 실제 법안으로 개정하도록 조정했습니다."

〈시카고 트리뷴〉의 한 기자는 이를 취재해 퓰리처상까지 받았다.

다음 선거에는 거물들이 몰려들었지만 오바마에게는 에밀 존스가 있었다. 그의 지지는 효력이 있었다.

"오바마는 이번 상원 경선에서 나와 손을 잡으면 현직 시장의 영향력을 막아낼 수 있다는 걸 알고 있었죠. 시장과 가까운 사람이 출마를 했거든요. 주지사의 후원자인 갑부도 출마를 했는데, 주지사도 내가 묶어둘 수 있다는 걸 오바마는 알았죠. 오바마는 그 모든 걸 다 분석하고 계산해본 겁니다. 미식축구와 같은 겁니다. 러닝백이 아무리 뛰어나도 라인맨들이 앞에서 막아주지 못하면 뒤쪽 빈 공간으로 뛰어들어갈 수 없거든요."

오바마는 후보로 지명되어 2004년 연방 상원의원 선거에서 승리했다. 치밀하게 준비한 덕분에 전국 무대로 진출할 수 있었던 것이다.

기회를 놓치지 말아라. 이 말은 영원한 교훈이다. 그러나 사람들은 그리 대단하게 여기지 않는다. 좋은 기회가 와도 그것을 잡을 줄 모르고 때가 오지 않는다고 불평한다. 하지만 기회는 누구에게나 오는 것이다. 단지 우리가 그것을 모르고 지나갈 뿐이다. 오바마는 자신에게 오는 기회를 놓치지 않았다. 그는 네 번의 선거에서 승리했지만 네 번 모두 아주 여건이 좋지 않았다. 그러나 자신에게 기회가 왔다고 생각했을 때는 과감하게 도전했다. 에밀 존스 같은 정치 거물을 만나 승부를 본 것이다. 기회는 언제나 다가온다. 치밀하게 대비하라, 오바마처럼.

15 환상과 이미지를 결합하라

이제는 정치가로서 사람들이 바라는 것을 이루게 해주려고 한다.
사람들을 기대에 부풀게 하는 힘. 오바마의 성공은 무엇보다 이 힘의 소산이다.

'남자 오프라 윈프리', 오바마 자신이 설정한 스스로의 이미지다. 왕관을 쓴 잘 생긴 왕자님이신 것이다. 불화와 대결의 정치를 용감하게 비난하고, 입씨름으로 세월만 보내는 워싱턴의 의사당을 비난하고, 화해와 통합을 부르짖는다. 그리고 케냐 출신의 흑인 아버지와 캔자스 출신의 백인 어머니 사이에 태어난 아이가 〈하버드 로 리뷰〉의 편집장이 되고 변호사가 되고 상원의원이 되었다는 자신의 라이프 스토리를 반복해서 들려준다. 들을수록 느낌이 좋은 이야기이다. 잘 생긴 그의 용모와 어울려 달콤한 소프트 아이스크림 같은 스토리이다.

그는 억대 연봉과 초고속 출세가 보장된 대기업 임원이나 대법원 판사로 가는 길을 거절하고 시카고의 빈민가로 돌아온다. 겨우 몇 천 달러의 보수를 받으며 '호밀밭의 파수꾼'이 되겠다는 것이다. 호밀밭의 파수꾼은 야망이 없었지만 오바마는 참으로 야망이 컸다.

드골 신드롬이 2차대전 후의 프랑스를 휩쓸었듯이 오바마 신드롬은 미국을 휘어잡고 있다. 1997년부터 2005년에 이르는 의정 활동도 칭찬받을 만한 것이었다. 좋은 이슈들을 발굴해냈고 당파와 관계없이 연대해서 활동했다.

오바마를 프로 골퍼 타이거 우즈와 비슷하게 생각하는 사람들도 있다. 여러 인종의 핏줄이 섞인 점 때문이다. 다른 인종 간의 결혼으로 태어난 혼혈들은 인종 차별의 상처를 어루만져 줄 수 있는 사회적인 힘을 가진 것으로 생각되곤 한다. 하지만 두 사람의 태도는 많이 다르다.

우즈는 나이키의 후원을 거부했다. 흑인의 계층 상승이 증가해 유명 인사들이 많아지기는 했으나 우즈는 거기에 끼이고 싶지 않았다. 자신이 흑인이라는 사실을 단독으로 확인하고 싶었고, 동시에 타일랜드 사람인 자기 어머니를 부인하고 싶지 않았다. 그는 자신을 타이계 흑인으로 부르거나 '코블리나시안'Caublinasian으로 부른다. 잘 알려져 있듯이 우즈는 다양한 인종의 조상들이 결합되어 탄생했다. 그래서 코카시안Caucasian, 블랙Black, 아메리칸 인디언American Indian, 아시안Asian의 피가 섞여 있다는 의미로 지은 재미있는 표현이다.

오바마는 좀 달랐다. 열 살 이후로 그는 진짜 흑인이 되기를 간절히 원했다.

"나는 미국에서 스스로 흑인이 되려고 노력했다. 나는 흑인의 외모를 타고 태어났다. 그러나 그것이 무슨 의미를 지니고 있는지 아무도 몰랐다."

호놀룰루에는 흑인이 별로 없었다. 그의 어머니나 그를 키워준 외할아버지 내외는 백인이었다. 그는 흑인이라는 걸 의식하지 않고 그저 '아이'로 자랐다. 가끔 미디어를 통해서나 흑인이 뭔지 배울 수 있었다.

"텔레비전과 영화와 라디오가 시작이었다. 대중문화에는 검은 색깔이 암호처럼 숨겨져 있었다. 거기서 나는 흑인들이 걷고 말하고 움직이는 모습을 볼 수 있었다."

그러나 열두 살인가 열세 살 때부터는 어머니가 백인이라는 사실을 자랑처럼 말하던 걸 그만두었다. 마치 백인들에게 비위나 맞추려는 것 같았기 때문이다. 그는 백인들이 성공한 흑인들을 백인보다 더 좋아한다는 사실을 미디어를 통해 알았다. 그가 흑인이 아니었다면 45살에 대통령 후보 경선에 나오지 못했을 것이다.

하이드 파크 이발소에서는 이발사 자리프가 오바마의 머리를 만져준다. 그는 그 사실을 자랑스럽게 여긴다. 오바마가 이발소에 들어가면 사람들이 몰려들어 수족관 들여다보듯 유리창 안을 들여다본다.

"그 사람에게 말을 걸어보면 밝은 사람이라는 걸 알 수 있어요. 그 양반과 정치 이야기는 절대 안합니다. 그는 나에게 관심이 많아요. 자기가 하는 일보다는 내가 하는 일을 더 궁금해 하죠."

그는 확실히 타고난 매력이 있다. 그리고 글을 잘 쓴다. 말하는 스타일도 훌륭하다. 그것이 오바마를 이 정도까지 만들었다. 흑인이 백악관에 앉아 있다는 생각만으로도 미국인들은 백인이든 흑인이든 기분이 좋아진다. 자신들의 나라 미국이 새로워졌음을 그보다 더 잘 입증하는 것은 없다. 노예제도가 만들어냈던 부끄러운 유산들을 일시에 씻어버릴 수 있다. 이것은 대단한 역사의 진전이다. 대단히 상징적인 사건이다.

상징성이 아무리 커도 현실 세계에서는 별다른 변화를 만들어내지 못한다. 미국 대통령 선거는 잘 생기고 마음씨 좋은 이웃을 뽑는 것이 아니라 세계 최고의 권력을 실제로 집행할 사람을 뽑는 일이다.

흑인들마저 아쉬워한다.

"잘 생기고 재주 많고 머리 좋죠. 하지만 그게 미국 국민들하고 무슨 관계가 있습니까."

오바마가 뜨기 전까지는 정치적인 반대가 없었다. 오히려 많은 사람들이 그의 야망이 실현될 수 있을지, 그 현실성을 의심스러워했다. 그 자신도 주 상원의원이 된다고 해서 그것이 지역사회에 힘을 실어주고 경제적인 변화를 가져다줄지 확신이 서지 않았다.

"세 가지가 의심스러웠지요. 첫째는 현재의 정치적 환경, 이건 미디어와 자금이 문제입니다. 이런 데서 밑바닥 사람들을 연결시키는 풀뿌리 운동이 가능할까? 사람들이 참여 정치에 호응을 해줄까? 두 번째는 광범위한 경제적 변화를 끌어내기 위해서 필요한 다인종 연대와 같은 걸 구축하기에는 인종 간의 양극화가 너무 심하다고 모두들 생각하는 것이었습니다. 세 번째는 민주당을 통해 일하는 우리가 우리 지역사회의 일자리 창출을 위해 정치를 활용하는 방법이 있을까?"

그는 시카고 지역사회에서 4년을 일했지만 사우스사이드 지역은 점점 이전보다 나빠져 갔다. 젊은이들의 폭력이 조금씩 증가했다. 그는 이런 시카고의 상황을 보고 선출직 공직에 뛰어들기로 결정한다. 적의를 품고 있는 젊은이들의 취업 기회를 늘리고 버젓한 삶을 살 수 있는 미래를 만들어주는 일은 요원한 것처럼 보였다. 일리노이 주 의회 의원이 되는 것, 그것이 더 많은 일을 효과적으로 할 수 있는 길이라는 생각에 이르렀다.

그는 많은 사람들을 만나 자신의 결심에 대한 의견을 들었다. 원로 정치인들을 만나 그의 계획을 말하자 어떤 사람은 오바마에게 이름을 바꾸라고 충고했다. 어떤 이는 선거운동 자료는 얼굴 사진만 쓰라고 말했다. 이름을 보여주지 말고 흑인이라는 점만 부각시키라고 했다. 어떤 사람은 너무 무소속처럼 보인다고 걱정했다. 당선을 확실하게 하기 위해서는 몇 가지 거래가 필요하다는 사람도 있었다. 절대 손에 술잔을 들고 있는 모습이 사진으로 찍혀서는 안 된다는 조언도 있었다.

"모두들 좋은 정치적인 조언이 되었습니다. 하지만 모두 피상적이었어요. 선거로 선출된 공직자들이, 평소에는 괜찮다고 생각했던 사람들까지도, 정치의 공학에만 너무 매달려 있었어요. 내용을 말하는 사람은 없었습니다. 그건 포커칩 멘탈리티였지요. 이런 결정적인 이해관계가 그들의 자리를 유지하고 그들의 정치 인생을 전진시키는 동력이지요. 그건 정치를 비즈니스로 보거나 게임으로 보는 태도였어요. 정치적인 경마와 같지요. 그들이 나에게 말한 것들은 그게 전부입니다. 여러 가지 문제에서 나와 의견이 같은 사람들도 그런 문제들에 대해서는 이야기하고 싶어 하지 않는 것 같았어요. 정치는 출세나 경력 쌓기라고 생각하고 있었어요."

오바마는 경력 쌓기 같은 것은 필요없었다. 그는 민권변호사, 대학 강사, 박애주의자로 하루 12시간을 일하는 데 아무런 문제가 없었다. 원로들이 말하는 피상적인 문제들이 있지만 그는 그것을 무시하고 정치에 뛰어들기로 한다. 그의 열정을 끌어낼 도구로 정치를 선택한다.

오바마에게는 세 가지 무기가 있다. 인종의 용광로 같은 자신의 핏줄, 아메리칸 드림을 성취한 자신의 라이프 스토리, 그리고 개인적인 매력과 능력이다. 이 세 가지 요소는 서로 맞물려 돌아가면서 오바마 이미지를 환상적으로 만든다. 그는 사람들이 바라는 것을 이루었다. 이제는 정치가로서 사람들이 바라는 것을 이루게 해주려고 한다. 사람들을 기대에 부풀게 하는 힘, 오바마의 성공은 무엇보다 이 힘의 소산이다.

이미지의 힘

오바마에게는 여느 흑인의 억센 이미지가 없다. 오히려 세련되고 스마트한 엘리트의 이미지가 넘친다. 오프라 윈프리가 오바마 지지를 선언한 것도 바로 그런 이미지 때문이다.

우리말로는 '카더라 통신', 영어로는 '떠도는 이야기'telling tale란 게 있다. 3회의 주 상원의원 경력밖에 없는 초선 연방의원인 오바마의 가장 큰 정치적 자산은 바로 이런 긍정적인 입소문이라고 해도 과언이 아니다. "오바마가 이랬다더라", "오바마는 어떻다더라"라는 식의 떠도는 이야기들이 오바마 특유의 스마트한 이미지와 결합되면서 전국적 파급력을 지닌 정치적 자산으로 급성장한 것이다.

엄청날 것 없는 정치적 업적만으로도 엄청난 인기를 구가하고 있는 버락 오바마. 사람들은 오늘도 그가 실의에 빠진 미국인들을 도와 뭔가를 이룰 수 있도록 동기부여를 하고 비전을 제시하리라고 기대하고 있다. 대중들로 하여금 꿈꾸게 하는 데 성공하면, 오늘날에는 인터넷이라는 매체의 도움 아래, 한 리더의 '긍정적 이미지'가 이 대중들에 의해 끊임없이 자가발전되며 '실제의 힘'을 능가하는 위력을 갖기에 이른다.

5장
리더십 전략 12

"좋은 리더는 사람들이 가고 싶어 하는 곳으로 그들을 이끌어간다.
위대한 리더는 사람들이 꼭 가야 할 곳으로 그들을 이끌어간다."
-로잘린 카터(전 미국 퍼스트 레이디)

오바마는 좀처럼 보기 드문

리더십을 지닌 인물이다. 그는 사람들과 접촉하는 것을 즐기고 환경을 변화시켜 좀 더 나은 세상을 만들어내며 기뻐한다. 명분을 가지고 사람들의 재능을 끌어들여 세상을 바꿀 기회를 만드는 행동이야말로 진정한 리더십이 아닌가. 5장에서는 오바마의 리더십에서 발견되는 12가지 대원칙을 살펴봄으로써 우리 삶의 리더가 되기 위한 조건은 무엇일지를 제시하고자 한다.

- 경청: 경청하는 리더가 사람들의 마음을 움직인다
- 열정: 열정이 뜨거울수록 상대를 뜨겁게 감동시킨다
- 도전: 도전하는 리더가 새 길을 연다

- 희망: 희망은 담대할수록 좋다
- 타협: 좋은 타협은 좋은 음악과도 같다
- 솔직함: 큰 그릇은 숨길 게 없는 법이다
- 책임감: 대책을 마련하는 리더가 돌파구를 연다
- 미래: 비전을 가진 리더가 사람들을 끌어들인다
- 실용: 대중은 '내 삶을 행복하게' 해줄 리더를 원한다
- 현장: 다양한 사람들과 항상 접촉을 유지한다
- 풀뿌리: 조직이 아닌 네트워킹으로 이끈다
- 진정성: 믿음을 주는 리더가 통합에 성공한다

사실 리더가 뛰어난 일을 하는 것은 아니다. 다른 사람의 뛰어난 부분을 일깨워줄 뿐이다. 명령과 통제가 아니라 불가능해 보이는 꿈속으로 사람들을 끌어들이는 것이다. 공동체 구성원을 동원의 대상으로 보지 않고 창조의 역군으로 보고 있음이다.

오바마는 새로운 안내인이다. 파괴적인 대립의 시대에 새로운 경지로 사람들을 이끄는 역할을 한다. 오바마는 다른 사람을 변화시키지 않는다. 단지 기회를 창출하고 잠자고 있는 재능을 일깨워 그 기회를 잡도록 격려할 뿐이다. 그는 사람들을 변화시키지 않는다. 함께 떠나자고 힘차게 설득함으로써 그들로 하여금 변화를 일구어내도록 한다. 함께 떠날 수 있도록 환경을 만들어놓고서 말이다.

경 청

경청하는 리더가 사람들의 마음을 움직인다

오바마와 대면해본 사람들은 '이야기를 들어주는 사람'으로 그를 기억한다. 그는 빈민운동을 할 때나 의원 생활을 할 때나 늘 사람들과 대화하면서도 남의 이야기 듣기를 즐겼다. 자기 얘기에만 목소리를 높이는 시대에 그는 남달랐다. 끈기 있게 상대의 이야기를 들어주는 모습을 보고 사람들은 그를 신뢰했다.

'경청하는 오바마'는 공동체 조직 사업을 할 때부터 생겨났다. 그의 첫 번째 임무는 사람들을 인터뷰하는 일이었다. 사람들을 조직으로 묶기 위해서는 먼저 그들의 처지와 문제를 알아야 했다. 인터뷰 기록들은 활동의 기초적인 정보였다.

그는 매일 수많은 사람들을 만나 빈민가의 생활과 고민과 문제점들을 끝도 없이 들어야 했다. 활동의 초기부터 밑바닥 사람들의 구체적인 개인 관심사들에 귀를 기울이는 훈련을 받은 것이다. 거리 집회를 할 때에도 사람들이 이야기를 시작하면 그는 들어주기만 했다. 이야기가 옆으로 샐 때에만 발언을 했다.

들으면서 그는 자신을 돌아볼 수 있었고 상대의 이야기 속에서 아이디어를 찾을 수 있었다. 그의 듣기는 기계적인 흘려듣기가 아니라 치밀한 경청이었다. 시민들의 삶으로부터 배우겠다는 적극적인 태도의 소산이었다. 그가 발의한 많은 법안들과 정책들은 모두 선거구민들의 이야기에서 나왔다.

상원의원 선거에 나섰을 때에는 차를 몰고 곳곳을 누볐다. 어디든지 그의 말을 듣겠다는 사람들이 있으면 찾아갔고, 사람들이 모이는 곳이면 문을 두드렸다. 몇 시간을 차로 달려갔더니 고작 두어 사람이 앉아 있는 경우도 있었다. 그래도 그는 고마워하며 그들과 대화했다. 그때에도 그는 자신의 이야기만 일방적으로 던지지 않았다. 우선 유권자들의 이야기를 귀 기울여 들어주었다.

임신 중절을 반대하는 사람들이 그의 선거 유세장 입구에서 시위를 한 적이 있었다. 보좌진들은 귀찮은 문제가 생기거나 시간을 빼앗길 걸 염려했지만 그는 정문으로 가서 그들과 마주섰다. 종교적인 이유로 임신 중절을 반대하는 그들의 이야기를 끝까지 들어주었다. "오바마는 우리의 소리를 진지하게 들어준다"는 이미지는 그렇게 사람들의 가슴에 새겨졌다. 누구나 오바마에게 가서 호소하는 일이 잦아졌다. 자연스럽게 사람들이 모여들었다. '우리 말을 들어주는 정치인'에게 사람들은 기대기 마련이다. 시민들이 냉소적인 게 아니라 정치인들이 딴짓하느라 시민들이 냉소할 수밖에 없게 만든 것이다.

그는 연설을 할 때에도 자기가 들은 이야기를 중심으로 연설을 편다. 선거 연설이나 간담회 때면 평범한 사람들이 매일 겪는 희망, 두려움, 투쟁의 이야기를 버무려 자신의 메시지를 담는다. 사람들은 그런 오바마의 연설에 공감했다. 바로 자기 자신들의 이야기였기 때문이다.

의사당에는 지역 주민들의 방문이 끊이질 않는다. 그는 그곳에서도 다양한 사람들을 만나 그들의 고민을 들어주었다. 말을 잘 하는 사람이었지만 사실은 듣기를 더 잘 하는 사람이었다. 밑바닥 사람들이 살아가는 생생한 이야기들이었기 때문에 즐겁게 들을 수 있었다.

상대의 말을 들을 때는 들을 마음의 준비가 되어 있어야 한다. 상대의 말을 들어준다는 것은 상대를 인정해준다는 것이다. 상대의 말을 들을 때는 자신의 말을 절제해야 한다. 그리고 상대의 말을 이해하고 충분히 응답을 해주어야 한다. 사람들은 오바마의 태도에서 그런 준비와 존중과 절제와 이해의 의미를 읽었다.

그래서 사람들은 '오바마는 다르다, 뭔가 특별하다'고 말한다. 그 역시 말을 잘하기로 유명하다. 둘째가라면 서러울 명연설가이기도 하다. 그러나 다른 정치인들처럼 자기 말만 해버리고 끝내는 사람은 아니었다. 리더는 사람들을 끌고 가지 않는다. 사람들이 따라오게 만든다. 진정한 리더는 앞장을 선다기보다는 따르는 사람들과 같이 가는 법이다.

2 열 정
열정이 뜨거울수록 상대를 뜨겁게 감동시킨다

오바마는 조용한 사람이다. 좀처럼 어조를 높이지도 않는다. 그렇지만 일에 대한 열정은 완전 남다르다. 작은 모임에도 빠지지 않고 참석해서 최선을 다한다. 상원의 모임에는 단 한 번도 빠지지 않고 참석했다는 기록도 있다. 반대 의견을 가진 동료 의원들과 결론이 날 때까지 토론한다. 어떤 일이든지 그는 대충 넘어가지 않는다. 늘 최선을 다하는 이런 모습에 사람들은 감동한다.

오바마는 연설을 해도 열변을 토해내는 스타일은 아니다. 차분하고 냉정하며 남을 헐뜯지 않고 자신의 생각을 신중하게 주장한다. 어조를 높이지 않는데도 호소력이 강하다. 그것은 아마 주제나 내용이 거창하지 않고 현실적이라는 점 때문일 듯하다. 그는 시카고 빈민가의 문맹아의 문제가 바로 자기 자신의 문제라고 안타까워한다. 그 이야기는 바로 자신이 그곳에서 그들과 같이 부대끼며 살아온 이야기이다. 청중은 그 진솔함을 알기 때문에 감동한다.

오바마는 회피하지 않는다. 늘 적극적으로 사람을 만나고 의견을 교환하고 자기가 할 일들을 처리해나간다. 성과는 중요하지 않다. 중요한 것은 그의 열정이다. 열정이 좋은 성과를 가져다주기 때문이다.

빈민활동 초기에는 처음 시작하는 일이었기 때문에 성과가 그리 눈에 띄지 않았다. 2년이 지나자 주위의 조직 운동가들은 모두 떠나겠다는 결정을 내렸다. 그들을 설득해야 했다. 그는 열띤 질문을 쏟아냈다.

"저 애들의 미래는요? 저 애들이 정당한 대우를 받으며 잘 자라게 할 사람이 누구일까요? 시의원? 사회복지사? 아니면 폭력배들?"

그가 시카고에 온 것이 단지 일자리 때문만은 아니었다. 환경을 바꾸기 위해서 진지하게 일하고 있는 지역사회의 흑인 운동가들을 보고 온 것이었다. 조용하기만 하던 오바마의 질문에 사람들은 다시 힘을 합쳐 일을 하게 되었다. 상황은 개선될 여지가 전혀 없어 보였지만 그는 결코 포기하지 않았다. 늦가을의 차가운 바람을 맞으며 거리에서 유인물을 나누어주었다. 같이 일하던 동료들은 그의 인내와 열정을 몸으로 느꼈다.

유인물을 나누어주어도 처음에는 사람들이 전혀 모이지 않았다. 하나 둘 사람들이 모여 스무 명이 넘어서자 비로소 거리에서 집회를 시작할 수 있었다. 사람들은 한 시간 가까이 개선해야 할 지역 문제에 대한 불만을 털어놓았다. 이 거리 집회는 장소를 옮겨가며 계속됐다. 숫자가 서른 명 가까이 되자 실내 집회로 옮겼다. 사람들이 이야기할 때면 그는 듣기만 했다.

상원의원 선거전은 그의 열정을 보여준 대표적인 사례이다. 선거자금이 전혀 없는 그는 혼자 차를 몰고 시골 구석구석까지 누비며 두세 사람만 모여도 찾아가 진지하게 대화를 나눴다. 그런 일들이 주위로 알려지면서 사람들은 그를 다시 보게 되었다. 오바마는 다른 정치인들과는 확실히 다르다는 인식이 유권자들 사이에서 생겨났다. 의원이 된 다음에는 그 문제들을 그냥 흘리지 않았다. 의회에 가서 반드시 대변해 주었다. 사람들은 그가 저토록 열정적으로 일하기 위해 그토록 열심히 자신들의 이야기에 귀 기울였다는 걸 새삼 깨달았다. 그러면서 오바마에 대한 호의적인 평판은 시민들 사이에 널리 퍼져나갔다.

그는 정치를 하면서도 열정적인 토론을 좋아했다. 유권자건 정책 담당자건 동료 의원들이건 그는 열정적으로 토론했다. 자신의 의안에 반대하는 의원이 있으면 즉시 달려가 그와 토론을 나눴다. 의견이 다른 보수 정객들과는 즉석에서 브레인스토밍 시간을 가질 정도였다. 그의 이런 열정은 상대를 감동시켰다.

오바마는 능력이 뛰어났다. 그러나 그가 이룬 것들은 그의 재능이 뛰어나서가 아니라 결코 포기하지 않고 꾸준히 노력한 결과였다. 그가 포기하지 않았던 것은 열정 때문이었다.

그는 어떤 일이든지 전력을 다했다. 그런 열정이 상대를 감동시켰다. 많은 문제들이 그의 이런 태도 때문에 긍정적인 방향으로 해결되었다. 사람들이 그의 진심을 금방 알아챘기 때문이었다. 열정은 사람을 끄는 힘이 있다. 신념 어린 열정은 사람들을 뜨겁게 감동시키며 그들로 하여금 행동하게 한다.

3 도 전
도전하는 리더가 새 길을 연다

오바마가 정치인으로서 진화해가는 패턴은 늘 더 높은 목표를 설정하고 거기에 자신을 밀어 붙이는 방식이다. 그는 목표를 세우면 그것들을 모두 달성했다. 책임 의식을 갖고 자신을 끝까지 밀어붙였다. 대학 시절 마약과 술을 끊을 수 있었던 것도 그 힘이었다. 뒤늦게 학업 성적을 올릴 수 있었던 것도 그랬다. 어머니가 그에게 강조한 것은 책임감이었다. 어머니는 어머니 자신에게, 외할아버지에게, 외할머니에게 책임감을 가지라고 강조했다.

오바마가 시카고에서 빈민들을 위한 활동을 할 때에도 그는 늘 가혹할 만큼 자신을 몰아붙였다. 목표를 달성해도 다음 목표를 향해 또 달렸다. 그때 동료 하나가 그에게 충고했다.

"당신은 만족을 몰라. 모든 것을 너무 빠르게 이루려고만 해. 그것도 당장 이루려고 말이야."

하지만 그는 청소년 시절 책임감을 가지라고 하던 어머니의 꾸짖음을 잊을 수 없었다. 자신이 정해놓은 책임감 안에 자신을 가둬놓지 않으면 마음을 놓을 수 없었다. '책임감 안에 자신을 밀어넣는 것' 그것 때문에 그는 늘 조급하게 보였고 만족을 모르는 사람으로 보였다. 그러나 바로 그것 때문에 그는 늘 새로운 목표를 향해 전진할 수 있었다.

주 의회 의원 시절 그는 사형제도의 개혁 등 많은 법안을 통과시키고, 시카고 대학 로스쿨에 강의도 나가고 여러 지역으로부터 초청을 받아 강연도 자주 했다. 모든 것은 순조롭게 진행되어 가고 있었다.

이제 살아가는 일은 그럭저럭 만족스러웠지만 그는 오히려 그런 안락한 상황이 편치를 않았다. 세월이 흘러가면서 스스로의 결점에 익숙해지고 관대해지는 건 어쩔 수 없었다. 결국 결점들은 습관으로 굳어져 가고 있었다. 늘 같은 식으로 생각하는 버릇에 익숙해져 아주 나쁜 습관이 되어버렸다고 생각했다.

그러자 그의 또 다른 결점이자 장점이 튀어나왔다. 만족하지 못하고 끊임없이 도전하는 성격이었다. 그는 일이 잘 풀려나가고 있어도 만족을 몰랐다. 정치가 사람을 그렇게 만드는 것인지 그런 사람들이 정치를 하게 되는 것인지는 알 수 없으나, 정치에 뛰어들면서 그의 남다른 도전정신은 더 강해졌다. 더 이상 현실에 머물지 못하고 또 다른 도전을 택했다. 주 상원에서 연방 상원으로 진출한 것이다. 그리고 그것이 대통령 후보 경선으로 이어졌다.

오바마는 급성장한 정치인으로 보이지만 사실 평생 꾸준히 성장을 멈추지 않은 사람이었다. 그것은 계속 목표를 설정해 가면서 앞으로 나아갔기 때문에 가능했다. 그는 안주하지 않고 계속 자신의 미래를 개척해나가는 사람이었다. 그는 하나의 목표가 달성되면 다음 목표를 설정해 또 전진했다. 그렇다고 손쉽게 이룩할 수 있는 목표만 만지작거린 것도 아니었다. 그는 목표의 수준을 늘 업그레이드해 아주 어렵거나 도달이 불가능해 보이는 일에 도전했다.

그 바탕에는 자신감과 책임감이 자리하고 있었다. 꿈을 실현할 수 있는 힘은 자신에게서 나온다. 그는 스스로 뭐든지 이룰 수 있다는 생각을 가지고 있었기 때문에 많은 것들을 이룰 수 있었다. 그리고 최선을 다해 반드시 이루겠다는 의지와 책임감을 가지고 있었다.

원하는 것을 얻기 위해서는 자기 자신을 믿어야 한다. 그리고 이뤄질 수 있으리라는 믿음과 신념을 가져야 한다. 무엇보다도 꼭 이뤄내야 한다는 강한 책임감을 가져야 한다.

리더는 새로운 목표를 이뤄내기 위해 도전해야 한다. 자신을 따르는 사람들에게 길을 열어주어야 한다.

4 희망

희망은 담대할수록 좋다

오바마는 가난한 지역에서 활동하면서 힘들고 고통스럽게 살아온 사람들이 오히려 불굴의 의지를 키우는 모습을 많이 보아왔다. 그들은 자신이 운명을 지배할 수 있고, 자기 인생에 책임을 지겠다는 강한 정신력을 가지고 쉽게 좌절하지 않았다. 바로 희망을 가지고 있기 때문에 담대해질 수 있었다.

오바마에게 '희망을 가지면 담대해진다'라는 개념을 심어준 것은 그가 다니던 교회의 담임목사였다. 카리브해의 호화 유람선에서 하루에 버리는 음식의 양이, 가난한 아이티의 국민들이 1년 내내 눈으로 구경만 하는 음식의 양보다 더 많은 게 세상의 실태였다. 아파르트헤이트가 여전히 존재하고 있었고, 관료들은 여전히 가난한 사람들에게 신경 쓰지 않았다. 못사는 집에서는 소액의 요금 청구서에도 벌벌 떨었다.

그는 빈민가 공동체를 조직하는 3년 동안 동료들과 함께 느꼈던 용기와 두려움, 흑인으로서의 자부심과 분노, 포기해버리고 싶고 벗어나고 싶고 신에게 맡겨버리고 싶은 갈망에 끊임없이 시달렸다. 그러나 평범한 흑인들이 살아가는 이야기, 자유와 희망을 누리고 싶다는 이야기를 들으면서 그것을 자신의 이야기로 느꼈다.

그는 시카고에서 끝없이 낙담했다. 하지만 절망하지는 않았다. 오히려 낙담한 가슴속에 희망의 불꽃을 피워올렸다. 희망을 품으면 더욱 담대해질 수 있다는 생각을 갖게 되었다.

그가 만난 대부분의 사람들은 어려운 상황에서도 자기가 결심한 뜻을 밀고 나갔다. 자립정신을 잃지 않았으며 낙관적인 자세를 잃지 않았다. 그의 교회 목사는 그것을 '희망을 버리지 않기 때문에 생기는 대담성'이라고 표현했다.

분열된 사회에 공동체 의식을 되살린다는 게 쉽지는 않지만 충분히 가능하다고 그는 담대하게 믿었다. 오바마 주변의 흑인들은 개인적으로 좌절하고, 직업을 잃고, 가족은 질병에 시달리고, 가난의 수렁에서 유년 시절을 보낸 사람들이었다. 하지만 그들은 담대한 희망을 잃지 않았다.

인간을 하나로 결합시킬 수 있는 것이 바로 그런 담대함이라고 오바마는 생각했다. 그것은 개인에게서 사회로, 다시 세계로 퍼져나가는 희망의 정신이었다. 되돌아보니 오바마 자신이 바로 그것을 지니고 있었다. 그의 일생을 이끌어왔으며 그의 큰 신념이 된 담대함이, 그를 시카고에서 빈민들과 함께 있도록 한 것이었다.

살아가면서 겪는 일 중에는 즐겁고 아름다운 일보다는 괴롭고 추한 일들이 더 많다. 그렇다고 세상이 모두 괴롭고 추한 것은 아니다. 그것은 금방 스쳐지나간다. 그리고 즐거운 추억이 된다.

스스로 뭔가를 할 수 있다는 사실을 인정할 때 자신감과 의지가 생긴다. 그 사람은 담대해진다. 그것은 희망의 싹이다. 하지만 불안감과 회의는 모든 가능성들을 차단한다. 그러면 사람이 점점 왜소해진다.

이 모든 것들은 스스로가 만든 것이다. 그러므로 스스로 가장 바람 직한 인간이 되기 위한 자세를 갖추어야 한다. 스스로 인식하지 못하는 것은 절대로 얻을 수 없다. 강한 신념과 자신감을 갖고 있는 사람은 어려운 상황에서도 포기하거나 희망을 잃지 않는다.

세상의 모든 어려움은 그것을 이겨낼 방법과 함께 온다. 최악의 상황에서 할 수 있는 유일한 일은 희망을 버리지 않는 일이다. 절망의 시대에 희망을 말하는 오바마에게 사람들은 끌리지 않을 수 없었다. 진정한 리더는 무조건 끌고 가지 않는다. 희망으로 사람들을 끌어모은다.

5 타 협
좋은 타협은 좋은 음악과도 같다

오바마에게는 적이 없었다. 진보적이고 좌파적이었지만 반대당인 공화당 의원들과도 많은 입법 활동을 했다. 협상과 타협의 과정을 수없이 거치며 토론과 합의를 통해 반대 의견과 불만을 무리 없이 수렴해 나갔다.

오바마가 주 상원에 들어가자마자 그의 정치 스타일은 금방 눈에 띄었다. 그는 반대를 하더라도 상대를 자극하는 언동은 하지 않았다. 민주당이었지만 공화당 의원들과 함께 법안을 발의하는 일도 잦았고, 그들과 맥주를 마시고 포커를 하며 당을 뛰어넘어 우정을 쌓았다. 그는 거의 모든 사람들을 자기편으로 끌어들였다.

처음에는 잘 생긴 외모, 딱 부러지는 연설, 지적인 분위기 때문에 동료 의원들은 그를 싫어했다. 별 흠잡을 데 없는 완벽한 인간이란 가까이 하기가 쉽지 않은 법. 그러나 오바마가 의원의 직업 윤리를 엄격하게 지키고 문제를 해결하기 위해 헌신적으로 활동하는 모습을 보고 모두들 감동했다. 참석해야 할 회의가 있으면 빠지는 법이 없었다. 그는 의회에서 가장 부지런하고 열정적이며 호감을 주는 의원이 되었다.

오바마에게 적이 없었지만 적을 만들지 않는 것은 그리 어렵지 않을 수도 있다. 부딪칠 상황이 오면 피해버리면 된다. 그러나 오바마는 직접 대면하여 토론과 대화로 해결해나갔다. 그런 모습을 보고 다른 의원들은 그가 '큰일'을 낼 인물이라는 걸 금방 알아보았다. 유권자들을 위한 일이라면 그는 공화당이건 민주당이건 상대를 가리지 않았다.

반대하는 법안이 있으면 억척스럽게 막기도 했지만, 그 경우에도 귀를 막고 자기 입장만 고집한 건 아니었다. 그는 늘 협상과 타협의 과정을 거르지 않았다. 그 과정을 통해 반드시 수정안을 통과시켜 서로에게 불만이 없도록 만들었다. 공화당이 감세 법안을 제출해 부유층에게 혜택이 돌아가게 되면, 그는 협상을 통해 저소득층의 감세도 포함시켜 수정안을 발의하도록 하는 식이었다. 그는 열정적으로 토론과 합의를 통해 서로의 양보를 조금씩 받아냈다. 아쉬운 점은 있어도 서로 불만은 없었다.

처음 의회에 들어갔을 당시 10개 정도의 법안을 통과시켰다고 그는 기억했다. 민주당이 소수당이던 때, 그 정도의 실적이면 개혁 성향의 신참으로서는 주목할 만한 활동을 한 것으로 평가받았다. 그것도 상대당인 공화당 의원들과 힘을 합쳐서 만든 것들이었다는 점이 더욱 눈길을 끌었다. 민주당이 다수당이 된 첫 해에는 1년에 26개의 법안을 통과시켰을 정도로 활동이 많았다.

민주당이 상원을 장악하자 그는 보건복지위원회 의장을 맡았다. 그리고 정치적으로 가장 인상적인 법안을 통과시켰다. 그것은 모든 중죄 사건의 심문 장면을 의무적으로 녹화하도록 하는 획기적인 법안이었다. 13명의 사형수가 무죄였다는 사실이 밝혀진 다음의 일이었다. 아무도 이 법안에 지지를 해주지 않았지만 그는 외롭게 혼자서 밀고 나갔다. 특히 경찰과 검찰의 반대가 거셌다. 그러자 법안에 관계되는 모든 사람들을 참석시켜 수많은 회의를 개최하면서 반대자들을 설득하고 의견을 조정해 나갔다. 일주일 동안 쉬지 않고 연속 회의를 열 만큼 열정적이었다. 그 법안은 수많은 조정을 거쳐 결국 누구의 불만도 없이 만장일치로 통과되었다. 원칙은 지키되 양보할 부분은 양보했다. 그가 보여준 대표적인 토론과 타협의 사례였다.

"좋은 타협은 좋은 음악과도 같다."

매너리즘은 기존의 수법이나 형식을 별 의식 없이 그대로 따라하는 기법을 말한다. 끊임없이 의미를 다시 따지는 사람은 매너리즘에 빠질 여유가 없다. 오바마에게는 자신이 하는 일들의 의미가 너무나 명확했기 때문에 단 한번도 매너리즘에 빠지지 않았다. 그것으로 그가 늘 열정적이었던 이유가 설명된다. 그는 명확한 자기 플랜과 목표를 갖고 있었다. 습관적이 될 여유도 없었다.

그는 늘 희망적이었고 긍정적이었다. 절망해야 할 상황에서도 앞으로 전진하기를 멈추지 않았다. 의회에서 동료들로부터 주목받을 만한 활동 실적을 올린 것은 그의 그런 자세 때문이었다. 그의 의정 활동이 발전적이었던 것은 그런 태도 때문이었다.

진정한 리더는 원칙을 포기하지 않는다. 그러나 타협할 수 있는 열린 태도를 갖는다. 큰 흐름은 흔들리지 않지만 작은 흐름들은 포용을 하는 것이다.

6 솔 직 함
큰 그릇은 숨길 게 없다

2004년 민주당 전당대회의 연설은 오바마를 전국적인 스타로 만들었을 만큼 성공적이었다. 모든 매스컴이 훌륭한 연설이라고 극찬했다. 그것은 반대 입장에 있던 보수적인 인사들이나 매스컴들도 마찬가지였다. 특히 그의 지지자들은 눈물을 흘리며 감동했다.

그 연설은 공화당 지지자들으로부터도 상당한 호응을 받았다. '오바마를 지지하는 공화당원 모임'이 생겨날 정도였다. 어떤 보수주의자들은 오바마를 가리켜 '자신이 지지할 수 있는 유일한 민주당원'이라고 할 정도였다. 스스로를 진보주의자라고 하는 오바마가 어떻게 이런 반응을 이끌어낼 수 있었을까?

물론 그의 연설 내용을 전폭적으로 받아들이기 때문에 이런 지지가 쏟아진 건 아니다. 그의 연설을 들으면 그가 최소한 남의 생각을 진지하게 받아들일 사람이라는 생각이 들기 때문이다. 그는 공화당 지지자, 보수 세력, 공화당 소속 의원들에게서까지 박수를 받는다. 목표는 진보적이지만 겸양과 품성을 강조하는 보수주의적 방법론에 대해서도 오바마는 열린 자세를 보인다. 타협을 하겠다는 생각으로 상대를 인정하면서 대화를 진지하게 이끌어가는 데 도움이 되기 때문이다. 그는 혁명적인 방법보다는 지속적이고 안정적인 변화를 원한다.

오바마의 연설을 보면, 자신을 낮추는 겸손한 표현과 지적인 유머 감각, 목소리를 높이지 않고도 강하게 호소하는 말투 등이 큰 장점이다. 그러나 내용이 거창하지 않고 현실적이라는 점이 더 큰 장점이다. 차분하고 냉정하며 비판을 자제하고 신중하게 자신의 주장을 제안한다. 그리고 많은 부분은 이미 유권자들과의 대화를 통해 그들의 일상 속에서 길어 올린 이야기들이다. 듣는 이들은 자신의 이야기를 듣는 듯한 느낌을 받기 마련이다.

"여기에 제가 서 있는 것은 거의 불가능한 일입니다. 아버지는 케냐의 작은 마을에서 태어나 미국으로 유학을 온 학생이었습니다. 아버지는 염소를 길렀고 오두막 학교에서 공부를 조금밖에 하지 못했습니다. … 불굴의 노력으로 힘들게 공부한 끝에 아버지는 미국에서 장학금을 받았습니다. 미국은 수많은 사람들에게 기회의 땅이었습니다. … 어머니는 캔자스에서 태어났습니다. … 제 부모님들은 불가능할 것 같은 사랑을 나누었고, 이 나라가 꿈을 실현시킬 수 있는 땅이라는 믿음을 가지고 있었습니다. 그들은 이 관용의 나라 미국에서 이름이 조금 이상하다 하여 성공에 문제가 되지는 않을 것이라고 믿었기 때문에 '버락'이라는 아프리카 이름을 제게 지어주셨습니다. 이 이야기는 미국이기 때문에 가능한 이야기입니다. 지구상의 어느 나라에서도 가능하지 않습니다. 이 이야기는 이전에 이 땅을 찾아왔던 수많은 우리 조상들의 이야기이기도 합니다."

그는 불가능을 이겨낸 자기 가족과 자신의 이야기를 즐겨 말한다. 아프리카 혈통, 하와이에서 자라난 어린 시절, 피부가 검은 영원한 아웃사이더, 부모와 떨어져 외할아버지와 외할머니가 돌봐준 환경, 백인 이웃들이 자신을 바라보던 수상쩍은 눈초리를 서슴없이 말한다.

정체성과 삶의 목적을 찾으려고 무척이나 헤매며 고통스러워했고, 20대가 되어서야 아프리카를 찾아 아버지를 진정으로 이해하게 된 자신의 일생을 감추지 않는다. '큰 귀를 가진 깡마른 꺽다리 아이'가 어떻게 미국 대통령 후보로 자라났는지를 자랑스럽게 말한다.

진보와 보수, 공화당과 민주당, 흑인과 백인으로 나뉘어지지 않는 통합된 나라를 주장하는 그의 목소리는 청소년 시절 분열된 자신의 마음을 하나로 모으는 과정에서 나온 것이라는 것을 자신의 인생과 체험을 통해서 진솔하게 밝히는 것이다.

그의 일생은 마치 다양한 인종이 화합하여 독특한 문화를 만들어낸 미국의 상징처럼 보인다. 그의 성공은 아메리칸 드림이라는 미국적 유토피아의 상징처럼 보인다. 아프리카의 피를 받았지만 진정한 미국의 모습으로 보이기 때문에 사람들은 열광한다.

그의 장점은 솔직하다는 점이다. 그저 단순하게 솔직한 것이 아니라 이야기 안에서 진실이 느껴지는 솔직함이 엿보인다. 이 모든 것들이 어우러져 그의 연설은 영혼에 직접 호소하는 감동을 안겨준다.

자기 성찰적인 회고록『내 아버지에게서 받은 꿈』의 서문에 그는 "어떤 부분은 정치적으로 맞지 않다. 하지만 10년 전에 했던 이야기와 크게 다르지 않을 것이다"고 썼다. 원칙을 지키는 그의 태도는 10년이라는 짧지 않은 세월이 지나도 그대로 지켜지고 있다. 그것은 상황에 맞게 그때그때 뱉어낸 말이 아니라 오랜 시간 심화되어 그의 일부분이 되어버렸다고 할 만한 말들이고 주장들이다.

오바마는 자신의 책에서 마약 복용에 관한 부분을 삭제하지 않았다. 자신보다 훨씬 어려운 환경에 있는 젊은이들이 실수를 할 수도 있지만, 그럼에도 불구하고 자신처럼 그 수렁을 헤치고 나와 회복될 수 있음을 알려주는 게 중요하다고 여겼다. 그는 솔직하게 자신의 모든 것을 밝혔다. 정치적으로 공격을 받을 수 있는 이야기까지 드러냈다. 그는 자신의 삶을 책을 펼치듯 환하게 보여준 것이다.

한 정치 컨설턴트는 '미국인들은 구원에 대한 욕구가 있다'고 했다. 그러나 기존 정치인들이나 지도자들은 정치적 메시아를 기다리는 국민들의 욕구를 채워줄 만한 인물들이 못되었다. 오바마는 유일하게 그런 사람들의 욕구에 등불을 비춰준 사람이다.

솔직함은 겸손에서 나온다. 오바마의 솔직함도 그가 겸손하기 때문에 가능하다. 사람은 자기 자신을 낮추고 자기 약점을 인정할 때 겸손해진다. 그의 회고록이나 연설문 등을 보면 그는 자기의 부끄러운 부분까지도 솔직하게 이야기하는 편이다. 그런 부분에서 최대한 겸손하게 자신을 낮춘다는 느낌이 묻어난다. 그리고 그것이 진심이라는 느낌이 든다.

숨기려다보면 당연히 솔직해질 수 없다. 솔직함은 투명함에서 나온다. 오바마는 모든 면에서 대체로 투명한 편이다. 사생활도 그렇고, 과거의 행적도 그렇고, 현재의 정치 활동도 그렇다. 별로 숨길 게 없는 편이다. 자신을 위해 욕심을 부리지 않고 남을 위해 살아온 삶이기 때문에 숨길만한 일들이 없다.

말과 행동이 일치한다는 것은 한 인간의 진솔함을 보여주는 중요한 부분 중 하나이다. 그것이 어긋났을 때 사람은 신뢰를 잃는다. 오바마는 말과 행동이 일치하는 정치인이다. 스스로도 그 부분에 대해 무척 신경을 쓴다. 어찌 되었든 말한 대로 실행하겠다는 것이 그의 원칙 중 하나이다.

솔직하다는 것은 그릇이 크다는 뜻이기도 하다. 사람의 됨됨이가 작아서는 솔직해지기 힘들다. 오바마가 상대의 이야기를 주의 깊게 듣는 데에 많은 시간을 들인다거나, 토론을 통해 극단적으로 대립하는 상대를 설득하는 예를 보면 그는 진솔할 뿐 아니라 포용력이 대단하다. 대타협과 통합을 이야기하는 그를 보면 범상치 않은 인간적 스케일을 느낄 수 있다. 모든 것을 포용할 만한 큰 그릇은 숨겨야 할 게 별로 없다. 그래서 큰 그릇은 솔직하다. 큰 그릇은 큰 소리 치는 법이 없다. 큰 그릇은 크게 쓸어담아 그윽이 포용한다. 리더의 솔직함은 사람들을 감동시키고 감동은 사람들을 설득한다.

7 책 임 감
대책을 마련하는 리더가 돌파구를 연다

오바마의 진지한 접근 방식과 열려 있는 대화 방식은 짧은 기간 안에 동료 의원들에게 신뢰를 심어주었다. 심지어 그가 반대하는 일이라면 거기엔 분명히 그럴 만한 합리적인 이유가 있을 거라고 믿을 정도였다. 제3자적인 새로운 시각을 가지려고 노력하는 진지함과 진정성이 동료 의원들의 마음을 산 것이다.

그런 오바마였지만 처음에는 100명의 상원의원 중에서 서열이 99번째인 신참일 뿐이었다. 그 시절에는 의회에서 주제넘게 나섰다가 스타의식 같은 게 드러날까 봐 각별하게 주의했다. 그는 자신이 해결사라도 되는 것처럼 행세해서는 안 된다는 사실을 깨달았다. 의정 활동의 결과로만 보여주어야 한다는 것을 잘 알고 있었다.

그는 토크쇼에 출연해 달라거나, 공식 행사에서 연설을 하거나 참석을 해달라는 요청을 일주일이면 300건씩이나 받았다. 그런 요청도 모두 거절했다. 대신 낮은 자세를 유지하고, 자기 당뿐만 아니라 반대당인 공화당에도 친구들을 만들었으며, 에드워드 케네디, 로버트 버드, 힐러리 클린턴 같은 나이 많은 고참 의원들과 회담하는 데 집중했다.

그는 매우 신중하게 움직였다. 특히 로버드 버드는 오래 전에 흑인을 배척하는 비밀 결사 큐클럭스클런KKK 단원이었는데도 불구하고 흑인인 오바마와 가까운 관계가 되었다. 또 재향 군인의 장애 문제, 연방의 인프라 관련 지출 같은 대중의 눈길을 끄는 실제적인 이슈, 공개 투표를 통해 의원들의 찬반 입장을 기록으로 남기는 법안들의 처리에 집중하며 스스로의 경력을 관리했다.

오바마의 진지한 접근 방식과 열려 있는 대화 방식을 보고 의원들은 그가 자신들의 권리를 위해 일하고 있다고 믿게 되었다. 그러나 때때로 그는 소속 당과 반대되는 입장을 취해 민주당의 진보주의자들과 부딪치기도 했다. 가령 이라크 전쟁은 반대했지만, 즉각 철군을 요구하는 동료 의원의 입장에 무조건 찬성하지는 않았다. '책임 있는 방식으로' 미래를 헤아려보고 철군해야 한다고 말했다. 언론들은 그의 그런 태도를 현실적이고 분별 있는 것으로 평가했다. 다른 이슈들에 대해서도 그는 적어도 새로운 시각을 가지려고 노력했다.

오바마는 세계화에 대해서도 당과 다른 의견을 가지고 있었다. 민주당의 지지 세력인 노조 단체는 세계화를 반대했지만 그는 세계화가 대세라고 주장했다. 또 세금이 오르더라도 할 수 없으니 비난을 두려워하지 말고 전국민의료보험을 지지해야 한다고 말했다. 그가 확신하는 건 사람들이 이제는 뭔가 새로운 것을 원한다는 사실이었다.

오바마는 거듭 의심하고 거듭 점검했다. 다른 방법은 없는지, 이걸 하면 혹은 하지 않으면 결과가 어떻게 될 것인지, 반대 방향으로 가면 안 되는지, 새로운 길로 가는 것은 왜 문제가 되는지, 더하는 게 좋은지 빼는 게 좋은지, 수많은 경우의 수를 대입해보면서 새로운 길을 찾았다.

그 결과 그는 동료 의원들로부터 대안을 제시하는 '대책 있는' 정치인으로 평가를 받았다. 시민들의 평가도 엇비슷했다. 오른쪽도 왼쪽도 선택하기 어려울 때 그는 선택이 가능한 제3의 대안을 제시했다. 리더는 늘 새로운 돌파구와 방향을 제시할 수 있어야 한다.

8 미래
비전을 가진 리더가 사람들을 끌어들인다

오바마는 자고 일어났더니 유명해졌다고 해도 과언이 아닐 정도로 하룻밤 사이에 주목을 받았다. 그러나 사람들은 그가 이 자리에 오기까지 끊임없이 노력했다는 것, '하룻밤 사이에' 이뤄진 것은 없다는 걸 흔히 간과한다.

오바마의 대통령 당선 가능성은 이미 오래 전부터 많은 사람들이 언급했던 사실이다. 그와 같이 일을 해본 사람들은 누구나 오바마의 카리스마를 선뜻 인정한다. 그는 워싱턴의 정치인들 중에서 가장 카리스마가 강한 인물로 꼽히고 있다. 그의 카리스마는 어디서 나오는 것일까.

그가 속한 민주당은 의회에서 오랜 소수당의 시기를 거치면서 자신들이 바랐던 사회적, 경제적 개혁을 거의 포기했다. 공화당의 독주로 말미암아 제대로 되는 일이 없었다. 그런 그들에게 개혁을 외치는 오바마의 힘찬 호소는 진보주의자들을 황홀하게 만들었다. 그에게서 비로소 희망을 발견한 것이다.

자원봉사자 단체들이 오바마를 주목하기 시작했다. 자원봉사자들은 오바마의 대통령 선거운동을 위해서는 꼭 필요한 요소였다. 오바마의 열광적인 지지자들은 동네에서 선거운동을 벌이고, 유인물을 배포하고, 전화 기부를 받고, 유권자들이 기권하지 않도록 투표에 동원했다.

오바마 열기를 폄하하는 평가도 많다. 그는 존 F. 케네디와 비교해서 뒤지지 않는 카리스마를 지녔지만, 케네디만한 전쟁 경험이 없고, 케네디보다 상원의원 경력이 짧았다. 그는 연방 상원의원으로 겨우 4년 일했을 뿐이었다. 일리노이 주 의회 경력 7년은 괄호 밖이었다.

하지만 부시 대통령도 겨우 주지사를 한 번 해봤을 뿐이었다. 이에 비해 오바마는 수 년 동안 지역사회의 운동가와 민권변호사로 가난하고 권리를 빼앗긴 사람들을 돕는 데 힘써 일해 왔다. 오바마는 말한다.

"중요한 것은 경험 그 자체가 아닙니다. 도널드 럼스펠드와 딕 체니는 워싱턴에서 가장 이력이 화려하지만 이라크에서 대실패를 했습니다."

그는 경험보다는 능력이라고 강조한다.

'전에 그걸 해본 적이 있는가?' 이건 아니다.

'앞으로 그걸 할 수 있을까?' 바로 이거다. 그 사람이 바로 오바마라는 것이다.

사람들은 강한 확신과 고결함을 갖추고 자신들을 이끌어 줄 사람을 대통령으로 원한다. 오바마의 카리스마는 바로 여기서 나온다. 오바마는 그 모든 것을 아우라처럼 발산하고 있다. 오바마의 가치는 포스트 베이비붐 세대의 새로운 호소력이다.

카리스마란 상대를 압도하는 힘이 아니다. 사람들을 자기 주위로 끌어당기는 힘이다. 그것은 강요하지 않는 리더십이다. 구성원들의 자발적인 인정과 신뢰를 바탕으로 이루어진 힘이다. 진정한 카리스마의 소유자는 싸우지 않고 이기는 힘을 가지고 있다. 다른 사람과 더불어 살 수 있는 능력을 가지고 있다. 그들은 자기 표현력이 뛰어나고, 공감을 끌어내는 능력이 남다르고, 신뢰감과 설득력이 강하고, 겸손하다. 자기 통제력과 유머도 뛰어나다. 하지만 무엇보다 가장 중요한 것은 미래의 방향을 제시하는 비전이다. 비전은 카리스마의 핵이다. 오바마의 한마디에 자원봉사자들이 몰려드는 이유가 여기에 있다.

베이비붐 세대의 첫 대통령은 빌 클린턴이다. 오바마는 포스트 붐 세대이다. 그들은 베이비붐 세대와는 달리 별다른 사회적 이슈가 없는 세상을 살았다. 교육 수준은 높으나 의욕이 없고 실업률도 높다. 개인주의가 강하고 책임감도 사명감도 없이 반항적이기만 한 세대다. 오바마가 사람들을 끌어모으는 카리스마는 그래서 더욱 돋보인다. 지도자로서 그가 어떻게 사회를 끌어갈지 궁금한 부분이다.

"저는 어느 누구도 대통령이 되기 전에는 대통령이 될 준비가 되어 있지 않다고 굳게 믿고 있습니다."

'내가 앞으로 그걸 할 수 있을까?' 이렇게 묻는 것은 이미 당신이 비전을 실현할 잠재력의 소유자임을 뜻한다. 꿀벌은 아무 생각없이 본능적으로 빼어난 벌집을 짓지만, 건축가는 치밀한 생각과 계획 끝에 비로소 위대한 건축물을 짓기 시작한다. 비전은 미래로 안테나를 맞춘 자의 머릿속에서 태동한다.

9 실용

대중은 '내 삶을 행복하게' 해줄 리더를 원한다

오바마는 자신의 제안이 사람들의 삶을 얼마나 더 낫게 만들 수 있는지를 가장 중요시한다. 사람들의 삶을 개선하는 데 효과가 있는 정책이라면 이념적 스펙트럼과 무관하게 적극 지지한다.

오바마의 이런 정책적 담대함은 철저한 실용주의에서 나온다. 물론 진보주의자답게 부자들보다는 가난한 사람들 편에 서 있는 것은 사실이다. 그러나 그가 이슈를 바라보는 시각은 중도주의인가 자유주의인가 하는 이념적인 측면이 아니다. 그는 사물을 한 쪽에서만 바라보지 않는다. 그는 자신의 제안들이 효과가 있을 것인가, 사람들의 삶을 더 낫게 만들 수 있는가, 효과적인 연대를 만들 수 있는가 하는 점을 중요하게 여길 뿐이다. 사람들의 삶이 보다 행복해질 수 있다면 그는 그 제안의 내용이 중도인지 보수인지 진보인지 가리지 않고 지지한다. 그가 상대당인 공화당 의원들과 함께 법안을 발의하고 그들의 법안을 지지하기도 하는 이유는 바로 그런 실용적인 태도 때문이다. 이런 담대한 실용성이 없었다면, 거수기 노릇이나 하는 초선 연방의원이었다면, 오늘날의 '더 큰 오바마'는 없었을 것이다.

오바마는 스스로를 가리켜 "진보적 전통, 평등한 기회, 시민의 권리, 일하는 가족을 위한 투쟁, 인권 우선의 외교 정책, 시민의 자유에 대한 믿음, 환경을 위한 지킴이 같은 것을 가지고 있거나 그렇게 되기를 원하는 사람"이라고 소개한다. 전통과 진보를 대립시키지 않고, 인간-가족-시민의 권리를 결코 국가의 권능에 종속시키지 않는 너른 인권주의자로서의 풍모 속에서 그의 폭넓은 실용주의도 피어난 것이다.

그는 정부의 역할이 중요하다고 강조한다. 기회는 모든 사람들에게 열려 있어야 하며 정부가 그것을 적극적으로 도와야 한다고 강조한다. 힘 있는 자들이 힘없는 자들을 짓밟지 않아야 한다는 가치관이 뿌리 깊게 박혀 있는 정치인이다.

그는 자신의 이런 비전을 유권자들에게 확실하게 전달한다. 만약 자신을 흑인과 백인과 히스패닉, 그리고 공화당원과 민주당원이 뒤섞여 있는 방안에 넣어두고 30분만 주면 그들 대부분의 표를 얻어가지고 나올 수 있다고 장담할 만큼 설득력 있는 정치인이다. 미래의 좌표는 멀리 프랑스대혁명에서 태동한 좌냐 우냐 하는 이분법적·정치적 이념에 달린 게 아니라, '사람들의 삶을 얼마나 행복하게 해주느냐' 라는 연속선적 척도 위에서 가늠되어야 한다고 그는 믿는다. 그렇게 곧바로 '삶의 행복'을 가지고 섬세하고 치밀하게 사람들을 설득하는 능력,

이른바 '광우병 정국' 속의 우리 정치판은 이런 제대로 된 실용의 능력을 지닌 리더가 얼마나 필요한지를 역설적으로 잘 보여준다.

오바마는 사람들과 관계를 갖는 데 있어 인종, 지역, 또는 배경에 큰 영향을 받지 않는다. 오바마가 정치를 좋아하는 이유 중 하나는 그런 관계를 통해 사람들의 삶을 개선시킬 수 있다는 그의 신념 때문이다. 그는 연방 상원의원이 된 이후에도 자신의 지역구인 일리노이 주에서 한 해 동안에 39회의 동네 모임을 열었다. 동네뿐만 아니라 고등학교, 대학 교정, 대학 도서관 등에서 모임을 갖고 마약, 재정 적자, 미얀마의 인권, 대체 에너지 정책, 조류 독감, 학교 예산 부족 문제, 우주 프로그램에 이르기까지 사람들과 대화하고 질문에 대답했다.

보통 사람들의 질문을 그는 즐겁게 받아들인다. 자신이 할 일이 많다는 걸 확인하는 자리이기 때문에 기분이 좋아진다. 그들과의 대화에서 그는 변화에 대한 희망을 본다. 자신이 정화되었다는 느낌에 기분이 좋아지고 자신이 선택한 일이 즐거워서 기뻐한다. 이처럼 그의 실용성 원칙은 지극히 관계 지향적이고 현장 중심적이다. 오바마 리더십의 제1원칙인 '경청' 원칙과 결합한 이 '실용' 원칙은 오바마가 미국 정치에서 왜 그토록 단기간에 두각을 나타낼 수 있었는지를 잘 설명한다.

수십 년 동안 민주당의 평당원으로 있었다는 한 늙은 당원은 자신이 평생 지지했던 민주당 정치인들 중 오바마를 가장 훌륭한 정치인으로 꼽았다. 그 당원은 여러 색깔의 군중들을 감동시키는 그의 재능을 보고 분명 성공할 것이라는 확신을 가졌다고 한다. 오바마야말로

진정한 무지갯빛 정치rainbow politics*를

가능케 할(그것도 전국정치 수준에서)

지도자로 평가한 것이다.

* 무지개 정치는 '잡색 연합' 혹은 '다색 연합'
에 따른 인종간 유대·타협의 정치를 말하
는데, 주로 미국 지방정치, 도시정치의 특색
으로서 언급되는 표현이다.

　오바마의 지지자들은 지난 6년간은 정말 희망이 없었다고, 그래서 신예 오바마 때문에 행복감이 폭발하고 있다고 말한다. 보다 나은 삶을 지향하는 것은 인간에게는 본능이나 다름없다. 홀로 해내기에 벅찬 개선을 함께 해보자는 게 정당활동이고 정치일진대, 시민들의 정치적 무관심은 기존 정치방식에 대한 파산선고이자 절망의 표현이었다. 하지만 이제 미국 시민들은 다시 새 삶을 구체적으로 꿈꾸고 있다. 시민들의 삶 한복판에서 자신의 비전을 일구어내는 지도자 오바마가 있기에 말이다.

10 현 장
다양한 사람들과 항상 접촉을 유지한다

　미국시민들은 워싱턴에서 지지고 볶느라 세월을 보내는 정치꾼들에게 냉소를 퍼부었다. 그래서 정치는 모두의 관심 밖이라고 여겨졌지만, 자신들의 하소연을 경청하고 그들의 삶 속으로 들어와 미래의 비전을 일구어내고자 하는 지도자에게는 아낌없는 정치적 갈채를 보내주었다. 앞에서 경청, 희망, 미래, 실용 등의 원칙을 언급할 때 암시했듯 리더는 사람들의 삶이 펼쳐지는 현장에서 끊임없이 접촉을 시도해야 한다. 곤충이 더듬이를 잃으면 길을 잃고 헤매듯 현장을 향한 리더의 안테나가 엉뚱한 쪽으로 틀어지거나 먼지투성이가 되면 리더는 따르는 무리를 잃고 제멋대로 헤매게 된다.

오바마처럼 유권자들과 가까운 거리를 유지하는 정치인은 드물다. 정치인 오바마가 이런 직접접촉, 대면접촉에 능할 뿐 아니라 심지어 즐기기까지 한다는 건 정치인으로서, 리더로서 크나큰 장점이다.

오바마가 가장 좋아하는 일은 시청이나 마을회관 같은 곳에서 유권자들을 만나는 일이다. 당선되자마자 코빼기도 보이지 않는 의원들과는 좀 다르다. 상원의원 첫해에 그는 일리노이 주에서 39차례의 모임을 가졌다. 1년에 3개월을 빼고는 매주 지역구민들과 모임을 가진 것이다. 그렇다고 그럴싸한 큰 모임에만 간 것이 아니다. 선거 때 시골 구석구석까지 누볐던 것처럼 작은 시골의 읍에서부터 대도시의 부자 동네에 이르기까지, 흑인들의 교회에서 대학 캠퍼스에 이르기까지 다양하게 모임을 꾸렸고 꾸준히 현장의 목소리에 귀를 기울였다.

장소가 허락되면 일주일 전에 지역 신문이나 방송으로 통해 행사를 알린다. 모임이 있는 날에는 30분 전에 도착해 먼저 그 지역 지도자들과 지역 문제에 대해 의견을 나눈다. 도로 보수에서 노인복지센터 건축 문제 등 다양한 현안들을 실감나게 접하는 시간이다. 그 다음 마이크와 물병과 연단뿐인 소박한 연설장으로 들어가 유권자들의 질문을 받고 한 시간 정도 대답한다. 지역 주민들은 궁금한 문제에 대해 얼마든지 오바마에게 물어볼 수 있다. 그리고 자신들의 대표로부터 직접 자세한 설명을 들을 수 있다.

인원은 50명에서 2천 명까지 다양한데, 그는 인원수에 상관없이 그런 모임을 즐긴다. 정치인으로서는 대단한 장점을 지녔다고 할 수 있다. 서로 의견이 달라도 상관없다. 예의를 지키며 상대방의 이야기를 진지하게 듣는다. 의료 보험, 재정 적자, 인권, 에너지, 조류 인플루엔자, 교육, 해외 정책 등 온갖 문제들을 묻고 이야기한다.

모임이 끝날 무렵 참석자들이 오바마에게 빠짐없이 주문하는 당부가 있다.

"제발 워싱턴의 정치인들처럼 변하지 말고 당신 본래의 모습을 지켜달라."

현장의 숨결에 귀 기울일 줄 아는 리더를 사람들은 언제나 갈망한다. 미국정치에서도 그 기대는 예외가 아니었다.

현대의 삶은 너무 바쁘고 복잡하여 정치인들이 유권자들에게 파고들 여지가 없다는 것이 정치학자들의 말이다. 그 결과 선거는 지명도나 인지도에 따른 인기투표로 흐르고 만다. 정치는 공학이 되고 사람들의 삶과는 멀어지게 된다. 투표율은 떨어지고 정치인은 조롱의 대상이 되고 만다. 우리는 한국정치에서 이러한 우울한 정치적 디스토피아의 본보기를 보고 있다.

오바마의 워싱턴 정치 생활이 길어지자 그는 주위사람들이 자신의 얼굴을 자꾸 살피는 느낌을 받았다고 한다. 그래서 즉시 스스로를 점검했다는 것. 자신이 거만해지지 않았는지, 말싸움을 즐기지는 않았는지, 아니면 너무 조심스럽고 방어적이 되지는 않았는지…. 그는 3류 영화에 등장하는 상투적인 정치인으로 변하지 않기 위해 늘 삶의 현장에서 유권자들을 만나 그들의 이야기를 진지하게 듣는 일을 거르지 않고 있다.

모임을 가질 때마다 평균 400~500명이 참석한다고 보면 1년 동안에 1만 5천~2만 명의 유권자를 만나는 셈이다. 6년 임기 동안 해마다 이 정도의 모임을 갖는다면 다음 선거 때까지 어림잡아 9만 5천~10만 명의 유권자들과 만나게 될 것이다.

유권자들이 자신들의 손으로 뽑은 정치인에게 잊혀졌다는 섭섭한 생각을 갖지 않도록 하기 위해 오바마는 이토록 세심한 주의를 기울인다. 그것으로 정치에 대한 냉소적 태도를 줄이고 지속적인 관심을 유도하고 대화의 끈이 끊어지지 않게 유지한다. 오바마가 꿈꾸는 보다 나은 세상, 변화한 세상의 주인공은 바로 그들이기 때문이다. 오바마가 내세우는 변화의 메시지가 마구잡이 변화, 상투적 변화가 아니라 질서 잡힌 변화, 탄탄하게 뿌리내리고 있는 변화라고 평가 받는 것도 그 때문이다.

정치의 상대인 시민들과 직접 얼굴을 맞대고 대화한다는 것은 많은 시간과 노력이 들지만 가장 효과적인 정치 행위이기도 하다. 정치적 효과만 생각하면 이런 시민과의 스킨십이 피곤한 일일 수도 있다. 하지만 오바마는 이런 모임을 통해 오히려 큰 힘을 얻는다. 현장에서만들을 수 있는 생생하고 치열한 삶의 숨결을 접하며 희망을 느낀다. 그렇기에 진정으로 추종자들과 함께 호흡하는 리더이다.

11 풀 뿌 리
조직이 아닌 네트워킹으로 이끈다

오바마는 변화를 가져올 자신의 능력을 믿어달라고 호언장담하지 않는다. 큰 소리 치는 대신 그는 변화를 가져올 시민의 능력을 당당히 요구한다. 풀뿌리를 동원의 대상으로 보는 게 아니라 그들로 하여금 직접 움직이게 하려는 것이다. 풀뿌리 시민을 변화의 역군으로 삼겠다는 약속, 그리고 선거운동 과정에 이 원칙을 실제 적용시켜 폭발적인 성원을 불러일으키는 실행력, 이것은 리더십의 관점에서 매우 중요한 능력이라고 할 수 있다.

그는 선거운동에서 무급 자원봉사자들의 자발적이고 창의적인 에너지를 최대한 활용한다. 워싱턴의 영향력 따위는 바라지도 않는다. 자원봉사자들은 하루에 15시간씩 일하기도 한다. 휴가를 얻어 풀타임 자원봉사를 하기도 한다. 그들은 단순한 온라인 소셜 네트워킹이란 도구를 사용한다. 풀뿌리 작전이다.

오바마 캠페인의 기초가 되는 자료이자 간단하고 효과적인 도구, 그것은 바로 유권자들의 이메일 주소다. 사상 최대의 온라인 지지자 커뮤니티를 형성하는 데 이 자료가 활용되었던 것. 유권자들은 하루에 세 번의 이메일과 일주일에 네 번의 전화를 오바마의 선거운동 사무실의 자원봉사자들로부터 받는다. 이것은 전형적인 홍보 스타일로, 이를 통해 거대한 지지자 공유 모임이 조직화된다. 여기에 많은 자원봉사자들이 동원된다.

한사람의 지지자가 주위 사람들을 네트워킹으로 연결하다 보니 오바마 지지 커뮤니티는 기하급수적으로 커졌고, 풀뿌리 네트워크는 상상밖의 파괴력을 지닌 조직(?)이 되었다. 이 조직가 중에는 야구의 '명예의 전당'에 모셔진 대단한 메이저리거도 있다.

그들은 단단한 유대감을 느끼고 있다. 오바마는 이미 선거운동 단계에서부터 사람들을 하나로 통합하고 있다. 선거운동을 하는 자원봉사자들은 자신들의 노력이 무가치한 것이 아니라는 느낌만으로도 "오바마에게서 희망을 분양받았다"고 자랑스럽게 말한다.

미국인들은 오바마의 선거운동 방식이 아주 새로운 21세기적 방식이라고 생각하고 있다. 틀에 박힌 미국정치에 새롭고 신선한 동기부여를 하고 있다는 평가를 받는 것. 하루 4시간씩 자면서 자원봉사를 하고 있는 이들에게서는 "오바마가 선거에서 지든 이기든 상관없이 더 좋은 미국을 만드는 데 일조했다는 느낌으로 행복하게 일하고 있다"는 증언을 얼마든지 들을 수 있다. 그들은 단지 오바마가 좋아서 일하는 것이 아니다. 정치인 개인의 인기에 이끌린 게 아니라 정치하는 방식, 참여하는 과정의 묘미에 이끌린 것이다. 그것이 힐러리의 자원봉사자들과 결정적으로 다른 점이다.

　새로운 행동 방식을 고안해내는 것만으로도 오바마는 많은 사람들을 스스로 뛰게 만들고 있다. 시민들의 삶 속에서 '사회의 나아갈 바'를 찾아내고, 그 미래사회의 주인공이 될 풀뿌리들로 하여금 직접 변화의 주인공 역할도 맡으라고 계기를 마련해주는 지도자. 미래의 리더가 보여주어야 할 덕목을 오바마는 이미 잘 보여주고 있는 셈이다.

12 진 정 성
믿음을 주는 리더가 통합에 성공한다

　뉴욕에서는 부자 동네와 빈민가 사이의 엄청난 격차를 백인이나 흑인이나 똑같이 견디며 살아간다. 오바마는 이런 양극화된 메트로폴리스의 일상을 직접 체험하고 큰 충격을 받는다. 컬럼비아 대학을 졸업하면서 그는 결심했다.

　'흑인들을 조직할 것, 풀뿌리로부터!'

　그는 시카고의 사우스사이드에서 일하면서 많은 활동가들과 존경과 우정을 쌓아갔다. 그들은 나중에 그에게 큰 힘이 되었다. 청년 오바마의 개입으로 지역사회 활동은 좀 더 세련되고 지적인 수준으로 올라갔다. 한 활동가는 오바마의 공을 이렇게 인정한다.

　"오바마는 합리적이었고, 초점이 명확했어요. 다른 활동가들은 그런 점이 부족했죠. 낯설고 급진적인 과정, 비현실적이고 비상식적인 방식을 쓰는 활동가들이 많았습니다. 오바마는 그렇지 않았어요. 그는 자신에게 관심이 집중되지 않게 했어요. 일에만 집중했죠. 사회정의를 위해 일하는 게 그의 일생의 임무, 그의 사명인 것처럼 여기고 일했어요. 다른 활동가들은 남의 시선을 의식해요. 아니면 개인적인 이득을 위해서 일하죠. 허튼 소리 잘 하는 거물들 많습니다. 하지만 오바마에게서는 진정성 빼면 시체죠."

한 여성 활동가는 오바마가 지적일 뿐만 아니라 정직하다고 한다.

"그는 말을 잘해요. 내가 만났던 사람 중에서 제일 말이 분명한 사람이에요. 그런데 자신을 높이기 위해서 그런 장점을 이용하지 않았어요. 우리가 직면한 어려운 문제들을 명확하게 설명하기 위해 사용한 거죠. 처음부터 그는 주동자 스타일이 아니었어요. 그는 늘 어려운 점들이 뭔지 확실하게 파악해두죠. 그의 정직한 모습은 참신해보여요."

뛰어난 언변의 소유자임에도 불구하고 그 능력을 자기과시를 위해 쓰지 않고 공동체의 목적을 위해 활용함으로써 더욱 색다른 가능성의 소유자로 평가받는 청년 오바마의 모습이 그려지시는가?

지역사회 개발 프로젝트를 진행 중인 한 재단의 임원은 이렇게 말한다.

"그는 재단 위원회에서 가장 빈틈없고 견실한 사람이에요. 좋은 결과를 보고 싶어서 그러는 거죠. 재단 보조금이 현장에 투입되어 지역사회에 눈에 띄는 변화가 일어나는 걸 보고 싶어 해요. 그저 월급으로만 쓰이지 않기를 바라는 거죠."

오바마는 한 미팅에서 8명의 흑인 여성들과 토론을 하면서 이렇게 말했다. '민중들이 뭘 알아야 하는가'를 토론하던 중이었다. 시카고의 권력을 누가 쥐고 있으며, 그들은 어떻게 높은 자리와 권력을 차지하게 되었는지를 이야기하고 있었다.

"천천히 갑시다. 여러분들은 지금 너무 서두르고 있어요. 나는 이걸 쪼개어보고 싶어요. 우리는 '그 사람들, 그 사람들, 그 사람들' 계속 이렇게 말하는데, 쪼개어볼 시간이 없어요. 우리는 분석하지 않아요. 우리 생각은 마구 뒤엉켜 있어요. 그런 정도에 머물러서는, 우리가 가지고 있는 힘을 사용할 수 없어요. 눈을 가리고 소리만 지르면서 바보처럼 뒤뚱거리며 나갈 수는 없지요. 협상테이블에 자리 잡고 앉으면서도 우리가 무슨 이야기를 하려는지, 뭘 질문하려고 하는지 모르고 있습니다. 상대가 진짜 권력자건 무마꾼이건 상관없어요."

오바마는 어느 경우든 늘 핵심을 놓치지 않는다. 지금 미국이 오바마에게 기대하는 것도, 그의 뛰어난 분석력과 설득력을 분열된 사회를 통합하는 데, 새로운 공동체의 가치를 복원하는 데, 고결한 미국의 가치를 되살려내는 데, 한껏 발휘해달라는 것이다. 제대로 된 리더십은 공동체 구성원들의 재능을 공통의 포로젝트로 집중시켜낼 수 있는 진정성 있는 통합력이 뒷받침되어야만 구현될 수 있다. 진정성이 없으면 냉소주의를 해소할 수 없다. 사람들의 얼어붙은 맘을 뜨겁고 꾸준한 진정성으로 녹여내지 않고서는 행동하게 할 수 없다. 믿음을 주는 리더, 우리 모두는 바로 그런 리더와 함께 일할 때 신바람이 나는 법이다.

3부

오바마는 어떻게 만들어졌나

• • •

■3부 오바마는
　　　어떻게
　　　만들어졌나

오바마는 링컨의 뒤를 따라 스프링필드에서 대선 출마선언을
하면서 그의 통합정신을 자신의 것으로 새롭게 수용하고 있다.
오바마는 또한 '검은 케네디' 이미지 전략에 따라
케네디의 이상주의에 입각한 뉴 프론티어 정신을 인용하며
자신의 리더십을 포장한다. '변화와 희망'으로
미국의 다음 시대를 열겠다는 것이다.
그가 꼽는 또 한 명의 우상, 또 한 명의 미국의 순교자는
마틴 루터 킹 목사다. 차별 없는 상생과 포용의 정치,
온건한 방식으로 미국의 품위를 되찾자는
킹 목사의 실용적 개혁 노선은 지금 오바마에게서
새로운 울림으로 되살아나고 있다.
그밖에도 오바마의 비밀 병기 노릇을 톡톡히
해내고 있는 아내 미셸, 오바마의 세계관의 토대를
닦아 준 강인한 어머니 앤 더넘 등, '오바마를 만든 사람들',
그리고 오늘의 오바마를 있게 한 그의 말하기, 읽기,
쓰기 능력 배양법에 대해 6장과 7장에서 살펴본다.

6장
오바마를
만든 사람들

"저에게는 킹 박사, 존 F. 케네디 대통령, 링컨 대통령 같은
우상적 존재들을 포함하여 수많은 정치적 영웅들이 있습니다."
—버락 오바마

오디세우스는 트로이 전쟁을 떠나며

자신의 아들 텔레마코스를 친구 멘토르에게 맡겼다. 멘토르는 오디세
우스가 전쟁에서 돌아올 때까지 텔레마코스의 친구, 선생, 아버지가
되어 그를 잘 돌보아 주었다. 그리하여 멘토르에서 유래한 멘토란 말
은 한 사람의 인생을 이끌어 주는 지혜와 신뢰의 상징이 되었다. 오바
마에게는 그를 이끌고 보살펴준 사람들이 많았다. 외할아버지와 어머
니가 특히 그랬다. 아내 역시 많은 역할을 했다. 그러나 정치적으로 그
에게 가장 영향을 많이 준 스승들은 이미 세상에 없는 위인들이다. 그
는 철저하게 그들의 방식과 생각을 따랐다.

에이브러햄 링컨 · 존 F. 케네디JFK · 마틴 루터 킹은 오바마의 비전
과 정치 철학의 핵심 부분에 자리 잡고 있다. 이들은 미국 역사상 위

기와 침체의 시대에 '도전과 희망의 리더십으로 미국을 변화시킨 인물'들이다. 이들은 또 모두 탁월한 연설 솜씨와 글 솜씨를 보여줬던 특별한 능력의 소유자들로 오바마와 공통점이 많은 이들이다.

'연설의 연금술사' 오바마가 몸에 익힌 대중 감동 방식과 설득의 전략은 모두 이들로부터 나온 것들이다. 링컨에게 통합의 리더십을 배웠고, JFK에게 변화의 의제를 배웠으며, 킹 목사에게 평등의 메시지를 배웠다. '변화와 희망'이라는 그의 정치 구호는 이들 세 사람의 이미지와 겹치면서 설득력과 경쟁력을 갖게 된다.

링컨, '통합의 정치' 이끌어간 리더십

오바마의 정치적 고향은 중서부 일리노이 주이다. 대학을 졸업한 뒤에는 일리노이의 대표적 도시 시카고 빈민 지역에서 활동했으며, 로스쿨을 졸업한 뒤에도 시카고의 민권변호사로 일했다. 정치 역시 일리노이 주 상원의원으로 시작했다.

일리노이는 링컨이 정치를 시작했던 지역이다. 작년 2월 대선 출마를 선언할 때, 오바마는 출마 선언을 일리노이 주의 수도 스프링필드의 옛 의사당 앞에서 했다.

그곳은 150년 전 중서부 촌뜨기라고 조롱받던 링컨이 "분열된 집안이 오래 지탱될 수 없듯이, 미 연방도 노예와 자유를 지지하는 세력으로 나뉘어서는 계속될 수 없다"는 역사적 연설을 했던 곳이다. 게티즈

버그 연설과 함께 이 스프링필드 연설은 링컨의 대표적인 명연설이다.

그곳은 또 링컨이 1860년 '변화의 약속'을 내걸고 대통령 후보로 출마를 선언했던 곳이고, 1865년 암살된 뒤 묻힌 곳이기도 하다.

오바마가 이곳을 선택한 것은 자신의 신념이자 비전인 '통합의 정치'를 강조하기 위해서이다. 링컨의 정신을 계승한다는 점을 자신의 이미지에 활용하기 위해서 링컨의 뒤를 그대로 밟았다.

오바마가 출마 연설에서 "우리는 링컨 대통령으로부터 인종과 종교, 신분의 차이를 뛰어넘는 법을 배웠다"고 강조한 것도 이런 맥락이다. 링컨이 노예와 자유인을 통합시켰듯이, 자신은 백인과 흑인을 하나로 통합하겠다는 의지를 표시한 셈이다.

"커다랗고 빼빼 마른 키다리 변호사 링컨의 일생을 보면 우리에게도 지금보다 더 나은 미래가 가능하다는 것을 알 수 있습니다. 링컨의 그림자가 남아 있는 이곳에는 우리 공동의 희망과 꿈이 있습니다. 그 희망에 기대어 나는 출마를 선언합니다."

역시 '커다랗고 빼빼 마른' 오바마는 자신이 링컨이나 되는 듯한 표정이었다. 링컨의 유명한 게티스버그 연설까지 인용했다.

"새로운 자유를 탄생시키기 위해 앞서서 이끌어갑시다."

오바마의 출정식은 갈등과 분열을 치유한 링컨의 통합 메시지를 효과적으로 활용했다는 평가를 받았다.

끊임없는 성장과 변화

가난을 극복하고 일어선 의지, 독학으로 문법과 법률을 통달한 끈기, 거듭되는 실패의 상처를 이겨내고 자신의 결심을 지켜나간 능력, 링컨의 모습이다. 오바마는 자신의 꿈을 이루기 위해 링컨의 이런 덕목들을 자신의 것으로 삼았다. 그리고 자신을 끊임없이 개선하면서 키워 나갔다.

링컨은 모범적인 미국인이었다. 그는 처절할 만큼 가난했지만 가난에 굴복하지 않았다. 집안 사정이 어려웠지만 혼자서 문법을 공부하고 법률을 공부해 변호사가 되었다. 순탄하게 이뤄졌던 것은 아니다. 수없이 실패를 했다. 그러나 좌절하지 않고 처음에 결심했던 대로 자기 꿈을 이뤄나갔다. 보다 큰 꿈을 이루기 위해 자신을 끊임없이 닦고 키워나가는 '아메리칸 드림'의 샘플 같은 사람이었다. 링컨은 민주주의의 개념을 가장 잘 이해하는 정치인이었다. 오바마 역시 목표를 위해 평생 자기를 혁신하며 성장해 왔다. 그리고 링컨의 민주주의 정신을 받아들였다.

링컨은 일리노이 주 스프링필드에서 정치 생활을 시작했다. 오바마 역시 주 의회 의원 생활을 스프링필드에서 시작했다. 무척 상징적이다. 링컨은 노예 해방이라는 급진적 정책을 추진했다. 그 결과 미국은 두 세력으로 분열하고 말았다. 그 전쟁 중에 60만의 젊은이들이 죽었다. 건국 이후 최대의 위기였지만 그는 미국을 다시 통합했다. 분열하고 대립하는 미국의 통합을 역설한 점은 오바마와 닮은 점들이다.

미국 민주주의는 대립보다는 서로 협의하여 조정해나가는 기능이 강했다. 링컨은 이런 협의 기능을 잘 이해하고 실제로 정치 생활 중에도 훌륭히 활용했다. 오바마 역시 철저히 링컨의 방식을 활용해 의정 활동을 성공적으로 이끌었다.

링컨은 단호했고 신념이 강해 노예 제도를 반대할 때에는 한 발도 물러서지 않았다. 그러나 대통령이 된 뒤에는 철저히 실용주의적인 태도를 취했다. 남부와 북부가 전쟁을 일으키려 하자 그걸 막으려고 몰래 뒷거래까지 했다. 전쟁을 끝내려고 위해서는 위헌적인 위험한 조치까지 저질렀다. 오바마 역시 진보주의자이다. 그러나 그도 철저히 실용적이어서 옳은 일이라면 이념이나 정당을 상관하지 않고 일했다. 오바마 역시 끊임없이 변화했다. 그러나 링컨처럼 원칙을 철저히 지켰다.

링컨의 실용 노선은 원칙이나 신념의 포기가 아니었다. 그것은 서로 부딪치는 견해를 적절히 조율하려는 노력이었다. 인간은 불완전하기 때문에 서로 대화하고 협의해 의견의 합치점을 찾는 과정이었다. 오바마 역시 이런 방식을 잘 이해했다. 대립보다 협의와 토론을 중요하게 여기는 민주주의의 기본 정신을 훌륭하게 실현시켰다.

링컨은 자신의 원칙을 밀고 나갔으나 토론과 이성적 논쟁을 포기하지 않았다. 서로 반대편에 서서 싸우는 경우에도 그는 반대편들까지 충분히 이해를 했다. 그것은 모두 겸손과 양보의 미덕 때문이었다. 오바마 자신도 그것을 실천하기 위해 노력했다.

링컨이 정치인이 된 뒤에도 늘 자신을 끊임없이 혁신해나갔다. 더 나은 결과를 위해 늘 변화했다. 링컨을 본받아 오바마도 빈민운동이 악전고투를 거듭하는 상황에서도 그것을 이겨나갔다.

링컨이나 오바마나 변화 속에서 살아가지 않을 수 없었다. 변화하면서 끊임없이 성장해나갔다. 변화하지 않았으면 도태되고 말았을 것이다. 상황에 적응하면서 끊임없는 자기 혁신을 통해 성장하는 자만이 성공할 수 있다. 성장을 계속할 수 있는 방법은 변화에 적응하는 일이다.

변화와 혁신을 통해 성장하려면 링컨이나 오바마처럼 자기 관리가 잘 되어야 한다. 나는 누구이며 왜 여기 있는지 끊임없이 질문해야 한다. 어디로 갈 것이며 어떻게 갈 것인지 끊임없이 생각해야 한다. 이런 부단한 노력이 새로운 창조의 바탕이 된다.

변화는 고통스러울 수도 있지만 성장을 위해서는 필수적이다. 그러나 올바른 가치관과 목적이 분명하지 않으면 안 된다. 모든 변화는 성장이자 진보이다. 성장하기 위해서는 끊임없이 변화하지 않으면 안 된다. 변화야말로 새로운 가치를 생성한다. 현상 유지만 하려고 해도 끊임없는 변화가 필요하다.

케네디, 미국의 희망
'이상주의'

'검은 케네디' 역시 오바마가 다듬어온 전략적 이미지다. 대부분의 미국인들은 오바마를 보고 케네디 형제를 연상한다.

존 F. 케네디는 환상적인 낙관주의로 미국의 꿈을 이야기했다. 오바마가 군중들을 열광시키는 모습 역시 한 세대 전의 케네디와 비슷하다. 오바마의 이상주의도 그만큼 신선하고 강렬하다. 오바마는 연설에서 케네디 대통령의 뉴 프론티어 정신을 인용하기도 한다.

"미국은 새로운 도전을 받아들일 준비가 되어 있습니다. 지금은 우리의 시대입니다. 새로운 세대는 앞으로 나아갈 준비가 되어 있습니다."

케네디는 40대에 대통령이 되었다. 오바마 역시 40대이다. 케네디는 2차 대전이 지난 뒤 60년대라는 새로운 시대가 열리자 그 시대의 리더로 등장했다. 오바마 역시 베이비붐 세대가 지난 다음(포스트 붐 세대) 21세기가 열리자 시대의 리더가 되었다.

오바마보다 40년 앞선 1968년에 JFK의 동생 로버트 케네디가 대통령 선거에 출마했을 때, 그는 오바마처럼 말 잘하고 당당하고 진보적인 40대 신참 상원의원이었다. 오바마는 로버트 케네디가 상원의원이었을 때 앉았던 바로 그 자리를 물려받기까지 했다.

로버트 케네디는 베트남 전쟁에 국민들이 지쳐 있을 때 의원 활동을 시작했다. 전쟁에 대한 찬반으로 미국은 소용돌이였다. 그는 그 냉소와 대립의 시절을 접고 낙관주의가 희망이었던 JFK 시절로 돌아가자고 했다.

오바마 역시 변화와 희망을 상징하는 인물이다. 테러와의 전쟁, 이라크 전쟁에 지쳐 있는 미국인들에게 정치에 대한 냉소와 이념 대립을 접고 하나의 미국이 되자고 말한다. 한 시대를 마감하고 다음 시대를 여는 이들의 공통점이다.

그는 에이브러햄 링컨, 존 F. 케네디, 로버트 케네디, 마틴 루터 킹 목사를 미국의 순교자라고 자주 언급한다. 그러나 자신이 케네디와 비슷하다는 점을 잘 드러내지 않았다. 이미 정치적으로 기반을 닦은 대가들 중에 케네디의 이미지를 이용한 정치인들이 많기 때문이다.

어쨌든 사람들은 오바마가 케네디 이야기를 하면 마치 오바마 자신의 이야기를 하는 듯한 느낌을 받는다고 한다.

전쟁으로 상처받고 안으로는 분열된 국가에서, 케네디는 희망이 찾아올 거라고 말했다. 가난이나 인종주의가 아무리 오래 지속되어도, 미국이 아무리 멀리 길을 벗어나 떠돌아도, 결국 희망이 찾아올 것이라고 말했던 케네디를 인용하면, 그것이 바로 오바마 자신의 이야기가 되는 것이다.

오바마는 상원에 등원하던 날 이미 민주당의 희망으로 자리잡고 있었다. 한 세대를 마감하고 다음 세대를 여는 그의 구호는 '변화와 희망'이었다. 그것은 오바마의 생애를 관통하는 주제였다. 부시 대통령의 한 참모는 그를 보고 '걸어 다니는 희망 제조기'라고 불렀다. 그가 록스타처럼 폭발적인 인기를 누리는 것은 사람들이 원했던 것을 주었기 때문이다. 그는 보통 사람들의 바람을 누구보다도 정확히 알고 있었다. 시대의 흐름을 알고 있었다.

이상주의란 궁극적인 목적 또는 가치 실현을 위해 끝까지 노력하는 정신이다. 이것은 인간의 무한한 가능성을 믿지 않으면 불가능하다. 이상주의는 환상이 아니다. 그것은 추구할 만한 가치가 있다. 사람들이 오바마에게 열광하는 것은 바로 그가 이상주의를 실현시킬 수 있겠다는 가능성을 보았기 때문이다.

오바마를 통해 미국은 넓은 시야를 갖게 되었다. 눈앞의 이득이나 대립을 접고 새로운 세계로 나아가야 한다는 것을 깨달았다. 유럽은 이런 오바마를 보고 이렇게 말했다.

"맞아! 저게 진짜 미국이야! 미국은 저래야 되는 거야!"

이상주의는 험난한 현실을 극복할 가장 좋은 방안이다.

JKF의 결정적 장점인 '강단'

JFK의 매력은 힘들이지 않고도 풍겨 나오는 그의 품격이었다. 겉으로는 열심히 일하는 것 같지 않는데도 뭔가를 이뤄내는 정치인이었다. 기품 있고 유창하며, 지적이고 재치도 있지만, 한 발 떨어져서 초연해 있는 듯한 사람이었다.

반면 동생 RFK는 열정적이었다. 맹렬하고, 공격적이고, 결단력이 있었다. 화를 참지 않았으며 감정이 풍부했다. 두 형제는 서로 닮은꼴이면서도 엄청나게 달랐다.

미국의 저명한 역사가 아더 슐레진저는 이 형제를 두고 이렇게 표현했다.

"JFK는 낭만주의자로 탁월하게 위장한 현실주의자였지만 RFK는 현실주의자로 확고하게 위장한 낭만주의자였다."

두 사람 모두 정권 재탈환을 갈망하는 민주당의 희망이었다.

버락 오바마와 힐러리 클린턴은 모두 케네디 형제의 이런 유산을 자기 것으로 만들고 싶어 한다. 1992년 민주당 대선 후보 지명전에서 빌 클린턴은 사진 한 장을 들고 나왔다. 자신이 10대일 때 재향군인회가 여는 훈련 캠프에서 자신의 영웅인 JFK와 악수하는 사진이었다. 미국의 정치인들은 누구나 이렇게 케네디를 활용하려고 애를 쓴다.

클린턴 부부는 매사추세츠 주의 한 섬에서 케네디 집안 사람들과 함께 요트를 즐겼다. 그러나 에드워드 케네디 상원의원은 딸 캐롤라인과 함께 오바마 지지를 선언했다.

힐러리도 RFK의 자녀 중 3명의 지지를 이끌어냈다. 그러나 케네디 집안의 지지는 공식적으로는 오바마에게 쏠린 듯하다. 지난해 여름 한 모금행사장에서 RFK의 미망인 에셀은 오바마를 "미국의 차기 대통령"으로 불렀을 정도였다.

1960년만 해도 보스턴의 상점들에 붙었던 '아일랜드계 구직 사양'이란 구호가 사라진 지 한 세대밖에 지나지 않았고, 미국 일부 지역에서는 가톨릭 신자에 대한 편견이 여전히 강했다. 그런 시절에 아일랜드 혈통이자 가톨릭인 JFK가 정치적 장벽을 허문 것은 오늘날 오바마의 능력 못지않게 놀랄 만한 일이었다.

그러나 JFK는 막후에서 궂은일을 맡아준 동생이 있었다. 자신의 아들 중 한두 명을 공직에 당선시키려고 편법과 불법도 마다하지 않은 아버지 조셉 케네디도 있었다. 그는 신문사를 매수하고 무한대로 선거자금을 쓰기도 했다.

오바마 역시 조직력도 뛰어나고, 선거자금도 넉넉하게 모금했다. 그러나 오바마는 승리를 위해 수단 방법을 가리지 않는 케네디 집안 스타일은 아니다. 간혹 힐러리에게 반격을 가하려고 하지만 그런 일에는 별로 흥미가 없어 보인다. 케네디가 좋아하는 말 중 하나는 "강단 있다"는 말이었다. 오바마에게는 없어 보이는 점이다.

'세대 교체론'은 오바마가 주장하는 중요한 슬로건이다.

오바마는 민주당과 공화당의 대선 후보들 중 가장 나이가 어리고, 현역 상원의원들 중 두 번째로 젊다. JFK는 미국 역사상 가장 나이가 어린 대통령이었다. 오바마도 젊음을 앞세워 '신화'를 이룩하겠다는 야심을 갖고 있다. 유권자들은 JFK처럼 참신한 지도자를 선호한다. 오바마가 유세에서 항상 '새로운 세대'를 강조하고 있는 것도 이런 맥락이다.

일리노이 주 상원의원을 지냈지만 연방 하원의원 선거(2000년)에서 낙마하는 등 무명에 가까웠던 오바마는 2004년 7월 27일 보스턴에서 열렸던 민주당 전당대회 기조연설을 통해 전국적 인물로 부상했다. 평등과 통합, 화해와 희망을 이야기한 그의 연설은 전 국민에게 감동을 주었다.

인종 갈등과 이라크전 등에 따른 정치적 대립을 극복할 수 있는 키워드를 제시한 젊은 정치 신인의 참신한 연설이 대의원들과 국민의 마음을 움직였다. 오바마 의원은 이때부터 '흑인 케네디'라는 말을 들었다.

오바마가 세대 교체론을 주장하는 또 다른 이유는 경험 부족이란 약점을 정면 돌파하려는 전략이기도 하다. JFK가 젊음과 변화를 무기로 공화당의 거물 닉슨 후보를 물리쳤던 것처럼, 오바마도 변화를 외치면서 JFK 신화를 재현하겠다는 구상이다.

민주당 선거 전략가는 "힐러리 의원이 힘이 있다면 오바마 의원은 마력을 갖고 있다"고 평가했다. 오바마의 마력은 아마 '투쟁하는 흑인'이 아니라 '화합하는 흑인'이라는 이미지일 것이다.

1960년 케네디가 대선에 출마할 때는 43세로 역대 최연소 후보였다. 오바마는 47세로 케네디와 비슷한 40대 후보이다. 오바마와 케네디는 모두 하버드 로스쿨 출신이다.

케네디와 오바마의 공통점은 구시대의 청산이다. 케네디는 50년대 낡은 정치를 버리고 새로운 방식으로 나라를 이끌어가자고 호소했다. 그때 외친 것이 뉴 프런티어 정신이다. 세대교체 분위기를 확실히 잡아 선거를 이끌었다.

오바마 역시 서로 대립하고 헐뜯는 워싱턴의 정치를 제발 그만두자고 호소하고 있다. 60년대식 정치, 2차대전 세대와 베이비붐 세대의 정치와 결별하자고 호소한다. 그러면서 21세기의 새로운 시대정신은 대결을 통해 승리를 쟁취하는 방식이 아니라 '화해와 통합'이라고 말한다. '변화'를 선거 구호로 내건 오바마 역시 세대교체의 분위기로 확

실하게 선거판을 이끌어가고 있다. 놀라 [*] 그의 아내 미셸 오바마가 케네디의
울 정도로 케네디의 전략과 닮아 있다.* 아내 재클린의 이미지를 차용하고 있
는 모습을 보면 더욱 흥미롭다.

케네디는 민주당 대통령 후보 수락 연설을 통해 이렇게 말했다.

"우리는 미래에 관심을 두어야 합니다. 세계는 변하고 있기 때문입
니다. 구시대는 끝났고 구식은 더 이상 통하지 않습니다."

오바마가 뛰고 있는 현재의 분위기는 케네디 때와 비슷하다. 미국인
들은 대부분 경제 침체 때문에 극도로 불안해하고 있다. 워싱턴 정치
시스템은 서로 한 치도 물러서지 않고 죽느냐 사느냐 식으로 대결하
고 있다. 사람들은 서로 헐뜯는 정치를 보는 데 지쳐 있다.

오바마는 케네디의 이런 이미지만 빌려오는 게 아니다. 연설에서도
케네디의 이야기가 나오면 더욱 열기를 뿜는다. 그는 희망과 변화와
새로운 세대의 역할을 힘주어 말한다.

"JFK 시절 우리는 프런티어 정신을 키우며 희망을 품었습니다. 그
희망이 현실을 변화시키는 힘입니다. 우리는 미국 역사에 새로운 장을
열고 역사를 새로 쓸 준비가 되어 있습니다. 지금은 우리의 시대입니다.
새로운 세대는 앞으로 나갈 준비가 되어 있습니다."

킹 목사, 차별없는 화해의 세상

오바마의 꿈은 첫 흑인 대통령이다. 성장기
에 그는 흑인으로서 편견과 차별을 겪었다. 혼란스러운 10대 시절 흑

인이 어떻게 살아가야 하는지에 대해 깊은 고민을 했다. 20대 초반까지 그의 삶은 백인 주류사회와는 동떨어진 이방인이었다.

하와이 · 케냐 · 인도네시아 등의 변방 생활, 흑백 차별의 인식, 빈민운동, 컬럼비아 대학과 하버드 등 아이비리그에서 보낸 학창 시절, 민권변호사 생활, 주 상원의원, 연방 상원의원으로 이어지는 오바마의 삶의 궤적은 무척 독특하고 다양하다. 그런 경험이 서로의 다름을 인정하는 '분열에서 통합으로'와 같은 상생과 포용의 정치 철학으로 발전했다.

오바마가 젊은 시절 가장 공감한 것은 급진 과격파 흑인 운동가 '맬컴 X'였다. 그러나 이후의 실천 방식을 보면 그는 철저히 온건파인 마틴 루터 킹 목사의 노선을 따르고 있는 것을 알 수 있다. 과격한 대립보다는 온건한 상생과 포용을 선택한 것이다. 킹 목사의 이미지 역시 케네디 이상으로 오바마가 적극적으로 차용하고 활용하는 대상이다.

특히 이라크 전 개전 당시 미국 정치인으로서는 거의 유일하게 반대 의견을 천명할 때 오바마는 킹 목사와 아주 닮은꼴이었다.

"베트남에 떨어뜨린 폭탄은 지금 우리의 미국땅에서 터지고 있습니다. 품위 있는 미국의 희망과 가능성을 여지없이 망가뜨리면서 말입니다."

베트남 전에 반대하는 킹 목사의 이 목소리는 이라크 사태의 질곡에서 빠져나와 미국의 품위를 되찾게 해야 한다는 오바마에게서 새로운 울림을 얻고 있다.

그러나 오바마와 킹 목사는 다른 점이 분명하다. 오바마는 흑인이면서도 인종문제는 거의 다루지 않거나 아주 신중하게 발언한다. 흑백 문제가 이슈화되면 불리할 수도 있다고 판단했기 때문이다.

대선 과정에서도 오바마는 흑인 후보가 아니라 새로운 미국의 후보임을 강조한다. 인종 갈등과 같은 과거의 갈등구조를 업고 가는 후보가 아니라 갈등을 봉합하고 통합한 뉴 아메리카를 이끌어낼 지도자라는 것이다.

대신 인종문제에 대해서는 그의 아내 미셸이 심심찮게 강경 발언을 하면서 오바마의 공백을 메운다. 미묘한 문제를 세심하게 다루는 전략적 태도가 엿보인다. 프린스턴 대학과 하버드 로스쿨을 나온 미셸의 발언은 좀 더 직설적이다.

"학교, 병원, 직장, 거리에 불평등이 분명히 있습니다. 인종이 다르다고 해서 불평등하게 대하는 태도는 우리가 감수해야 할 짐이 아닙니다. 극복해야 할 도전입니다."

미셸은 오바마의 비밀 병기라는 별명을 얻었다.

오바마는 실용주의 정치인이다. 그의 연설을 들으면 워싱턴을 탈환하려는 이상주의 혁명가처럼 보인다. 하지만 오바마의 경력을 보면 점진주의에 가깝다. 그는 시카고의 빈민운동가 시절부터 "영원한 친구도 영원한 적도 없다"고 말했다.

킹 목사 역시 열정을 토하는 혁명가처럼 보였지만 급진주의는 아니었다. 흑과 백이 화해하여 손을 맞잡고 걷는 미래를 원했다.

오바마는 시카고 시절부터 '적과 함께 일하는 기술'을 보여줬다. 이런 실용주의적 성향은 의정 활동 때 더욱 두드러지게 나타났다.

"건국 이래 미국의 정치적 전통은 혁명주의가 아니다. 개혁주의다. 정치 지도자가 목표를 달성하려면 시대를 앞서가는 편이 이상적이지만 너무 앞서가서는 안 된다."

오바마가 강조하는 노선이다.

미셸 오바마, 공격은 나에게 맡겨라

오바마의 성장에 중요한 역할을 한 인물 중 하나가 그의 아내 미셸이다. 그녀는 하버드 로스쿨의 동문이자 오바마의 로펌 인턴 시절 멘토 역할을 하기도 했던 여인이다. 결혼한 뒤에도 그녀는 오바마의 지주 역할을 단단하게 해내고 있다. 직장을 그만두고 남편의 선거전에 뛰어든 그녀는 남편 오바마의 전략 참모 겸 연설자로 맹활약 중이다. 미셸은 이미 정치 스타가 되었다. 그녀의 삶과 철학, 능력과 매력에 미국인들은 사로잡혔다.

"남편이 일리노이 주 상원의원으로 출마했을 때 주위에서 얼마나 말들이 많았는지 아십니까. 너무 젊다, 경험이 없다, 선거자금 모을 능력이 없다, 피부색이 너무 검다, 아주 검지도 않다, 이름이 우스꽝스럽다, 백인들이 안 찍어줄 거다. … 그런데 제 남편은 이겼습니다. 그래서 미국 유일의 흑인 상원의원이 됐습니다. 불가능과 두려움을 극복한 것입니다. 이번 선거에도 네거티브 선전이 많을 거라고 예상됩니다. 별별 소리가 또 나오겠지요. … 버락은 여느 소시민과 마찬가지로 소박한 사람입니다. 잠잘 때 코도 골고 발 냄새가 나서 우리 딸애들이 아빠 침대에 들어가기 싫어할 때도 있어요. 양말을 벗어 아무 데나 던져놓기도 하고 버터를 먹고는 냉장고에 넣지 않아 녹아버리게 만들기도 하죠. 장보기는 잘 하지만요. … 저는 성격이 강한 프로페셔널이라 남편은 제 목소리가 너무 크다고 놀리기도 합니다. 하지만 버락은 아주 현명한 남자이기 때문에 강한 여자를 잘 다룰 줄 압니다."

청중들은 미셸의 연설에 웃음을 터뜨리며 박수를 치고 환호성을 올렸다. 미셸 오바마는 민주당 대선 유세장에 나타난 떠오르는 별이다. 국민들에게 전혀 낯선 이 여인은 독특한 스타일로 가는 곳마다 박수를 받는다. 솔직하고 서민적인 말솜씨로 중·장년층을 감동시키는가 하면 해박한 지식과 날카로운 정세 분석으로 젊은층과 지식인들을 감탄을 끌어낸다. 그녀의 청중 장악력은 대단하다

그녀는 시카고의 가난한 흑인 동네의 침실 하나짜리 아파트에서 소방관의 딸로 태어났다. 네 살 때 읽기와 쓰기를 익힌 똑똑한 아이였다. 프린스턴 대학과 하버드 로스쿨을 거쳤는데, 교수들은 이미 그녀를 뛰어난 인재로 인정했다.

미셸은 졸업 후 시카고의 한 법률 회사에 취직했다. 이때 인턴 사원으로 입사한 변호사 버락 오바마를 만났다. 회사 지시로 버락의 멘토 역을 맡아 자연스레 자주 만나게 되었다. 어느 날 데이트 신청을 받았

지만 미셸은 별로 맘이 내키지 않았다.

그녀는 버락에게 이끌려 그가 조직했던 흑인 빈민 지역 모임에 몇 차례 나갔다. 버락은 "흑인 사회는 이대로는 희망이 없다, 젊은이에게 희망을 주어 '변화'시켜야 한다"고 열정적으로 주민들에게 설명했다. 주민들은 그의 강연에 감동했다. 미셸 역시 공감했다.

이때부터 마음이 끌려 이후 버락과 결혼한 미셸은 법률 회사를 그만 두고 지역사회에 봉사하는 일을 시작했다. 시카고 시에서 몇 개의 공직을 거쳐 서른아홉의 나이에 시카고 대학 병원의 대외/지역사회 담당 부총장이 되었다.

미셸은 7개월 전 남편 연봉의 두 배인 30만 달러의 부총장직을 버리고 선거운동에 나섰다. 그녀는 선거 전문가들이 우글거리는 오바마 캠프에서 최고의 전략 참모이자 연설가로 금방 인정을 받았다.

그녀는 남편과 같이 유세에 나서지 않고 따로 연설을 한다. 남편은 대통령에게 걸맞는 경륜 · 정책 · 철학 · 이상을 품위 있게 이야기한다. 흑인 특유의 억양은 없는 유창한 연설이다. 지식인의 절제된 단어가 돋보인다. 인종을 초월한 국민의 대통령이라는 모습을 보여주기 위해 흑백 문제는 자제한다.

미셸의 연설은 흑인 억양이 섞여 어조가 강하다. 약간은 수다스러운 아줌마 스타일이다. 그녀는 연설장의 분위기를 다양하게 이끌어간다. 억척스러운 주부 같이 몰아붙이기도 하고, 유창한 변호사 같이 논리 정연하게 대응하는가 하면, 사회적 약자들을 위한 운동가 같이 열정적으로 외치기도 하고, 냉정한 기업 CEO 같이 잔잔하고 차갑게 진정 시키기도 한다. 그때그때 분위기가 다른 다양한 청중들을 적절히 사로잡는다.

2004년 민주당 전당대회장, 쳐다보기도 어려운 민주당 원로와 거물 정치인들이 즐비하게 늘어서 있는 연단 뒤에서 기조연설을 준비하던 정치 초보 오바마는 갑자기 불안해졌다. 무대가 너무 컸던 것이다. 미셸은 남편을 꽉 껴안고 두 눈을 똑바로 쳐다보며 큰 소리로 말했다.

"실수만 안 하면 되는 거야, 임마!"

순간, 두 사람은 동시에 웃음을 터뜨렸다. 그녀의 한마디가 남편의 긴장을 확 풀어준 것이다. 이 에피소드는 미셸의 임기응변과 기지, 유머 감각, 담력과 용기를 잘 말해주고 있다. 이날의 명연설을 계기로 오바마는 민주당의 스타로 떠올랐다.

극히 예민한 흑백 문제는 미셸의 담당이다. 그녀는 돌려 말하지 않고 정면으로 다룬다. 암살당한 흑인 지도자 마틴 루터 킹을 기념하는 날, 미셸은 예민해진 미국인들의 정서를 건드렸다.

"낙선하지 않을까, 정치판에서 타락하지 않을까, 가족이 다치지 않을까, 암살당하지 않을까 두려운 것이 사실입니다. 그러나 버락은 우리 사회에 널려 있는 온갖 두려움과 불안감을 극복하기 위해 출마했습니다. 과연 흑인이 백악관 주인이 될 수 있을까, 그 두려움을 극복해야 합니다. 자라나는 세대가 더 이상 두려움 속에 살도록 버려둘 수는 없습니다. 백인 아닌 사람도 대통령이 될 수 있도록 이 나라 정치

패턴을 '변화'시켜야 합니다. 이번 기회를 놓치면 기회는 다시 오지 않을지도 모릅니다."

클린턴 전 대통령은 누구나 인정하는 초일류 선거 참모이다. 그러나 미셸 또한 그에 못지않다. 오바마 캠프의 언론 담당 참모는 그녀가 학력·경력·사회봉사·연설·외모·여성표 흡수력에서 오히려 힐러리를 앞선다고 주장한다. 뉴욕의 잡지들은 미셸을 세계에서 가장 유망한 전문직 여성 25인 중 하나로 뽑는가 하면, 2007년 세계 여성 베스트 드레서 10인 중 하나로 선정하기도 했다. 그러나 미셸은 아주 수수한 옷차림으로 유세장에 나타난다.

"일이 늦어도 가능하면 집에 들어가 아이들과 함께 잡니다. 남편도 두 딸과 나를 끔찍이 사랑합니다. 가족을 편안하게 해주지 못하면 백악관을 다스릴 수 없지요."

미셸의 회오리는 선거판을 계속 휘저을 것으로 보인다. 흑인 버락 오바마 열풍이 미국 정치사의 전환기적 사건이라면, 장외 인물인 미셸의 출현은 전혀 예기치 못했던 흑인 여성 정치 스타의 등장을 예고했다. 실제로 역대 대선 예비후보의 부인 중 미셸만큼 적극적이고 효과적으로 선거 유세를 벌인 여성은 없었다. 그녀는 오바마를 든든하게 뒷받침하는 또하나의 인물이다.

앤 더넘, 인종의
벽을 넘은 어머니

오바마의 어머니 앤 더넘은 오바마에게 정신적으로 가장 큰 영향을 끼친 인물이다. 오바마의 가치관과 세계관은 거의 어머니의 가르침에서 나온 것이었다. 어려운 생활 속에서도 어머니는 자식교육만은 제대로 시켰다. 오바마의 뒤에는 늘 어머니가 있었다. 나이들어서도 그는 늘 어머니의 말을 생각하며 살았다.

'흑인 아들을 둔 어린 이혼녀' 앤 더넘은 주변의 시선도 따갑고 월세를 내기도 벅찬 생활이었지만 아들의 마음속에 분노가 싹트도록 내버려두지 않았다. 대신 '항상 매사를 긍정적으로 생각하라'고 가르쳤다.

자카르타 시절 미국대사관에 일자리를 얻은 오바마의 어머니는 매일 오전 4시에 아들을 깨워 영어를 가르쳤다. 그녀는 퇴근할 때면 흑인민권운동 지도자들의 책을 가져와 아들이 흑인 문화를 접할 수 있게 해주었다.

"어머니는 피부색은 달라도 모든 사람은 동등하고 같으며 모든 사람을 각각 독특한 개인으로 존중해야 한다고 항상 강조했다."

오바마의 말이다.

그는 아들이 10살 때 하와이의 외할아버지 집으로 보내 사립 기숙학교에 진학시켰다. 당시로서는 대단한 교육열이었다. 1년 후 자신도 대학원에 진학해 인도네시아 인류학을 공부했다.

작은 아파트에서 학비 보조금으로 생활하던 어머니는 박사 학위 논문을 쓰기 위해 현장 조사를 하러 인도네시아로 갔다.

어머니는 인도네시아에서 영화인, 음악인, 노조 지도자들과 교류하면서 주변부 여성 문제에 깊은 관심을 가졌다. 하지만 여권이나 인종 문제에 깊이 개입하는 타입은 아니었다.

1992년 인도네시아 소작농 연구로 인류학 박사 학위를 받은 그녀는 3년 뒤 자궁암으로 53세에 세상을 떠났다.

어머니는 어린 아들에게 '모든 인간은 동등하고 소중한 존재'라고 강조한 여성이었으며, 아시아 빈민 여성들의 삶에 깊은 관심을 기울인 인류학자였다. 근성, 용기, 공감 같은 긍정적인 덕목을 갖게 된 것은 어머니 때문이었다고 오바마는 말했다.

어머니에게서 물려받은 꿈

그녀가 하와이 대학의 동료 학생이었던 오바마의 아버지와 결혼한 것은 정말 대담한 행동이었다.

어머니는 아버지의 지성과 과업에 대해 아들에게 확실하게 주입해 놓았다.

"아버지가 내 인생에서 가장 성공적인 남자로 견고하게 자리잡고 있었다는 것은 진실입니다."

어머니는 결단력과 실행력을 지닌 여인이었다. 오바마를 새벽 4시에 깨워 영어를 가르쳤다는 사실이 그걸 말해준다.

누이동생 마야는 어머니가 쉽게 남과 정서가 통하는 사람이었다고 회상했다.

"아주 부류가 다른 여러 사람들 속에서도 자신의 모습을 볼 수 있는 능력이 있었어요. 우리에게는 엄격했지만 나쁘게 대하지는 않았어요. 남을 잘 가르치고 잘 설득하는 분이었죠. 그걸 우리에게 물려주신 것 같아요. 큰 선물이죠. 버락은 재미있는 사람이에요. 어머니의 낭만적인 기질을 갖고 있거든요. 하지만 외할머니의 실용적인 경향도 갖추었죠."

하와이 대학의 인류학 교수인 앨리스 듀이는 철학자 존 듀이의 손녀딸이다. 그녀는 오바마의 어머니 앤 더넘의 박사 학위 논문 심사 위원장이었다가 오랫동안 친구로 지냈다.

"오바마는 아버지에 대한 책을 쓸 필요가 있었죠. 하지만 '난 누구인가?'라는 정체성 의문을 가졌을 때에는 어머니가 중요한 역할을 했습니다."

70년대에서 90년대까지 그녀는 하와이와 인도네시아를 오가면서 살았다. 학술 조사를 했고 영어를 가르치든지 포드재단 같은 비영리 조직에서 일해 생계를 꾸려나갔다.

"그녀는 무척 열심히 일했어요. 그렇게 열심히 일하는 사람은 드물어요. 겉으로 시늉만 하는 법이 없었죠. 그리고 아주 명랑했어요. 술자리나 학술 토론장에서나 언제나 함께 있고 싶은 사람이었죠. 늘 자식들을 위해 살았어요."

오바마의 어머니는 인류학 공부를 하면서 현장 연구를 위해 인도네시아에 머무는 일이 많았다. 이때 그녀는 도시 빈민들의 생계 수단이던 염색과 철공 일을 배우기까지 했다. 박사 학위를 딴 뒤에도 어머니는 파키스탄, 인도네시아, 뉴욕 등지에서 빈민 은행 사업을 추진했다. 세계은행과 미국국제개발처USAID에서는 자문역을 맡기도 했다. 매우 영향력 있는 지위에서 일했으나, 가장 낮은 곳에 있는 사람들에게 애정을 쏟았다. 어머니는 오프라 윈프리의 표현대로 '미니 유엔' 같은 그녀의 다인종 가정에 새로운 혈통을 하나 더 추가하려고 했었다. 한국 여성과 주한미군 사이에 태어난 아이를 입양하기로 한 것이다. 그러나 그 직후 난소암이 발견되어 입양을 포기하고 치료를 받다가 세상을 떠났다.

어머니의 모험 정신, 왕성한 활동력, 빈민들에 대한 관심과 애정은 자녀들에게 유산으로 남겨졌다. 오바마가 정치를 하기 이전에 줄곧 시카고의 빈민 지역에서 공동체 운동을 벌이며 정치적 기반을 마련한 것은 우연이 아니다. 백인, 아프리카 흑인, 인도네시아 혈통, 기독교와 무슬림 전통이 뒤섞인 다인종·다문화 가정은 다른 문화에 대한 개방성과 더불어 창의적인 사고의 도약대가 되었다. 오바마의 신선함과 당당함이 바로 여기에서 비롯되는 것이다.

7장
오바마를 만든
말하기/읽기/쓰기

"닥치는 대로 읽고 감정의 깊이를 재어보던 이 기간 동안에 그는
작가의 필수적인 도구이자 가장 위대한 선물인 자기 목소리를 발견하게 되었다."
– 스티브 도허티

오바마는 누구와 견주어도

대단한 엘리트임에 틀림없다. 그의 말투는 법정의 서기를 닮았으며 거
창한 단어들을 많이 쓰는 편이다. 힐러리와 비교했을 때 그는 두 학년
쯤 위의 수준이다. 그가 고3이나 대학 1학년 정도의 언어를 구사할 때,
힐러리는 중3이나 고1 정도의 언어를 구사한다.

정치가에게 그런 게 결코 장점은 아니지만 닥치는 대로 읽으며 고민
하던 행위를 통해 그의 지적 지평은 상당히 확대되었다. 동시에 독서
의 깊이가 깊어지자 '글쓰기'라는 그의 숨어 있던 재능이 자연히 드러
나게 되었다. 책읽기와 글쓰기는 그의 언어 구사를 한 단계 높여주었다.
꾸준히 읽고 쓰면서 언어구사능력을 다지던 그는 어느새 능숙하게 말
을 다루는 재능까지 갖추게 되었다.

지적 성장을 위한
오바마식 독서법

오바마는 자기의 독서 생활에 대해서는 상세하게 밝히고 있지 않다. 다만 청소년기에 정체성 문제로 고민하던 때 적지 않은 책들을 섭렵했다는 기록을 남겼다. 아버지와 떨어져 살아야 했던 그는 자신의 삶의 역할 모델을 찾을 수 없어 심한 갈등을 겪으면서, 그 대리인을 책에서 찾았다.

오바마가 당시에 읽었던 책들은 주로 미국의 흑인 문학이었다. 제임스 볼드윈, 랠프 앨리슨, 랭스턴 휴즈, 리처드 라이트, W. E. B. 듀보이스 등의 흑인 작가들 책이었다. 그는 재미로 읽은 것이 아니라 거기에 숨어 있는 뜻을 찾고자 열렬하게 탐독했다. 그러나 맬컴 X마저도 그의 고민을 해결해주지는 못했다.

리처드 라이트, 랠프 엘리슨과 함께 20세기 미국 흑인문학의 위대한 봉우리 제임스 볼드윈의 경우, 뉴욕 할렘에서 아버지도 없이 성도 모르는 채 태어났던 사생아였다. 정상적 사회의 주류가 될 수 없었던 사회적 인종적 차별을 피해 유럽으로 도망갈 정도로 그는 심각한 갈등을 겪었다. 백인을 증오했지만 흑인을 사랑할 수도 없었다.

볼드윈은 유럽에서 비로소 미국과 흑인을 연결해 주는 끈을 발견한다. 그곳에선 흑인도 백인도 모두 미국인으로 취급했다. 피부가 검거나 희거나 중요하지 않았다. 그는 흑백이 타협할 수 있는 가능성을 찾았다. 그러나 이후 다시 백인들에 대한 불신으로 격렬한 갈등에 빠진다.

오바마는 이런 작가들의 작품을 보면서 자신이 살아갈 앞날의 길을 찾아보았으나 볼드윈에게서 보았듯이 적절한 대안을 찾지 못했다.

오바마는 닥치는 대로 읽고 사색하던 그때, 책에서 해답을 찾지는 못했지만, 독서에서 구원을 얻은 듯하다. 상당히 논리적이고 사색적인 사고를 갖추게 되어 정체성 문제를 해결할 능력을 스스로 갖추게 된 게 아닌가 여겨진다. 당시 그의 환경 변화를 설명해줄 긍정적인 행위는 독서밖에 없다.

독서의 와중에 고민의 해답을 찾자 그의 생활은 완전히 바뀐다. 터널 끝에 희미한 빛이 보이기 시작하자 책읽기에 더욱 박차를 가하기 시작한 것이다. 독서로 길러진 지적인 훈련이 없었다면 오바마가 쉽게 학업에 전념할 수 없었을 것이다.

오바마의 독서는 마구잡이 읽기와 토론, 그리고 논점 정리 정도였지만, 천 갈래 만 갈래로 갈라지던 그의 생각을 갈무리하는 데 큰 도움을 주었다. 마구잡이라고는 해도 그는 20세기 흑인 문학을 중점적으로 읽어 전문가들이 흔히 하는 한 분야의 집중 독서를 한 셈이다.

오바마의 독서는 또 다른 열매를 가져다주었는데, 독서를 통해 다른 종류의 구원의 씨앗을 발견하게 된 것이다. 그는 자신이 작가적 재능이 있다는 것을 독서를 통해 발견했다. 많이 읽으면 잘 쓰게 되게 마련이긴 하지만 오바마는 독서를 통해 숨은 재주를 찾아냈다.

오바마의 청소년기 독서는 그의 일기 쓰기와 함께 오바마를 길러낸 좋은 학습이 되었다. 독서의 힘을 보여주는 좋은 예이다.

독서의 힘

책을 통한 간접 경험은 뚜렷한 인생관과 명확한 가치관을 만든다. 인생의 목표를 세우고 목표를 기록하며 살아가는 사람은 미국의 경우 3% 정도에 이른다. 이 3%가 나머지 97%보다 수입이 대략 10배 이상이다.

책은 그 책의 저자와 만날 수 있는 가장 깊고 전면적인 방법이다. 대면접촉보다 더 길고 깊은 효과를 남기기도 한다. 그 수많은 효과 가운데 대표적인 몇 가지를 새삼 상기해보자.

1. 독서는 동기를 부여해 사고와 행동을 자극한다.

2. 독서는 정확한 지식과 지적인 기쁨을 준다.

3. 독서는 집중력과 기억력을 길러준다.

5. 독서는 100배 이상의 경제적 부가 가치를 준다.

6. 독서는 훌륭한 멘토 역할을 한다.

7. 독서는 생각과 생활을 건전하게 만든다.

8. 독서는 새로운 경험으로 기분을 전환시켜 준다.

9. 독서는 인생관과 가치관을 건강하게 만든다.

10. 독서는 자기 성찰의 시간을 제공한다.

독서를 한다고 누구나 다 성공을 보장받을 만큼 머리가 좋아지고 환경이 개선될까. 그렇다. 그 중에서도 많이 알려진 효과적인 독서법들이 있다.

존 스튜어트 밀의 독서법

서양의 독서법 중에서 가장 주목을 받고 있는 것은 존 스튜어트 밀의 독서법이다. 이것은 시카고 대학에서 실험적으로 시도해 학생들의 지적 능력을 높이는 효과가 증명된 독서법이다. 힐러리 클린턴을 성공으로 이끈 방법으로 알려져 유명해진 독서법이기도 하다.

존 스튜어트 밀은 영국의 천재적인 사상가이다. 그는 평범한 지능을 갖고 태어났지만 아버지 제임스 밀의 천재 독서 교육을 받았다. 그 뒤 지적 능력이 놀랄 만큼 향상되어 20대 중반에는 천재 사상가가 되었다고 한다.

그의 독서법은 초등학교 때부터 플라톤, 아리스토텔레스, 키케로, 데카르트 같은 천재 사상가들의 저작을 탐독하면서 다져진 것이다. 그것들을 소화해서 그들의 사고 능력을 자신의 것으로 만드는 독서를 말한다. 존 스튜어트 밀은 초등학교 때 다음과 같은 책들을 읽고, 아침마다 아버지와 토론했다. 아쉽게도 이 도서 목록에는 우리나라에 아직 번역이 안 된 저서들이 많다. 도서관을 뒤져 책을 구하고 아이와 어른의 지적 지평이 함께 넓어지는 경험을 해볼 일이다.

* 저학년: 퀴로파이데이아, 소크라테스 추상록, 아드 데모니쿰, 아드 니코클렘, 플라톤 대화편, 에우튀프론, 소크라테스의 변명, 크리톤, 파이돈, 크라튀로스, 테아이테토스, 헤로도토스의 모든 저서, 디오게네스 라이르티오스가 지은 철학자들의 전기.

* 고학년: 로마사, 플루타르크 영웅전, 영국 역사의 정치적 개관, 교회사, 유클리드의 기하학 서적 전부, 일리아드, 오디세이아, 아리스토텔레스가 쓴 수사학 서적 전부, 스콜라 철학에 관한 각종 논문들.

존 스튜어트 밀은 자서전에서, 초등학교 때부터 아버지로부터 이와 같은 철학 고전 독서 교육을 받았던 덕택에 또래들보다 최소한 25년 이상을 앞서나갈 수 있었다고 고백했다.

이 독서법의 효력을 감지한 시카고 대학은 존 스튜어트 밀의 독서법을 학생들에게 강제로 실시해 일정 기간이 지나자 노벨상 수상자 등 많은 인재들을 배출하는 상당한 효과를 거두었다고 한다.

철학 고전 독서법이 두뇌를 놀랍게 변화시킨다는 사실을 증명하는 역사적 인물들이 있다. 처칠, 에디슨, 아인슈타인이 대표적이다. 이 세 사람은 평범하거나 뒤떨어진 아이였는데 뛰어난 어른으로 성장했다는 공통점이 있다.

효과적인 책읽기

독서는 새로운 인식의 원천이며 좋은 글을 쓰기 위한 기본 전제이다. 독서가 충실하지 못하면 사고가 가로막히고 글쓰기는 기능적인 것이 되고 만다. 흔히 어떤 책은 맛보고, 어떤 책은 삼키고, 어떤 책은 잘 씹어서 소화해야 한다고 한다. 누구나 상식으로 들어온 말이지만, 막상 그러한 조언에 충실히 따르기는 쉽지 않다. 책읽기의 효과를 극대화하기 위한 몇 가지 방법을 소개한다.

중요한 인터뷰를 하러 유명인사를 만나러 갈 때 무턱대고 들이미는 사람이 있겠는가? 그처럼 책을 통해 누군가를 만날 때도 치밀하게 준비하고 짜임새 있는 계획 아래 책을 펴야 한다. 물론 당장의 필요에 의해 이 장기계획은 꾸준히 업데이트 되어야 한다.

① 독서 계획을 세워서 실천하자

보고픈 사람이 있고 가고픈 곳이 다르고 듣고픈 음악이 그때그때 바뀌듯, 읽고 싶은 책도 매번 바뀐다. 긴 계획이 필요한 이유이다. 독서계획은 길면 길수록 좋다. 내 집마련 계획처럼 내 지식 창고도 그렇게 장기 플랜 아래 채워야 한다. 물론 당장의 필요에 의해 이 장기계획은 꾸준히 업데이트 되어야 한다.

② 독서 계획 세우기가 막막하면 일단 읽고 싶은 책부터 읽자

체계적인 독서가 힘든 여건일 때는 자신의 관심사와 긴밀한 관련이 있고 사고의 진전을 촉진하는 저자의 글이나 저서를 중심으로 꾸준히 읽어나가는 것도 하나의 방법이다. 그러다 보면 처음 선택한 저자와 비교되는 저자의 저작으로 점차 독서 범위를 넓혀가면서, 좀 더 체계적인 독서 계획이 마련될 것이다.

③ 책을 통해 알고자 하는 내용을 명확히 설정하자

그러기 위해서는 우선 자신의 문제 의식이 무엇인지 분명히 자각하고 있어야 한다. 문제 의식이 분명할 때 문제 해결의 길잡이가 되는 참

고 문헌을 제대로 찾을 수 있으며, 한 권의 책이나 한 편의 글에서도 자신의 문제 의식과 직결된 핵심을 금방 포착할 수 있다.

④ 1차 독서에서 새로운 독서 과제를 찾아내자

특정한 문헌에만 의존해서는 글의 주제를 충분히 소화한 좋은 글을 쓰기 힘들다. 따라서 문제 발견에 도움이 되는 1차 독서를 거친 이후에는 심층적인 독서가 뒷받침되어야 한다. 쟁점이 되는 논거에 관해서는 다른 입장을 취하는 저자의 글도 찾아 읽는 것이 좋다.

⑤ 같은 글을 친구와 함께 읽고 토론해보자

중요한 문헌은 동료 친구들과 함께 읽고 쟁점에 대해 서로의 의견을 비교하면서 토론하는 것이 좋다. 동일한 텍스트에 대해서도 해석은 얼마든지 달라질 수 있다. 친구와 함께 낯선 인물을 만나러가는 길처럼 이런 독서법은 텍스트에 대한 이해를 좀 더 입체적으로 만들어 준다.

⑥ 저자의 문체를 의식하면서 읽어보자

자신의 관심사와 밀접한 관련이 있는 저자의 글을 읽을 때는 저자의 독특한 사유가 어떠한 문체적 특성으로 구현되고 있는가를 살펴볼 필요가 있다. 특히 장차 학문에 뜻을 두고 있거나 직업적 글쓰기를 염두에 두고 있는 경우에는 자신의 고유한 글쓰기 스타일을 개발하는 것이 중요하다.

⑦ 간략한 독후감이나 서평을 써보자

다시 인터뷰 전문기자가 되어 보자. 인터뷰 내내 고개만 끄덕거리고 말 것인가? 틀림없이 당신은 녹음도 하고 메모에도 열심일 것이다.

마찬가지다. 감명 깊게 읽은 책에 대해서는 짤막한 독후감이나 서평을 써보면 책을 자기 것으로 소화하여 자신의 생각을 더욱 발전시키는 데 큰 도움이 된다.

독서전문가 다치나바의 실전 독서법

① 책을 사는 데 돈을 아끼지 말라.
② 하나의 테마에 대해 책 한 권으로 다 알려고 하지 말고, 반드시 비슷한 관련서를 몇 권이든 찾아 읽어라.

③ 책 선택에 대한 실패를 두려워하지 말라.
④ 읽다가 중단하기로 결심한 책이라도 일단 마지막 쪽까지 한 장 한 장 넘겨 보라.
⑤ 속독법을 몸에 익혀라.
⑥ 남의 의견이나 북 가이드 같은 것에 현혹되지 말라.
⑦ 주석을 빠뜨리지 말고 읽어라.
⑧ 책을 읽을 때는 끊임없이 의심하라.
⑨ '아니, 어떻게?'라고 생각되는 부분(좋은 의미에서든 나쁜 의미에서든)을 발견하게 되면 저자가 어떻게 그런 정보를 얻었는지, 또 저자의 판단 근거는 어디에 있는지 숙고해 보라.
⑩ 대학에서 얻은 지식은 대단한 것이 아니다.

소 리 내 어 책 읽 기 의 힘

소리 내어 읽는 것은 새로운 방법은 아니다. 이 고전적 방법의 효과가 최근 재평가되고 있다. '브레인 이미징'이라는 두뇌 과학 전문가인 가와시마 류타 교수는 그 효과를 이렇게 말한다.

"소리 내어 읽기를 행위적으로 나누어 보면, 글을 본다, 의미를 생각한다, 입으로 말한다, 소리를 듣는다는 행위가 하나로 결합된 것입니다. 이 네 행동을 한 번에 해내는 과정은 그냥 생각하거나 묵독默讀할 때보다 뇌의 여러 부위를 한꺼번에 작용시키는 힘이 있습니다."

소리 내어 읽으면 두뇌에 어떤 효과가 일어날까?

- 뇌력 발달 : 운동 선수가 근육 강화를 위해 웨이트 트레이닝을 꾸준히 하듯, '하루 10분! 큰소리로 읽는 습관'은 뇌 근육을 강화시킴으로써 지능 개발 효과가 생긴다.

- 집중력 강화 : 산만한 아이 또는 생각하기 싫어하는 아이들에게, '하루 10분! 큰소리로 읽는 습관'은 장시간 생각해도 지치지 않는 두뇌 체력을 키워주는 좋은 방법이다.

- 워밍업 효과 : 공부 시작 전에 '하루 10분! 큰소리로 읽는 습관'은 피로에 지친 두뇌를 다시 깨워 새롭게 공부 의욕을 돋워 준다.

- 기억력/암기력 강화 : 억지로 외우려 하면 잘 안되던 것도 큰소리로 읽다보면 저절로 외워진다. '하루 10분! 큰소리로 읽는 습관'은 기억력과 암기력을 획기적으로 향상시켜 준다.

사고 능력을 키우는 오바마식 글쓰기

"그 2년 동안 일기를 쓴 것이 내 책의 소재가 됐을 뿐 아니라 그것을 통해 효과적으로 논리를 전개하는 법도 배웠다."

옥시덴탈 칼리지에서 방황하던 오바마는 마음이 정리되자 콜럼비아 대학으로 학교를 옮기면서 음주와 파티를 그만두고 2년 동안 수도자처럼 '외부 세계와 담을 쌓고' 살았다. 그때 그는 시계추처럼 강의실과 집을 오가며 책을 읽고 산책하고 글을 썼다.

그는 뉴욕 생활을 일기로 자세히 남겼다. 아주 좋은 연습이었다. 그 2년 동안 일기를 쓴 것은 책의 소재가 됐을 뿐 아니라 그것을 통해 효과적으로 논리를 전개하는 법도 배웠다. 그는 당시 그날의 기록을 자세히 남겼을 뿐만 아니라 자기 성찰의 기록, 그리고 시 한 편을 반드시 남겼다. 대단히 성실한 글쓰기 작업이었다.

오바마의 기록으로 보아 그는 청소년기부터 많은 독서를 하고 글을 쓴 것으로 보인다. 그의 저서의 문장들은 상당한 수준을 유지하고 있다. 그의 독서와 글쓰기의 내공을 짐작할 수 있다.

한때 방탕한 생활을 하고서도 다시 학업에 매달려 좋은 성적을 거둔 걸 보면, 그를 키운 것은 독서와 글쓰기였음이 분명하다. 오바마의 지적 능력이 성장하고 유지된 것만 보아도 독서와 글쓰기의 효력이 얼마나 대단한지 알 수 있다.

하버드에서는 1800년대 이래 글쓰기 교육을 철저히 시키는 것으로 유명했기 때문에 그도 하버드의 글쓰기 훈련을 받았을 것이다. *

대학들은 그 이유를 '리더에게 가장 필요한 능력이 글쓰기'이기 때문이라고 말한다. 즉 성공한 리더가 되기 위한 가장 필수적이고 기본적인 능력이 글쓰기라는 이야기이다. MIT의 바라바 골도프스타 교수는 '글쓰기를 통해 명쾌한 사고 능력이 생기게 되고 이것이 연구 능력과도 직결된다.'고 설명한다. MIT 근처의 서점에서 가장 많이 팔리는 책은 글쓰기에 관한 책이다.

성공한 사람들의 특징 중 하나가 자신의 목표를 글로 써서 남겨둔다는 점이다. 조사에 따르면 상위 3%의 사람들만이 목표를 글로 기록해놓고 정진한다고 한다. 목표를 글로 정리해두면 그렇지 않았을 경우보다 성과가 10배 이상 높아진다고 한다.

글쓰기는 뛰어난 사고 형성 기능과 깊게 관련되며, 생각을 만들어내고 지식을 구성하는 데 중요한 역할을 담당한다. 글을 쓰면서 생각을 정리하고, 글을 쓰면서 새로운 생각이 솟아난다. 그래서 글쓰기 교육은 논리적 사고, 창조적 사고를 키울 수 있는 핵심 교육이기에 그 중요성을 아무리 강조해도 지나치지 않을 정도이다.

서점가에는 글쓰기 관련 책들이 많다. 하지만 그 글쓰기 책들의 대부분이 실용적인 방법보다 글을 쓸 때 필요한 지침만 나열하는 수준에 그치고 있다. 글은 직접 써보지 않고는 솜씨를 늘릴 수 없다.

글쓰기는 누구에게나 어렵다. 뛰어난 문장가들도 글이 써지지 않아 벽에 머리를 찧는다. 대다수 평범한 사람들이야 오죽하겠는가. 이 세상 어떤 책도 글쓰기의 비결을 담을 수는 없다. 글쓰기 능력은 오로지 꾸준한 독서와 쓰기 훈련으로만 향상된다. 독서량이 부족한 사람들은 우선 읽기에 힘써야 한다. 걸음마를 익혀야 달릴 수 있다.

읽기와 쓰기는 늘 함께 간다. 상상력과 창의력이 풍부한 글이 좋은 글이지만, 지식이 없으면 결코 상상력이나 창의력을 발휘할 수 없다. 그런 지식은 바로 책 속에 있다. 독서는 물론 경험도 부족한 사람들이 처음부터 글을 잘 쓸 수는 없다. 끊임없는 훈련이 지름길이다.

다음은 글쓰기 교육을 가장 효과적으로 하고 있는 하버드 대학의 글쓰기에 대한 내용이다.

미국 보스턴에 있는 하버드 대학은 세계 최고의 인재 집단으로 평가받는다. 그런데 하버드는 신입생들을 '글쓰기 초보자'로 간주하고 혹독하리만치 철저하게 글쓰기를 교육한다.

하버드 대학의 글쓰기 수업

하버드 대학이 글쓰기 교육을 시작한 것은 130여 년 전으로 거슬러 올라간다. 당시 하버드는 수사학 과목을 신입생 작문 과목Freshmen English으로 변경해 미국 최초로 글쓰기 교육을 시작한 것이다. 이미 실력이 검증된 영재들에게 왜 의무적으로 글쓰기 과정을 이수하게 할까?

7장_오바마를 만든 말하기/읽기/쓰기

하버드대 신입생들은 전원 '논증적 글쓰기 수업'을 들어야 한다. 교수 1명에 학생 15명으로 제한한다. 꼼꼼하게 지도하기 위해서이다. 한 학기에 3편의 글을 쓰고 교수와 학생이 세 차례 이상 1대 1 토론을 한다. 글을 제출할 때마다 초안과 고쳐 쓴 글을 함께 제출한다.

수업에서 가장 역점을 두는 부분은 첨삭 부분이다. 일반적인 글쓰기 교육에서는 학생의 글에 대해 평을 하고 부분적으로 수정해 주지만 하버드대는 단어 몇 개를 고치는 형식적인 수준의 첨삭이 아니다. 교수가 학생과 1대1로 대화하면서 글을 상세하게 점검한다. 글의 구성과 문장뿐 아니라 글쓴이의 생각을 바로잡는다. 다시 고쳐 쓰게 하면 한 단계 높은 수준의 글이 나올 수 있다.

하버드는 써내야 하는 글의 분량이 많기로도 유명하다. 학생들이 4년 간 제출한 글의 양은 보통 책 30~40권 분량이 넘는다. 하루 평균 A4 3장씩 1년 내내 쓰는 셈이다. 대부분의 전공과목의 성적을 글쓰기로 평가하기 때문에 4년 동안 죽어라고 써대는 것이다.

글쓰기의 장점은 뭘까. 생각을 명석하게 정리하고, 표현하는 능력을 키울 수 있다. 자신의 추측과 주장을 너무 상식적인 수준에서 믿어버린 것은 아닌지 생각하고, 반대 의견은 없는지 입체적으로 고려하게 된다. 글을 쓰는 과정에서 바로 되짚어보며 검증할 수 있다. 증거가 불충분한 주장에 대해서는 글을 쓰면서 서로 의견을 나누고 고칠 수 있는 기회를 얻을 수 있다.

다시쓰기를 하면 새로운 아이디어를 생각해낼 수 있다. 처음보다 글의 수준이 높아진다. 주제에 대해 좀 더 깊게 생각하게 되고, 반대 의견도 찾아보게 된다. 또 다른 사람들의 조언을 받아 글을 더 좋게 다듬을 수 있다. 학생들은 이 수업 덕분에 좀 더 깊이 생각하여 글을 쓰는 습관을 들일 수 있다.

글 쓰 기 전 략

연세대학교에서 15년간 글쓰기를 가르쳐온 정희모 교수는 '머리 속에 흩어져 있는 생각들을 모아 체계적으로 정리해 다른 사람에게 전달하고 이를 통해 새로운 생각들을 만들어가는 학습 과정'이라며 글쓰기의 중요성을 역설한다. 그가 밝히는 글쓰기 전략 몇몇을 항상 염두에 두도록 하자.

1. 뛰어난 문장가도 벽에 머리를 찧는다
2. 발상 : 관습적 해석에 저항하라
3. 계획 : 설계도는 구체적으로 그린다
4. 구성1 : 세밀한 연쇄 고리를 만들자
5. 구성2 : 구성은 흐름이다
6. 구성3 : 참신한 화제를 찾아라
7. 구성4 : 나열식 구성도 매력있다
8. 서두 : 인상적으로 써라
9. 결말 : 영화의 엔딩 신처럼 연출하라
10. 단락 : 중심 문장을 찾아라
11. 문장 : 하나의 문장은 하나의 생각을 담는다.

효과적으로 설득하는
오바마식 말하기

키가 크고 비쩍 마른 중서부 지방 일리노이 주의 정치인이 있었다. 주 상원의원으로 활동했지만 일리노이 주 바깥에서는 알아주는 사람이 거의 없었다. 그가 어느 중요한 정치 집회에 연설 초청을 받더니, 그곳에서 단 한 번 열정적인 웅변으로 유명해져 하루아침에 대통령 후보 경쟁에 나서는 거물이 되어 버렸다. 그 정치인은 바로 에이브러햄 링컨이었다.

그로부터 150년이 지난 2008년 오늘, 이번에도 유창하면서도 열정적인 단 한 차례의 연설로 유명해진 정치인이 또 등장했다. 버락 오바마는 미국 정치 역사상 가장 극적으로, 그리고 가장 격렬한 논쟁을 불러일으키며 백악관 입성을 눈앞에 두고 있다.

버락 오바마의 연설문은 그것 자체로 설득력 높은 철학이자 문학이라는 극찬을 받는다. 그러나 그를 '대중 연설의 연금술사'로 부르는 이유는 탁월한 웅변 능력에 있지 않다. 흑인 혼혈 출신으로 미국 사회의 소수 인종을 대표하면서도 미국이 안고 있는 문제들을 정확히 꿰뚫어 보고 있는 그의 정밀한 상황 인식과 막힘없는 대안 제시가 그를 이 시대 최고의 명연설가로 만든 것이다.

미국인들은 흑인 인권 운동가인 마틴 루터 킹 목사의 연설과 케네디 대통령의 취임 연설을 역사상 최고의 대중 연설로 꼽는다.

그런데 지금 최초의 흑인 대통령을 꿈꾸는 '변화'와 '희망'의 기수 오바마에게 열광하는 사람들은 한술 더 뜬다. 그의 연설이 케네디 전 대통령과 킹 목사를 합친 것보다 더 큰 감동을 준다며 열정적인 지지를 보내고 있다.

케냐인 아버지와 캔자스 출신의 어머니 사이에서 태어나 마침내 아메리칸 드림을 성취하고, 어느 날 갑자기 '검은 케네디' 혹은 '제2의 링컨'으로 일컬어지며 미국 대통령 선거전 최대의 화제 인물이 된 버락 오바마. 그의 명연설에서는 대중을 사로잡는 생생한 언어의 묘미를 맛볼 수 있다.

"오바마 후보는 종이에 적힌 언어에 영혼을 담아 대중에게 호소하는 탁월한 능력을 지닌 사람"이라고 극찬하고 있는 이유는 무엇일까.

오바마 이전의 명연설가는 단연 클린턴이었다. 그런데 그 달변가 클린턴조차 오바마의 연설을 칭찬하고 있다. 오바마의 연설은 마음을 움직이는 감동을 담고 있기 때문이다.

오바마가 유세를 펼치는 장소에는 사람들이 구름처럼 모인다. 손이라도 한 번 잡아보려는 지지자들의 모습은 가히 '컬트' 수준이다. 사람들은 이 스타 탄생을 '오바마 매직'이라고까지 부르며 환호한다. 윌 스미스보다 잘 생긴 외모, 흐르는 듯한 말끔한 스타일, 정확한 발음과 카리스마 가득한 바리톤은 흠잡을 데 없이 미끈하다. 게다가 최고로 좋은 대학과 로스쿨을 나왔다. 지적으로도 뛰어난 인물이다. 이만하면 정치인이 아니라 뭘 해도 매력 덩어리 대접을 받을 만하다.

그런데 그에게 열광하는 이유가 그게 전부인가? 이번 선거가 정책

225

대결이 아니라 철저히 캐릭터 중심으로 간다는 사실은 오바마 탓일지도 모른다. 그는 논리적인 정책 대결을 무력화시켜버렸다. 그는 자신의 메시지를 청중들에게 충분히 전달했다. 사람들은 외모나 스타일보다는 일단 그의 연설을 들어보라고 한다.

"그 사람의 말을 듣고 있으면 기분이 좋아. 그는 사람의 마음을 움직이는 방법을 알고 있어."

그의 낙관주의에는 신뢰가 가고 미래는 희망적으로 느껴진다. 빌 클린턴은 그에게 "동화를 읊고 있다"고 비난하지만, 그의 입을 거치면 미국은 전쟁이나 일으키는 '강대국'이 아니라 '벽난로 앞에 둘러앉은 가난한 이주민이 꿈을 이루는 나라'라는 따뜻한 조국으로 변한다. 그래서 그의 연설은 보통 사람들에게 희망과 감동을 준다.

마틴 루터 킹은 "나에겐 꿈이 있습니다." I Have a Dream.를 반복하는 연설로 최고의 대중 연설가 반열에 올랐다. 그에 못지않는 또 한 사람의 명연설가 존 F. 케네디는 취임식에서 "국가가 여러분에게 무엇을 할 것인가를 바라지 말고, 여러분이 국가를 위해 무엇을 할 것인가를 생각하라"는 연설로 미국인의 마음을 뭉클하게 했다. 명연설에는 이처럼 사람들의 정서를 기막히게 건드리는 수사학이 있다.

오바마 연설의 힘

라디오와 텔레비전 등 새로운 대중매체가 등장할 때마다 학자들은 대중 연설의 영향력이 급속히 줄어들 것이라고 전망했다. 그러나 연설은 죽지 않았다.

미국 CBS 방송이 지적한대로 미디어가 아무리 발달해도 '연설자와 청중이 직접 소통하는 대면 커뮤니케이션을 대체할 만한 것은 없기 때문'이다. 커뮤니케이션 기술이 빛의 속도로 발전하는 21세기에도 사람의 영혼을 울리는 대중 연설은 힘을 잃지 않고 있다.

오바마의 연설이 유권자의 마음을 흔들어 놓는 이유는 좋은 연설의 조건을 갖추고 있기 때문이다. 우선 오바마는 자신의 이야기를 연설의 소재로 즐겨 사용한다. '미국은 희망의 땅'이라는 내용을 말할 때는 아프리카인의 혈통을 받은 자신도 상원의원이 될 수 있었다는 이야기를 제시한다.

"부모님은 저에게 '버락'이라는 아프리카식 이름을 주셨습니다. 관대한 나라 미국에선 이런 낯선 이름도 성공의 장애물이 되지 않을 것이라 믿었기 때문입니다. … 부모님은 모두 돌아가셨습니다. 하지만 저는 알고 있습니다. 오늘밤 그들이 저를 자랑스럽게 내려다보리라는 것을 말입니다."

이처럼 연설 내용이 말하는 이의 정체성과 일치할 때 청중은 연설자에게서 진정성과 호감을 느낀다. 오바마는 또 정책을 시시콜콜 소개하지 않는다. 비전을 제시하는 데 중점을 둔다. 핵심어는 '변화'와 '희망'이다.

"한번도 정치에 참여한 적이 없는 젊은 미국인들이 우리가 한번도 경험하지 못했던 투표율로 선거에 참여했을 땐, 미국에 무언가가 일어나고 있다는 뜻입니다. … 부유하든 가난하든, 흑인이든 백인이든, 히스패닉이든 아시아인이든, 우리는 이 나라를 근본적으로 변화시킬 준비가 되어 있습니다. 이것이 바로 지금 미국에서 일어나고 있는 일입니다. 변화, 이것이 미국에서 일어나고 있는 일입니다."

힐러리는 반대로 자신의 정책을 구체적이고 논리적으로 설명한다. 꼼꼼하지만 지루하다. 그러나 오바마의 연설은 아무리 들어도 두리뭉술하다. 좋다는 이야기인 줄은 알겠는데 구체적으로 뭐가 좋은지는 모호하다. 그래서 알맹이가 없다는 비판이 나오기도 한다. 그렇지만 전문가들은 군중들의 호응을 얻는 데는 오바마 스타일이 더 효과적이라고 말한다.

조지 부시 대통령의 연설 비서관을 지냈던 마이클 거슨은 지난 1월 미국 CBS 방송과의 인터뷰에서 "힐러리는 정책의 대가이고 매우 박식하다"고 인정하면서도 "힐러리의 연설 방식은 듣는 이에게 호감을 주기 어렵다"고 했다.

시적인 운율rhyme 이 풍부하다는 것도 오바마 연설의 장점이다. 그는 같은 구절로 시작하는 문장을 연이어 반복하는 기법을 쓴다. 연설이 끝날 즈음에는 '우리는 할 수 있습니다'Yes, we can 를 여러 차례 반복한다. 청중들은 리듬을 타고 나오는 이 소리를 같이 반복하면서 공감하고 환호한다.

오바마 연설의 이 같은 흡인력은 젊은 유권자들을 정치와 선거로

끌어당기고 있다. '오바마니아'들은 오바마가 연설하는 곳이라면 어디
든지 달려간다. 연설이 대통령 선거를 축제의 장으로 변모시키고 있
는 것이다.

오바마식 설득력의 비결

오바마의 연설이 그토록 강한 흡인력과
설득력을 갖는 데는 오바마 특유의 몇 가지 말하기 기법이 크게 작용
하고 있다. 짧고 단순한 문장의 반복을 통한 리듬감의 전달, 그러면서
도 예기치 못한 순간에 와락 청중의 가슴을 후려치는 신선한 단어와
표현들, 일상인의 삶의 향기가 깊이 배어 있는 진심어린 말의 힘, 부메
랑처럼 던지는 질문, 청중의 성격에 꼭 들어맞는 다양한 맞춤형 연설
구사 등이 그런 기법들이다.

① 단순한 표현을 리듬감 있게 반복한다

일반적으로 짧은 문장이 가장 좋다. 그중에서도 상투적인 표현이
최고다. 말은 시간의 예술이다. 계속 흘러가면서 사람들의 마음을 앞
으로 끌고 가야 한다. 쓸데없이 길어지고 중언부언하면 그 자리에 머
물러 정체하게 된다. 이미 한 이야기를 길게 늘이거나 반복하지 말라.
자신이 하고 싶은 말을 분명하게 가장 쉬운 언어로 압축해서 표현해
야 한다. 그러면 연설이 쉬워진다. 오바마의 문장은 힐러리보다 짧고
명료하다. 긴 설명보다 짧은 한 마디 문장이 더 많은 것을 전달한다.

어렵거나 긴 이야기는 내용이 아무리 대단해도 관심을 끌기 힘들다.

오바마 특유의 반복적 언어는 청중의 감성을 자극한다. 어느 연설에서는 "고대한다"We cannot wait를 반복 사용하면서 청중들의 머릿속에 이 구절을 완벽하게 심어놓았다. "우리는 좋은 직장을 얻을 날을 고대하고 있습니다", "우리는 건강보험을 고칠 날을 고대하고 있습니다", "우리는 이라크 전쟁이 끝날 날을 고대하고 있습니다", 이렇게 10번 이상 반복해 듣다 보면 어느새 절실한 문제로 느끼게 된다. 마지막도 짧고 압축적으로 끝난다. "그래, 우린 할 수 있습니다!"Yes, we can!

청중은 환호하지만 오바마의 말에는 정확히 어떻게 하겠다는 표현은 없다. 그러나 같은 말을 반복하면 정말 그렇게 될 것처럼 믿어진다. 게다가 '변화와 희망' 그리고 '할 수 있다' 같은 표현은 그 자리에 모인 청중들이 듣고 싶어 하는 말들이다. 그의 연설을 들으러 온 사람들을 감동시키면, 그들이 '떠도는 이야기'의 메신저가 되어 그 감동을 더 널리 전파시킨다. 오바마는 그것을 정확히 알고 있다.

사람들은 누구나 꿈을 원한다. 상대의 말이 너무 이상적이어서 허황되게 들리더라도 반복적으로 강조하면 일단 믿고 싶어진다. 정말 변할 수 있겠다는 생각이 드는 것이다.

사랑하는 사람에게 '사랑해'라고 반복해서 말하게 되면 정말로 더 깊이 사랑하는 것 같은 느낌이 든다. 연인은 그 말을 듣기를 원하기 때문이다. 오바마는 청중이 듣기를 원하는 말을 파악하고 이를 반복해서 강조한다. 사랑이 커지듯, 감동도 커진다.

② 새롭고 신선한 단어를 사용한다

"친애하는 국민 여러분"이나 "바라마지 않는 바입니다" 식의 정치 연설이 우리의 관심을 끌지 못하는 이유는 틀에 박힌 정형성 때문이다. "저는 어렸을 때부터 보수적인 부모님의 슬하에서"로 시작되는 자기 소개의 결말은 보나마나다.

오바마라는 초보 상원의원을 유력 대통령 후보로 떠오르게 한 건 바로 신선한 연설 덕분이다. 신선한 발상을 참신한 어휘 속에 담아내는 데 오바마 연설의 매력이 있다.

"진보적 미국도 보수적 미국도 없습니다. 백인의 미국도 흑인의 미국도 라틴계의 미국도 아시안의 미국도 없습니다. 미합중국이 있을 뿐입니다."

민주당 전당대회에 나왔으면 공화당을 비난하고 민주당을 지지해야 당연하다. 그런데 편 가르는 소리는 전혀 안 하고 그는 '우리 모두'를 말했다. 청중들은 너무 오랜만에 듣는 이야기에 눈물을 흘렸다.

상대가 예상하지 못했을 발언이나 새로운 표현으로 듣는 사람의 감정을 자극할 수 있다면 효과적이다. 자극 과잉의 이 시대에 상투적인 방식으로는 아무런 자극도 줄 수 없다. 예기치 못한 순간에 예기치 못한 방식으로 와락 청중의 가슴을 후려치는 신선한 방법을 계발해 관심을 끌어내야 한다.

③ 진심이 드러나야 한다

상대의 입장을 이해하고 진심으로 아끼는 마음으로 하는 말은 감동을 자아낸다. 똑같은 말이라도 힐러리의 말과 오바마의 말은 무게와 색깔이 다르다.

후보들은 누구나 교사의 봉급 인상과 대학생의 학자금 대출과 가난한 계층의 의료 보험을 이야기할 수 있다. 그러나 홀어머니와 외할아버지 밑에서 자라 빈민운동과 민권변호사를 거친 흑인 오바마의 말과, 부자 아버지 밑에서 태어나 법조계와 정계에 머물렀던 힐러리가 하는 이야기는 같은 무게로 들리지 않는다. 그들의 진심이 다를 것이라고 생각하기 때문이다.

같은 말이라도 말하는 사람의 진심에 따라 받아들이는 사람의 느낌도 달라진다. 상대 입장을 진심으로 생각하고 있다는 것이 충분히 전달되어야 그 사람을 설득할 수 있다. 말하는 사람의 진심은, 그의 말에 일상인의 삶의 사연과 향기가 짙게 배어 있을 때 자연스레 확인된다. 내 입장을 깊이 헤아리는 사람의 말에 우리는 누구나 귀를 기울이기 마련이다.

그러므로 자신의 입장을 설명하기 전에 상대 입장을 진심으로 이해하고 있다는 것을 먼저 알리는 게 효과적이다. 역지사지의 몇 마디가 청중들의 전폭적인 감정이입을 끌어낸다.

본인이 직접 연설문을 쓰고 '우리'를 강조하는 오바마의 설득력도 이 진정성에 있다. 일단 '우리'라는 가상의 공동체로 한 데 묶이고 나면 그들에게 메시지를 전달하는 일이 한결 손쉽다. 진심이 담긴 말 한 마디가 바로 그런 공감대를 마련해 준다.

④ 질문을 부메랑처럼 던진다

자신의 주장만 열거하는 것보다 "당신이라면 어떻게 하겠는가?"라고 질문을 던져 청중의 환호성을 이끌어 내는 것도 오바마 특유의 연설법 중 하나이다. 이미 공감대를 형성하고 이뤄지던 커뮤니케이션 도중에 질문을 던지면 청중의 반응을 쉽게 끌어낼 수 있다. 반응은 당연히 상호 교감으로 이어진다. 듣는 사람은 일방적으로 설득당한다는 불쾌감 대신, 함께 만들어간다는 주체 의식 때문에 적극적이 된다.

청중은 자신이 적극적으로 개입해 나온 결론이므로 그것에 확신을 갖는다. 연설 효과가 한껏 고양되는 결과를 이끌어내는 것이다. 오바마가 어느 연설에서 강조했던 핵심이 "워싱턴을 바꿔야 합니다. 누가 바꿀 수 있겠습니까?"였다.

힐러리가 "나는 이것을 해결하겠습니다"라고 말할 때, 오바마는 "누가 이것을 해결할 수 있을까요? 라고 질문을 던져 "바로 우리입니다"라는 답변을 이끌어낸다. 연설효과를 극대화하는 오바마 나름의 방식이다.

⑤ 들어야 할 타당한 이유를 제시한다

이야기를 청중에게 하려고 하는 분명한 이유가 필요하다. 그 메시지가 듣는 사람에게 중요한 사안인지 먼저 알아보고, 청중이 이미 알고 있는 정보가 어디까지인지 파악한 다음 자신의 메시지를 전달해야 효과적이다.

사람들은 자신과 무관한 얘기를 들을 때면 집중력이 현저하게 떨어진다. 자기와 관계가 있더라도 왜 그 이야기를 하는지 이유를 모른다면 관심은 또 엇나간다. 오바마를 비롯한 많은 정치가가 연설하기에 앞서 대중의 관심사에 대한 조사를 진행하고 대화의 시간을 갖는 건 이 때문이다. 제조업자가 미리 시장 조사를 하는 것도, 연인의 취미와 기질 등을 열심히 탐색하고 본격 '들이대는 것'도 다 같은 이치다.

오바마는 선거 때 얼굴을 마주하고 대화하는 소규모 선거 유세를 무척 많이 해본 사람이어서 청중들의 생각이나 성향을 짚어내는 데 누구보다 빼어난 재주를 가진 인물이다. 오바마가 연설을 잘하는 것은 그냥 생겨난 재주가 아닌 것이다. 누구를 향해 어떤 말을 해야할지를 속속들이 파악하고서 그에 걸맞는 맞춤형 연설을 구사할 줄 아는 능력을 그는 갈고 닦은 것이다.

＊

영국의 시사지 〈이코노미스트〉는 "오바마의 연설엔 전류가 흐른다"며 빌 클린턴 전 대통령 이후 미국 최고의 웅변가로 평가한다. 그러나 늘 격정적 연설을 하는 건 아니다. 소규모 청중을 상대로 한 연설에서는 농담도 거의 하지 않고 차분하게 비전을 설명한다. 한 청중은 "마치 교수 같았다. 모두 그에게 몰입했다"고 말했다. 그는 청중의 성격에 따라 적절하게 이끌고 가는 능력이 있다.

오바마는 크지 않은 장소에서 이뤄지는 유권자와의 만남에선 청중을 흥분시키지 않는다. 그러나 대규모 군중 앞이라면 다른 스타일로 청중을 열광시킬 수 있다며 연설엔 강한 자신감을 보인다.

4부

오바마의 미래비전

-변화를 지지할 준비가 돼 있는가

• • •

8장_오바마의 새로운 미국 실험

4부 오바마의
미래 비전

이제껏 우리는 개인 오바마의 삶과 그가 처한 조건, 그를 둘러싼 인물들을 살핌으로써 '더 큰 나'의 꿈은 어떻게 가능한지 살펴보았다. 하지만 '나홀로 계발'은 대개 제한적이거나 심지어 무의미하다. 한 개인이 당면한 사회적 맥락이 가져다주는 '다함께 발전'의 효과는 지금도 크고 앞으로 점점 더 커질 전망이다. 소수인종의 한계를 극복하고 포용과 관용의 정치인으로 성장한 오바마의 자기계발 스토리 또한 결국 그가 미국사회를 두고 제시하는 미래 비전을 통해 마무리되는 게 마땅하다. 질풍노도의 성장기를 거친 이래 오바마의 치열한 변신과 원대한 자기계발 스토리는 그의 나라 미국의 사회발전과 사회통합 스토리와 늘 직간접적으로 얽혀 있었다. 미국이 오바마에게서 희망을 보듯, 오바마도 다름 아닌 미국에서 희망을 찾고 있다. 오바마가 꿈꾸는 변화는 어떤 미국, 어떤 희망을 그리고 있는가? 누가 어떻게 그런 미국의 미래를 열어젖힐 것인가? 끊임없이 삶을 개선하고 스스로를 계발하는 오늘의 시민들은 어떤 오바마의 미국에서 미래를 맞을 것인가? 책의 마지막에서 이런 '오바마-미국'의 연계를 미래시제로 따져봄으로써, 필자는 독자들이 '나-대한민국'의 연계에 주목하여 '(자기)계발-(사회)발전'을 좀 더 적극적으로 살피는 계기로 삼았으면 하는 바람이다. 무릇 자기계발과 사회발전은 함께 구르는 두 바퀴요, 좌우의 날개이기 때문이다.

8장
오바마의 새로운 미국 실험

"신대륙 먼 바닷길을 달려온 사람들이 품었던 희망,
나치와 파시즘을 물리친 2차대전 시기 미국인들이 품었던 희망,
존 F. 케네디 시절 프론티어 정신을 키우며 품었던 희망.
희망이 현실의 변화를 가져오는 힘입니다.
우리는 미국 역사에 새로운 장을 열고 미국 역사를 새로 쓸 수 있습니다"
– 버락 오바마

혜성처럼 등장해 검은 돌풍을

일으키고 있는 버락 오바마가 던진 '변화 · 희망 · 통합'의 세 가지 메시지에 미국은 지금 흠뻑 취했다. 너무 들뜬 거 아닌가 싶을 정도이지만, 우리 경우에 빗대 보면 이해 못할 것도 없다 싶다. 임기 초 전례 없는 바닥 지지율에 시달리는 이명박 대통령도 선거 기간 동안엔 거의 '묻지마 지지' 수준의 인기도를 누렸지 않은가.

'믿음직한 변화'Change Believe in라는 캐치프레이즈를 내건 오바마의 선거 전략은 정확히 먹혀들었다. 경쟁자인 힐러리 클린턴 진영 또한 그 기세에 놀란 나머지 슬그머니 벤치마킹할 지경이었다.

당초 경륜과 노련함을 강조한 '준비되어 있습니다'Ready라는 캐치프레이즈를 내걸었던 힐러리는 오바마가 내건 '변화'의 화력이 너무 강하자

'변화할 준비가 되어 있습니다' Ready for Change 로 슬쩍 캐치프레이즈를 바꿨다.

새로운 시대를 향한 미국인들의 열망은 흑인이라는 오바마의 약점을 가리고도 남았다. 오히려 흑인 아버지와 백인 어머니를 둔 그의 인종적 색채는 '분열에서 통합'으로 가야 한다는 그의 메시지를 상징하며 국민들에게 더욱 강력하게 파고들었다.

오바마의 변화 소구력이 이토록 막강한 힘을 발휘하고 있는 배경에는 무엇보다 7년 부시 정권에 대한 지루한 '염증'이 자리한다. ('이명박 당선의 일등공신은 노무현'이라는 해석과 또 엇비슷하다.) '테러와의 전쟁'이라는 오명으로 기록될 부시 정권의 역사는 이라크 전쟁 실패와 수천억 달러에 이르는 재정 적자, 가라앉고 있는 경제 등으로 얼룩져 만신창이나 다름없다. '팍스 아메리카나'의 신화는 9·11 테러와 명분 없는 전쟁, 서브프라임 모기지 부실 수출국이라는 불명예와 함께 바닥까지 떨어졌다.

이런 과정에서 미국인들의 가슴속에는 패배 의식이 깊게 자리 잡았다. 그러나 오바마의 한 마디에 패배 의식은 변화와 희망에 대한 열망으로 탈바꿈하며 꿈틀대기 시작한 것이다.

특히 50~60대 베이비붐 세대와 기존 정치에 냉소와 불만을 품고 정치 자체에 관심을 보이지 않던 10대와 20대 젊은이들이 오바마의 강력한 지지자로 떠오른 점은 미국의 미래, 젊은이들의 미래에 대한 희망의 불씨를 보는 듯하다.

오바마가 흑인뿐만 아니라 백인 유권자들의 지지까지 이끌어낸 데는 베이비붐 세대들의 지지가 결정적으로 작용했다. 미국 언론들은 1960~1970년대 반전 운동에 앞장섰던 베이비붐 세대가 한동안 잊고 지냈던 '사회정의'와 '변화에 대한 욕구'를 오바마를 통해 표현하고 있다고 분석한다.

젊은 세대들은 오바마가 민주당을 지지하는 주와 공화당을 지지하는 주, 진보와 보수의 대립으로 양분되고 갈가리 찢겨진 미국을 하나로 통합하리라는 기대를 품는다.

새로운 컨텐츠 '품격 있는 삶'

사실 '변화'는 누구나 읊을 수 있고, 누구나 내걸 수 있는 평범한 공약이다. 그렇다면 유독 오바마가 노래하는 변화가 이처럼 공감을 주며 많은 사람들을 감동시키는 이유는 어디에 있을까.

무엇보다 그가 정치계에 몸담은 지 얼마 안 된 참신한 인물로, 변화가 추구하는 새로운 시대 가치에 가장 잘 들어맞는다는 점이다. 힐러리가 아무리 변화를 노래해도 아버지와 아들 대통령(걸프전 부시와 이라크전 부시)에 이은 부부 대통령(빌 클린턴과 힐러리 클린턴)이라는 기득권 이미지를 지울 수 없다는 것이 정치 전문가들의 분석이다.

이전의 대통령 선거전에서는 경제와 안보가 주요 이슈였다. 그러나 오바마가 말하는 새로운 미국은 그 컨텐츠가 전혀 다르다. '품격 있는 삶'과 '존경받는 미국'을 내세우고 있다. 평범하면서도 참신하고, 미국인이라면 누구나 되찾고 싶은 가치를 내세워 미국인들의 패배 의식을 어루만지며 공감을 이끌어내고 있다. 청중이 원하는 바를 정확히 짚어내 그들의 마음을 사로잡는 오바마의 연설 능력도 오바마 돌풍의 한 축이다.

하지만 실용적 관점에서 보면 오바마도 약점을 가지고 있다. 참신하다는 것은 뒤집어 생각해보면 경험 부족의 다른 표현이다. 오바마는 2004년 연방 상원에 당선된 초선의원이다. 퍼스트레이디 8년에 재선 상원의원인 힐러리, 6선 상원의원인 공화당 매케인에 비하면 영락없는 애송이임에 틀림없다. 그래서 오바마가 부르짖는 변화가 구체적인 로드맵이 없는 공허한 소리라는 핀잔 섞인 지적도 들려온다.

그러나 당선 여부를 떠나서 최근 몇 달 간 오바마 돌풍 속에 미국은 이미 새로운 변화를 경험했다는 평가가 나오고 있다.

〈워싱턴 포스트〉는 최초의 흑인 대통령에 도전하는 오바마가 미국을 인종간 장벽이 없는 이상적 사회로 이끌고 있으며, 젊은 세대의 정치 참여를 통해 사회에 새로운 활력을 불어넣고 있음을 긍정적으로 평가했다.

흑인들은 "오바마가 백인들이 대부분인 주에서 잇달아 승리를 거두는 것을 목격하면서 적어도 미국이 한 단계 높은 곳으로 가고 있다는 행복한 놀라움을 경험했다"고 털어놓는다.

지극히 실용적이고 경제적인 미국 사회가 오바마가 불어넣은 말들의 영감에 고무되어 변화하는 모습은 아주 놀랍다. 미국인 오바마니아들은 들떠 잠자는 것도 잊고 자원봉사를 하고 있지만, 국외자인 우리는 적당한 거리가 있어 오히려 더 좋다. 오바마 열풍이 미국정치에 대한 뿌리 깊은 환멸과 도저한 변화의 욕구를 어떻게 담아낼지 흥미진진하게 살피기에 말이다. (실은 '내 코가 석자'이긴 하다. 이명박 정부의 조짐이 영 시커멓다는 건 내 미래에도 먹구름 아닌가 이 말이다. 사회발전과 자기계발은 늘 좌우의 날개를 이룬다.)

걸어다니는 희망 제조기

일리노이 주의 상원의원들은 워싱턴을 방문하는 지역주민들을 위해 정기적으로 목요일 아침에 도넛과 커피를 함께 하는 유권자 커피 모임을 20년 넘게 계속해왔다. 이 모임은 의원들과 유권자들 사이의 의견 교환의 자리였다. 유권자들은 고향으로 돌아간 다음에도 의원들과 연락을 계속할 수 있게끔 해주는 배려를 누리기도 한다.

이제껏 이 모임의 분위기는 늘 화기애애했지만, 사실 참석 인원은 얼마 되지 않았다. 그런데 버락 오바마가 신참 상원의원으로 워싱턴에 진출하면서부터 상황이 달라졌다. 그는 케네디 집안의 인물들이나 힐러리 클린턴 이상으로 화제를 몰고 왔다. 이후로는 목요일 간담회를 조촐하게 치를 수가 없었다.

　일리노이 주뿐만 아니라 전국 각지에서 몰려온 오바마 팬들로 넘쳐 나는 바람에 더 큰 방으로 옮겨야 했다. 15명 정도의 모임이 150명 이상으로 늘어났다. 수십 명이 자리가 없어서 서 있어야 했다. 밖에는 들어오지도 못한 사람들이 더 많이 있었다. 버락 오바마 상원의원의 등장 이후 워싱턴 정가에 불어닥친 새로운 신바람이었다. 이 새 풍속도는 단순한 풍경이 아니라 새로운 시대의 개막을 알리는 변화였다.

　그는 민주당의 동료 의원들이 요청하자 선거 유세에 지원을 해주기도 했다. 그것은 많은 동료들에게 힘이 되었다. 그가 순식간에 그런 영향력을 갖추자 짧은 시간 안에 민주당의 차세대 지도자로 주목을 받기 시작했다. 영국의 한 잡지가 '세계를 변화시킬 10명의 인물'로 뽑기도 했으며, 미국의 정치를 '뒤집어 놓은 정치가'라는 표현까지 나왔다.

　공화당에서는 록스타처럼 폭발적인 지지를 받는 그의 출현이 마땅찮았다. 그러나 그렇게 인기를 끌게 된 이유를 조지 부시의 보좌관은 이렇게 말했다.

　"그는 걸어 다니며 말하는 희망 제조기입니다."

　사과 속의 씨앗은 셀 수 있어도 씨앗 속의 사과는 셀 수 없다. 오바마는 단 한 명이지만 그가 퍼뜨리는 희망은 민들레 꽃씨처럼 날아다니면서 모든 사람들의 가슴에 희망의 싹을 틔워주고 있다. 들불처럼 번지는 희망의 일파만파를 보며 우리는 오바마라는 씨앗이 얼마나 큰 씨앗이었는지 새삼 깨닫고 있다. '흑인 문제'는 백인이 문제가 아니라 백인들의 권력 구조가 문제이기 때문에 생기는 것이라는 그의 탁월한 정치적 판단은, 흑백을 넘어 그를 미국의 지도자로 여기게끔 했다. 그는 사람들이 원하는 것을 가장 정확하게 파악한 정치인이다. 사람들은 아무 이유 없이 정치인에게 열광하지 않는다. 특히 오랫동안 정치적 환멸과 냉소만 퍼부어온 미국 유권자들의 경우엔 더더욱 그렇다.

민주당이 아니라 미국의 지도자

그는 진정한 정치가의 길을 가고 있다. 정책 노선을 초월한 정치가이다. 민주당의 지도자가 아니라 미국의 지도자가 될 능력과 활력, 카리스마를 가졌다는 게 동료 의원들의 평가이다.

사람들은 그의 모습을 보고 선량하고 위대한 것이 뭔지를 알 수 있었다. 자신들이 바라던 모습을 그에게서 보았다. 그것은 사람들이 당연히 갖춰야 한다고 생각하고 있었던 상식과 올바름을 제대로 갖춘 모습이었다. 오바마는 재능이 뛰어나고 온건하며 사려와 분별이 뛰어나고 생각이 깊은 데다 아주 인간적이라는 평을 받았다.

그의 지지자들은 그를 분열되어 있는 미국을 봉합할 수 있는 '최고의 치유자'라고 불렀다. 분열된 세력들 사이를 연결할 수 있는 '다리'라고 보았다. 격렬한 말다툼을 멈추고 나라를 위해 함께 사태를 해결해 나가자는 그의 요청에 박수를 보내지 않는 사람이 없었다.

"버락 오바마는 합리적이고 시민적이고 싸움을 뛰어넘는 선한 의지를 가지고 있고, 공정한 마음의 소유자인 데다 비이념적이고 느낌이 좋은 사람이라는 인상을 준다"는 것이 사람들의 평가였다.

오바마는 공화당이 우세한 상원에서 첫 2년 간 의정 활동을 한 다음 반대당으로부터 다음과 같은 말을 들었다.

"우리가 반대하면 버락은 반드시 다가와서 중재를 벌인다. '제 법안에 대해 좀 더 진지하게 생각해보지 않으시겠어요?'하고 그는 부드럽지만 쉽게 놓아주지 않는다."

그는 가장 보수적인 공화당 의원과도 브레인스토밍 세션('끝장 토의')을 벌일만큼 열정적이다. 정부의 세금 사용 추적 사이트 개설 법안을 비롯하여 수많은 법안을 공화당과 공동 지지했다. 이런 과정 속에서 오바마는 적어도 초당적인 입장에서 일한다는 것을 모든 의원들이 알고 있다. 심지어는 반대당인 공화당에서도 오바마의 공동 지지가 자신들의 법안을 더 강력하게 만들어줄 것이라고 기대하는 실정이다. 이것이 정책 노선을 초월한 정치가, 당이나 이념을 위해 일하지 않고 국민을 위해 일하는 진정한 정치가의 태도이다. 그가 민주당의 지도자가 아니라 미국의 지도자가 될 능력과 활력, 카리스마를 가졌다는 평가를 동료 의원들로부터 받는 이유가 바로 그런 태도에 있다.

'초당적'이라는 말은 당의 노선보다 국가와 민족의 이익을 우선하는 입장이다. 그러므로 당의 정책 노선을 초월한 정치가야말로 진정한 정치가이다. 반대 의견을 가진 의원과 진지하게 토론을 벌이고, 반대당 의원의 법안에 힘을 보태 같이 발의하는 모습에서 우리는 보기 좋은 정치인의 상을 본다.

X 제너레이션의 신선한 정치

상원 선거에서 상대의 공격이 본격화 됐을 때 그는 상대에 대한 이야기보다는 자신의 생각을 더 많이 이야기하는 것으로 곤경을 헤쳐 나갔다. 그리고 유권자들에게는 그것이 먹혀들었다. 오바마는 무엇이 시민들의 마음에 큰 울림을 남길지를 깨닫고 그것으로써 시민들의 삶 속으로 파고든 것이다.

국민들은 해묵은 이슈를 가지고 논쟁하는 지도자들에게 싫증이 나 있다. 유권자들이 보기에 오바마의 성장 과정은 그런 이슈에서 지리적으로나 시기적으로나 벗어나 있어서 신선하다고 생각하고 있다.

반면 나이든 정치인들은 1960년대 미국 대학의 기숙사에서 주고받던 입씨름 같은 걸 여전히 계속하고 있다. 미숙아가 따로 없는 형국이다. 베트남전이나 프리섹스에 대한 논쟁들과 별반 다르지 않은 문화 전쟁의 실랑이 비슷한 화제는 미래를 보고 나아가야 할 세대들에겐 이제 철지난 이슈들이 되었다. 사람들이 40년이나 지난 이야기들을 다시 듣고 싶어 하지는 않는다는 걸 그는 잘 알고 있다. 실제로 그 자신이 포스트 베이비붐 세대인 X 제너레이션인 것이다.

오바마가 인기를 누리는 본질적인 이유는 이제는 구시대 정치가 물러가야 할 때이기 때문이다. 실제로 그는 새로운 정치를 구체화시키고 있다. 이기기만 하면 된다는 초토화 전술, 클린턴-부시 시절의 야비한 정당 대립 이후 정치인을 보는 사람들의 눈은 변했다. 새로운 정치를 말하지 않는 사람은 더 이상 주목받지 못하고 있다.

확실히 사람들은 오바마를 좋아한다. 이것은 힐러리가 가지고 있지 않은 장점이다. 정치에서 인격의 힘은 그대로 드러나기 때문에 더 이상 과장될 수 없다. 힐러리는 돈이 있다. 경력도 화려하다. 정책적 재능과 세상에서 가장 빈틈없는 정치 자문인 남편이 뒤에 버티고 있다. 그리고 지지자들도 충성도가 높다. 오바마가 본선의 네거티브 공세, 검증 공세를 버텨내지 못하리라는 우려도 많다. 실제 미국의 선거도 끔찍한 네거티브, 끈질긴 흠집내기, 온갖 음해성 광고로 얼룩져 있다. 하지만 사람들은 오바마를 좋아한다.

낡은 네거티브 공격을 낡은 네거티브로 되받아치는 건 손쉬운 일이지만 구태의연한 정치공방으로 쉬 낙인찍힌다. 오바마는 그 유혹에 빠지지 않았다. 공격을 받을 때 같이 공격하지 않는다는 것은 대단한 자신감이다. 맞아도 넘어지지 않으리라는 자신감이다. 특히 상대의 네거티브 전략에 말려들지 않기란 몹시 힘들다. 집요하게 물어뜯는 이 전투구 방식의 싸움을 거는 상대를 무시하는 게 어디 쉬운가. 냅다 치고 박고 함께 뒹굴고 싶은 게 인지상정이다. 한국정치는 이 점에서도 지긋지긋한 본보기가 된다. 이럴 때 한 수 높은 방어는 오바마처럼 자기 이야기만 하는 것이다.

정치인의 선거는 유권자에게 자신을 파는 일이다. 경쟁 상품을 깎아내려 내 물건을 팔겠다는 것은 장사의 기법 중 가장 '하책'이다. 서로 깎아내리는 것이 결국은 제 살 깎기라는 걸 모르지 않는 바에야, 내 상품의 장점을 널리 알리는 방법이 최선이다. 자신의 공약과 자신의 신념과 자신의 정치 철학을 이야기할 뿐이다. 그런 내공도 의지도 없는 정치꾼들은 원색적인 이전투구에 매달린다. 품격 높은 언어를 창과 방패삼아 이치와 정책을 따지는 게 정치거늘, "정치, 제대로 해보이겠다"며 국회에 가서는 욕설에 드잡이를 일삼고 원로들은 그걸 보며 "잘 한다"고 부추기니….

오바마의 의지는 단호하고 그의 내공은 단단하다. 그의 정치 세일즈는 상책 중의 상책이고, 미국은 막 그의 제품을 대량구매하려는 즈음이다.

"정치인들만 모른다"

미국의 과제를 국민은 알고 있지만 정치인은 모르고 있다. 그래서 오바마는 지금 국민들을 결속시킬 수 있는 공통의 인식을 찾아낼 새로운 정치가 필요하다고 생각한 것이다. 국민들의 생활을 바꿔줄 수 있는 정치가 필요하다!

오바마는 선거 유세 중에 유권자들과 나눈 대화에서 깨달은 것이 있다고 한다. 미국인들의 고결한 품성이 바로 그것. 경제적으로든 군사적으로든 몸집 부풀리기와 위세 부리기에만 매달려온 미국에 무슨 고결한 품성이? 오바마는 미국인들의 경험의 바닥에서 집단적 양심을 지속적으로 일깨우는 이상, 차이점이 없지 않지만 모두를 결속시킬

8장_오바마의 새로운 미국 실험

수 있는 공동의 가치 체계, 멀게만 느껴지는 민주주의가 성공할 수 있는 희망을 다시 발견해낸 것이다.

오바마의 정치적인 태도와 방향은 자신이 청소년기 내내 매달렸던 자기 정체성 탐색에서도 나왔지만, 선거운동 과정에서 수많은 사람으로부터 귀 기울여 들었던 삶의 이야기에서 형성된 게 대부분이다.

빠른 변화와 무수한 다양성의 시대에는 서로 이상적인 목표를 이야기하기가 쉽지 않다. 그 이상을 실현할 대강의 합의를 이룰 수단도 없어 보인다. 세상은 냉소와 악의적인 헐뜯기로 가득찬 듯 보인다. 탐욕과 편협은 틈을 허락하지 않는다. 이렇게 미국의 현실은 미국의 신화로부터 아주 멀리까지 가버린 듯하다.

이런 풍토에서 오바마가 이상의 공유라든지 공동의 가치를 내세웠으니, 대책 없는 순진한 인물로 비치기 십상이다. 그러나 그는 포기하지 않았다. 정치 사각지대에서 서로의 주장만 내세우며 싸우는 모습에 대부분의 미국인들이 진저리를 치고 있다는 사실을 그는 잘 알고 있었다. 정책을 놓고 토론을 벌일 때 정치가들은 정직하지도 않고 엄격하지도 않으며 기본적인 상식마저 없다는 사실을 국민들은 이미 잘 알고 있었다. 게다가 그릇된 선택이 계속 이어지는 현실을 답답해하고 있었다.

"현재 미국이 가장 필요로 하는 걸 시민들은 알고 있지만 정치인들은 모르고 있다. 나라를 분열시킬 수는 없다."

그래서 오바마는 "지금은 국민들을 결속시킬 수 있는 공통의 인식을 찾아낼 새로운 정치가 필요하다"고 말한다. 생활 현장의 변화, 정치가 지향해야할 것이 바로 이것임은 "대한민국, 함께 건강해요"를 외치는 촛불문화제의 여중생들에게서도 지금 확인되고 있다.

오바마는 선거에서 승리하기 위해 상대를 비난하고 비리를 폭로하는 식의 중상모략형 공격을, 적어도 선거가 끝난 다음에는 깨끗하게 거두고 국정에 전념해야 한다고 생각한다. 득표율 51% 대 49%의 승리는 이의를 제기할 수 없는 완벽한 통치권 위임이라고 보지 않는다. 양보와 타협을 촉구하는 소리로 보아야 한다는 주장이다.

이상의 공유와 공동의 가치 정립은 한 사회에서 어떤 문제보다 중요한 요소이다. 선거의 승패를 떠나 더불어 살아갈 바탕이 되기 때문이다. 서로 겨룬 다음에 이긴 쪽은 모든 걸 차지하고 진 쪽은 죽을 수밖에 없다면 민주사회가 아니라 결투사회 아닌가. 그 사회의 구성원들이 그런 게임의 법칙을 당연히 여긴다면 그곳은 로마의 콜로세움이나 다름없다. 그런 게임이 계속되는데 시민들의 생활이 정상적으로 이어질 리 만무하다. 시간이 흐르면 다시 상대를 쓰러뜨리기 위한 처절하고도 야비한 게임이 반복되고 사회 구성원들 역시 결국에는 그 게임의 제물이 될 것이다. 눈에 보이는 앞날이 정작 본인들의 눈에는 보이지 않고 보려고도 하지 않는 것이 불공정하고 비정상적인 게임의 특징이다. 결국에는 새로운 사회의 이상이 이런 비정상적 극악함을 청소한다. 그렇기에 누군가는 이상적인 목표에 대해 소리높이 외쳐야 한다. 그것이 지금 미국에서는 오바마의 목소리이다.

8장_오바마의 새로운 미국 실험

타협과 관용의 포지셔닝

달라진 정치는 우리의 실제 삶을 그대로 반영하고 대변해야 한다. 오바마는 가장 바람직한 것들만 모아 새로운 정치를 펼치려는 정치인이다. 그는 국민과 함께 공유할 꿈과 희망이 있고 서로를 묶어주는 결속의 끈이 있다고 믿는다. 시민들로 하여금 새로운 사회적 유대의 희망을 지속적으로 꿈꾸도록 하는 것, 바로 그것이 새로운 정치인의 몫이라는 것이다.

그는 민주당 지지자들에게 미국의 정치가 최악의 상태에 와 있으며 파시즘의 기미까지 보인다는 항의를 받기도 한다. 또 네거티브 캠페인과 인신공격이 난무하는 정치판에서 어떻게 견디느냐는 질문을 받는다. 그러나 그는 만델라나 솔제니친 또는 중국이나 이집트의 교도소에 수감되어 있는 사람들보다는 자신이 훨씬 낫다고 대답한다. 상대에게 욕먹는다는 것은 그 정도는 아니라고 태연하게 대답한다.

물론 그는 미국의 민주주의가 크게 잘못되어 있음을 잘 안다. 현실과 이상의 간격은 신대륙에 새 나라를 세운 이래 꾸준히 지속되었고, 그 격차를 메우기 위한 노력도 계속 있어 왔다. 해결해야 할 문제는 엄청나게 크지만 그것을 해소할 정치는 너무 무기력하다는 점이 문제이다. 정치가 사소한 문제에만 집착해 스스로를 왜소하게 만들어버렸다는 것이 그를 비롯한 많은 사람들의 생각이다. 어려운 결정을 회피하는 행태가 만성적으로 되풀이되면서 중요한 문제에서 합의를 이끌어낼 정치 본연의 역량을 잃어버리고 말았다는 것.

그는 기회가 균등하게 주어지고 상향식 사회 이동이 쉽게 이루어지도록 만들어야 한다고 주장한다. 교육에서도, 건강 보험에서도, 테러와의 전쟁에서도, 현장의 목소리가 반영되지 않고 서로 생각이 다른 두 편 사이에서 공허한 말싸움만 주고받는 게 현실이다. 국민은 관대하지만 정치권은 긴장 상태를 해소하지 못하고 오히려 그것을 부채질해 이용할 생각만 하는 바람에 더욱 골이 깊어지고 있다.

여전히 승자독식의 방식만 있을 뿐 타협과 관용으로 문제를 개선시킬 여지는 보이지 않는다. 세금을 줄이면서 행정 서비스를 유지한다든지, 사회보장제도를 민영화하면서 수혜폭을 유지한다든지, 희생 없이 전쟁을 수행한다는 주장들은 서로 모순되는 명제들이다. 현실을 무시한 공허한 공약들이다. 하지만 이런 공약들이 정치판에는 흔하다.

양쪽 모두 반성하는 태도는 찾아볼 수 없고 책임을 인정하지 않는다. 모두 편파적인 비난과 책임 전가뿐이다.

상대방을 설득하겠다는 것이 아니라 지지층을 부추겨서 표를 얻어 상대를 굴복시키겠다는 생각에 골몰하는 정치는 현실의 생활을 어루만져주지도, 제대로 대변하지도 못한다. 끊임없는 공방만 있고 국민은 정치를 외면한다. 국민들은 오늘날의 정치를 하나의 직업으로 생각한다. 정계의 논란은 쇼로 생각한다. 하지만 오바마는 정치를 사명으로 생각하는 스테이츠맨statesman이다. 시민들의 이상지향적 양심을 발현시켜 새로운 결속의 공동체를 구현하는 데 몸담은 지사의 풍모가 오바마에겐 틀림없이 존재한다.

그가 정치를 하면서 가장 먼저 눈에 띈 것은 보수 원로들과 진보 원로들이 서로 정중함을 잃지 않고 우정과 유대감을 보여주는 모습이었다. 전 시대에는 어느 정당이 집권하든 상관없이 양당간에 서로 존중하며 정부가 잘 굴러갔다.

그것을 어떤 원로는 세대의 문제라고 설명했다. 2차대전에 참전했던 세대는 전쟁과 냉전이라는 공동 체험을 통해 일정 수준 서로 신뢰하며 차이를 극복하고 서로 절충하고 타협하여 국정을 원만하게 이끌 줄 알았다. 또 정치 철학도 날이 서 있지 않고 느슨한 편이었다.

그러나 1960년대라는 지형은 베이비붐 세대가 가고 그 이후 세대가 등장한 시점이었다. 오바마는 바로 이 1960년대의 아이였다. 클린턴의 베이비붐 세대가 성 해방과 베트남 전쟁 반대와 히피 문화와 로큰롤의 세대였다면 오바마의 X제너레이션은 그런 이슈와는 상관없는 세상을 살았다. 그들은 흑인들의 민권 운동이 사회를 뒤흔들던 시대에 자랐다. 이전의 흑인들이라면 당연하게 여기고 포기했을 정체성 문제를 오바마는 훨씬 더 괴로운 과정을 거쳐 이겨나갈 수밖에 없었다. 여권 신장과 싱글맘과 게이들의 등장도 새로운 환경의 변화를 보여주는 지표였다. 사회적 아웃사이더들이 보호를 요청하며 세상으로 나왔다. 서로의 차이를 인정하는 가운데 꾸준히 결속과 연대를 추구하는 '따로 또 같이' 사회에 대한 요구가 날로 드높아졌다.

이처럼 정치 지형이 점점 바뀌고 있었다. 오바마는 이런 시대의 변화와 함께 정치도 변하지 않을 수 없는 지경까지 왔다고 판단하고 있다. 그의 해결법들은 일견 순진해보일 수는 있다. 그러나 세상은 이제 구시대의 방법론으로는 더 이상 해결이 안 되는 대목에 이르렀다. 생활 현장의 급격한 변화를 제대로 반영하고 대변하는 방식으로 정치는 거듭나야 한다. 관용의 시대에 관용의 정치가 요구되고 있으니, 그 시대의 변화를 이끌 리더가 바로 오바마이다.

포지셔닝의 힘

지식과 기술의 발전, 인성과 제도의 변화, 정서와 환경의 파괴 등 인간의 생존 환경은 빠르게 변하고 있으나 정치는 그리 빨리 변화에 적응하지 못하고 있다는 게 오바마의 정치관이다. 정치가 권력화하고 직업화하면서 일어나는 현상은 기득권 지키기이다. 몰락을 예상하면서도 그 시점을 최대한 늦추는 몽매한 방법으로 생존을 도모하는 퇴행성 동물, 정치인은 그런 낙인을 받고 말았다. 사이클이 빨라지면 주도적인 세력도 교체가 빨라야 한다. 그렇지 않으면 금세 전체 시스템의 몰락에 직면하게 된다. 최선이 아니면 차선을 택해야 한다. 주도권을 유지하면서 지엽적 문제에 집착하면 전체를 읽어내지 못하게 된다. 이상과 현실의 간격을 좁히는 것이 세상살이라면 늘 이상과 현실의 위상을 파악하고 있지 않으면 안 된다. 이런 포지셔닝이 바로 리더의 임무이다. 전체의 크기를 파악하고 큰 흐름의 속도를 숙지하는 일. 오바마의 미국은 목하 타협과 관용을 키워드 삼아 거듭날 그림을 그리고 있다. 그 큰 그림 안에서 새로운 민주주의와 미래 공동체의 역군들이 차곡차곡 제자리에 뿌리를 내릴 것이다.

8장_오바마의 새로운 미국 실험

미국을 변화시킬 실천적 다수파

오바마는 시민사회의 자생적 창조성을 철저하게 믿는다는 점에서 투철한 공동체주의자다. 그는 한 사람의 권익이 다른 사람들의 이익과 밀접하게 관련되어 있다는 점을 널리 인식시키고 싶어 한다. 공동체적 이익의 가치를 재발견하자는 것이다. 구체적으로 그는 당파를 떠나서 선의의 국민들이 뭉쳐 변화를 일구어낼 다수를 형성하도록 만들고 싶어 한다. 그 실천적 다수파가 미국을 변화시키리라고 믿는다.

미국의 정치는 1940년대와 1950년대에 태어난 사람들의 방식이 한 세대를 이끌어왔다고 해도 과언이 아니다. 그것은 달리 말해 그들이 성인이 된 1960년대의 문제이기도 하다. 당시의 인종, 전쟁, 빈곤, 남녀 관계에 대한 문제들은 사라지지 않고 2000년대까지 계속되었다. 민주당과 공화당, 진보와 보수의 대결은 모두 과거의 다툼의 연장이었다.

이데올로기의 차이는 차별 철폐, 범죄, 복지, 임신 중절, 학교 예배와 같은 여러 쟁점들에서 선명하게 나타났다. 모든 문제들은 찬성 아니면 반대의 이분법적 구도 속으로 단순화되었다. 모든 대안들은 판에 박은 듯했다. 서로 부딪치는 목표를 적절히 조정할 수 있는 여지는 없었다.

그것은 정당 안에서도 마찬가지였다. 임신 중절에 반대하는 민주당원은 고립되었고, 총기 규제에 찬성하는 공화당원들은 쫓겨났다. 타협하려는 태도는 나약하다는 이유로 응징이나 축출의 대상이 되었다. 모든 사람들은 내 편이 아니면 상대편일 뿐이었다. 어느 한 쪽을 선택하지 않을 수 없었다. 그런 날 선 양자대결구도는 미국의 문제를 해결하는 데 적합하지 않았다. 유일하게 클린턴만은 그런 문제를 인식하고 있었으나, 다른 정치인들에게서는 그런 문제 인식을 찾아볼 수 없었다. 클린턴은 이념에 얽매이지 않는 실용적인 태도를 취했다.

그러나 반대파들은 그가 징집 영장을 찢어버린 일, 마리화나를 피운 일, 집안 살림을 하지 않는 아내, 섹스 추문 등으로 그를 물고 늘어졌다.

1960년대 세대는 소수 민족과 여성의 지위 향상, 개인의 자유 증진, 권위주의의 타파 등을 통해 적어도 미국을 전보다 개선시켰다. 그러나 그 과정에서 사라졌지만 아직 새롭게 정립되지 않은 것이 바로 국민을 하나로 묶어주는 인식의 공유, 신뢰와 동료 의식이었다.

선거에 이기기 위해 상대가 수단과 방법을 가리지 않는 노골적인 술책과 거친 수법을 쓴다면 자신도 똑같은 방법을 써야 한다고 대부분의 정치인들은 생각한다. 그리하여 모두들 그런 방식에 오염이 되고 극한 대립에 익숙해지고 있다. 그러나 오바마만은 그런 방식을 쓰는 걸 거부했다.

그는 조악한 흑백논리와 이분법적 사고방식에서 벗어나길 원하고 있다. 그의 지지자들은 오바마의 그런 정치적 입장의 실용성에 열광하고 있는 것이다. 사람들은 정치인들의 교조주의적이고 당파적인 태도가 자신들의 생활에 아무런 긍정적인 변화도 불러오지 못했기에 정치를 외면한다. 같은 이유로 오바마의 유연한 입장에 뜨거운 기대를 걸며 호응한다.

그는 이라크에서 사랑하는 이를 잃은 가족들에게 편지를 쓰고, 학비 보조금 예산이 삭감되어 대학을 중퇴한 유권자의 이메일을 읽으면서 권력을 가진 사람들의 행위가 국민들에게 엄청난 영향을 끼친다는 점을 깨닫는다. 권력자들은 자신의 그런 영향에 따른 대가를 한번도 치러본 적이 없다.

워싱턴의 대부분의 정치가들은 변호사나 정치 활동가로 단련된 사람들이었다. 그들은 문제의 해결보다는 논쟁이나 토론에서 상대방을 꺾는 것을 더 중요하게 생각했다. 자신과 의견이 다른 사람들은 근본적으로 공통점보다는 다른 가치관을 가졌고, 나쁜 사람일지도 모른다고 단정하는 버릇이 있었다. 로펌 변호사가 아니라 지역사회운동의 현장에서 토론과 타협을 온몸으로 체득한 오바마의 유연한 가치관은 그래서 더욱 빛난다.

그는 모든 국민에게 기회를 제공하고 번영을 이루어나가는 데 정부가 일정한 역할을 해야 한다고 믿는다. 정부가 헤매면 모든 미국인의 삶이 흔들리지만, 모든 미국인의 삶을 개선시키는 데 치중하면 당파를 떠나 새로운 실천적 다수파가 정부를 든든히 지탱하리라고 본다.

퍼 지 정 부 의   힘

이분법적 사고는 현대 사회의 문제를 해결하는 데 적절하지 않다. 세상의 모든 기기들은 퍼지 제어 방식을 채택하고 있는데 여전히 흑백 논리에 거리낌 없이 휩쓸리는 곳이 정치의 벌판이다. 대립의 시대는 끝났다. 이제는 절대의 시대가 아니다. 이제 최선이 아니라도 차선과 차차선의 가치가 충분히 실용적 기능을 발휘하는 시대에 진입했다. 그러나 실용을 말하면서 비실용적 방식을 적용하는 동물의 종이 아직도 생존하고 있다. 최선책만을 고수하려는 방식은 자기 종의 생존 기간을 조기 종결시키는 지름길이다. 절대적인 가치만 인정되는 사회가 아니라면 모든 방법들은 나름의 활용도를 가지고 있다. 오바마가 꿈꾸는 실천적 다수파가 이끄는 미국의 미래는 바로 이런 퍼지 정부를 지향한다. 이념의 가치는 대결 구도를 위해 존재하는 게 아니다. 시민들의 요구를 섬세하게 담아낼 때 그 가치는 비로소 빛난다는 것이다.

민주주의에 대한 새 개념

민주주의는 완벽을 추구하지 않는다. 대의제는 직접민주주의에 비해 현저하게 완성도가 낮다. 그래서 민주주의는 원래부터 타협과 중용을 중시한다. 토론과 경쟁을 통해 넓은 시야를 확보하고 생각을 바꾸어 결국에는 충실하고 공정한 합의에 도달하자는 것이 바로 민주주의의 메커니즘이다.

오바마는 민주주의에 대한 해석을 바꿀 필요가 있다고 생각한다. 민주주의는 완성된 집이 아니라 '대화의 자리'라는 것이다. 미국의 건국 초기 인물들은 건물 구조의 도면을 제시한 것이 아니라 기본 틀과 규격을 만들었다. 그는 헌법의 기본 틀이 할 수 있는 일은 우리가 장래의 문제를 논의하는 방식을 체계적으로 제시하는 일이라고 본다. 즉 '무엇'을 생각하느냐가 아니라 '어떻게' 생각하느냐를 말해준다는 것이다.

정치를 대화의 장으로 파악하는 오바마의 정치관은 여기서 출발한 것이다. 모든 시민은 자신의 견해를 발언할 기회를 갖는다. 자신의 관점에 동의하도록 다른 사람을 설득할 기회를 갖는다. 의견이 합치되는 사람들과 새로 제휴할 기회를 갖는다. 이것이 오바마가 말하는 토론형 민주주의이다.

토론을 좋아하고 토론의 힘을 믿는 오바마이기에, 자신이 늘 옳을 수는 없다는 걸 받아들이고 때로는 생각을 바꾸기도 한다. 오바마가 가지고 있는 신념은 이런 현실주의와 실용성, 유연성, 신중함이다. 완벽을 추구하는 것이 아니라 겸양과 타협, 중용의 가치를 믿는다. 토론과 경쟁을 통해 시각을 넓히다 보면 서로 상상하지 못했던 새로운 합의의 지평을 개척해 낼 수 있다는 것이 그의 생각이다. 이것은 원칙이 없는 것처럼 보일 수는 있다. 그러나 목표에 이르는 수단의 유연성을 터득하고 나니, 목표 그 자체에 대해서도 완벽하지는 않지만 좀 더 나은 선택을 할 수 있었다.

물론 자유를 누릴 여건을 조성해온 것은 현실주의자들의 노력이다. 이성적인 목소리나 타협의 힘만은 아니었다. 그런 점을 알기 때문에 오바마는 자신과 아무리 생각이 다르더라도 확신에 찬 견해의 소유자들을 함부로 외면하지 않는다. 오히려 그들의 확신이 합리적인 목적을 위한 것인지 면밀히 반추해본다. 오바마는 이런 점에서 수단의 유연성뿐만 아니라 목적의 유연성까지 폭넓게 갖춘 미국의 미래를 꿈꾼다. 탈이념의 시대, 관용의 시대, 포용과 중도의 시대에 걸맞는 이런 쌍둥이 유연성은 한국사회에도 큰 시사점을 준다.

현실은 실용성, 유연성, 신중함을 원하고 있다. 완벽함을 추구하는 자리가 아니다. 차이 속의 연대, 새로운 정치적 연대의 이러한 양상은 가치의 상대성을 높이 산다. 모든 의견은 나름의 가치를 지니고 있기 때문에 모든 가능성은 열려 있다. 어떤 방식이 현재 상황에 가장 적합한가의 문제만 남아 있다. 모두가 동의하는 합의 지점에 도달하기 위해 각자의 지분을 조금씩 양보하고 있는 것이다. 주어진 문제에 해답이 미리 주어져 있는 게 아니다. 표면적으로 지분을 양보하는 것처럼 보이지만 실질적으로는 보다 넓은 합의의 지평이 열리면서 각자의 선택권도 넓어질 수 있다. 둥그런 구멍에 네모난 말뚝을 박기 위해 서로 조금씩 깎아내는 작업을 하는 중이다. 좀 더 나은 선택을 위한 과정, 관용과 타협의 시대에 미국 민주주의는 그러한 과정으로 거듭날 것이다.

어려울 때일수록 버리지 말아야 할 희망

미국 정치가 타락했기에 실은 오바마가 더욱 돋보이는지도 모른다. 그는 승리 아니면 패배라는 대결 공식을 버리고 함께 살아가자며, "진보와 보수를 넘어 미국은 하나"라고 당당히 외친다. 당파성의 선명함에 매달리던 현대 미국정치에서 그는 하나의 미국을 역설하는 거의 유일한 정치인이다. 그 외침이 공허하지 않음을 깨달은 유권자들이 오바마에게 갈채를 보내기 시작했다. 그는 이제 어엿한 미국 정치의 희망으로 우뚝 섰다.

상원에 진출한 오바마는 워싱턴에서 행해지고 있는 최근의 정치 행태를 버리고 이를 대체할 새로운 정치를 하자고 맘먹은 뒤 이를 실천해보자고 제안했다. 서로 비난하는 소리가 가득하고, 당파적이고, 돈과 권력으로 망가져 있는 워싱턴에서는 중요한 문제들의 해결책을 찾을 수 없다는 것이 그의 주장이었다.

그는 전 국민 의료 보험, 에너지 자립, 지구 온난화 방지책 등에 대한 아무런 대안 없이 비민주적인 토론만 계속하는 행태를 중단하자고 제안했다. 공화당과 민주당이 점점 힘겨루기로 일관하는 당파적 태도를 특히 문제삼았다.

"워싱턴의 정치는 한 치 앞도 내다보지 못하고 있다. 24시간 상대편을 '물어뜯는' 광고를 계속하고 말싸움으로 어지럽기만 하다. 이것은 정말 속 좁은 정치이다. 워싱턴은 모두 여기에 사로잡혀 있다. 이런 정치로는 앞으로 한 걸음도 가지 못한다. 한 쪽이 잘되면 다른 쪽은 망하는데, 그렇게 되면 상식적이고 현실적이며 이념에 치우치지 않은 방법으로 함께 당면한 문제를 해결해 나갈 수 없다."

진흙탕 같은 워싱턴 정치세계에서 네거티브 없이 '클린 선거전략'으로 선거의 성공을 일구어내고 있다는 점에서 오바마는 진정한 군계일학이다. 난세가 영웅을 만든다는 아이러니와 흙 속의 진주가 더욱 빛난다는 진리를 그는 비정상적 정치판에서 다시 한번 입증함으로써 사람들의 마음을 후끈 달구어냈다.

위대한 미국의 문화적 분열과 당파적 분열을 극복하자는 요구는 그의 선거운동의 중심적인 주제이기도 하다. 시카고에서 빈민운동을 하던 시절, 도무지 희망이 보이지 않던 고난의 시기에는 절망과 분노밖에는 선택할 방법이 없는 듯했지만, 그는 끝내 절망하지 않았다. 절망의 기미를 거르고 걸러 희망의 싹을 틔워냈다.

끝없는 당파적 싸움에 지쳐 있는 시민들, 양극화가 심해져 절망하는 사람들, 이런 때에 나온 그의 말과 행동은 희망으로 떠오를 수밖에 없었다.

희망을 갖기에는 너무 어려운 때였다. 그런 처지에서 희망을 갖는다는 것은 대책 없이 위험해 보이는 일이었다. 그러나 희망을 갖기만 하면 진실로 담대해질 수 있다는 것이 그의 희망 메시지였다.

그는 공동체 운동 시절 흑인 목사들에게 많은 것을 배웠다. 그들은 타락한 세상과 자기 모습에 절망했던 사람들이었다. 자신의 밑바닥 인생과 산산이 부서진 자존심에 절망했던 사람들이었다. 그러나 그 절망을 딛고 자아를 부활시키고, 더욱 큰 사명을 자각해 일어섰다는 점에서 공통점을 지녔던 사람들이었다. 몰락과 구원이라는 아프고 소중했던 개인적인 경험이 그들의 자신감의 원천이었다. 그러한 경험을

8장_오바마의 새로운 미국 실험

통해 복음을 전파할 자격과 권위를 찾을 수 있었고, 신도들은 그 영적 지도자들의 외침에 뜨겁게 호응했다.

그는 이들 교회가 채택한 지침에도 깊이 동의했다. 기도만 하는 수동적인 생활 태도를 버리고, 인류의 자유와 존엄성을 위해서 실천하라는 것이었다. 흑인 사회와 흑인 가족, 교육, 노동 윤리, 훈련, 자존심에 대한 실천이었다. 그리고 중산층 의식을 추구하지 말라는 지침이었다.

교회의 열린 문화에서 그는 '우리'라는 개념을 배웠다. 문화적인 공동체라는 자각이었다. 이는 흑인들의 단순한 민족주의 개념보다 더 유연한 융통성을 담아낸 개념이었다. 그가 생각하고 있던 조직이라는 개념보다 더 강한 결속력이 있었다. 그 개념은 이제 인종과 문화를 초월한 '하나의 미국'이라는 개념으로 발전했다.

오바마는 흑인인데다 이름마저 오사마 빈 라덴을 닮아서 9.11 테러 이후에 공화당 지지자들의 홈페이지에서 온갖 조롱을 받았다. 세상은 늘 그렇게 이분법적인 흑백 논리만 통용되었다. 그가 고치고 싶은 게 바로 그런 것들이었다. 흑과 백, 부자와 가난한 자, 승리자와 패배자, 권력자와 서민, 선진 사회와 후진 사회, 둘 중 하나가 아니면 아무 데도 낄 수가 없었다.

자신과 생각이 다르다고 해서 사람들을 아무렇게나 다루면서도 그것을 대수롭지 않게 생각하는 것이 당연하게 여겨지는 세상을 그는 변화시켜야겠다고 맘먹었다. 변화의 당위성을 수긍하는 데 그치지 않고 그것을 실현시킬 방법을 찾는 수준으로 자신의 인식을 적극 끌어 올린 것이다.

이 감당할 수 없을 정도로 광범위한 다양성의 시대에 그는 널려 있는 온갖 차이의 세계들을 끌어안으면서, 미국인들을 하나로 묶어주는 가치가 소중하게 인정을 받아야 한다고 생각했다. 그것은 아무나 할 수 있는 일이 아니었다. 오로지 버락 오바마 같은 사람에게나 가능했다. 그가 그렇게 할 수 있었던 것은 시카고의 빈민가와 자카르타, 나이로비를 경험했기 때문이었다. 그는 이분법적 사고를 가진 사람들이 반대쪽 사람들의 삶을 짓밟는 모습을 보면서 자라왔다. 백인들의 주류 사회만 보면서 자라난 사람이 아니었다.

그는 이런 갈등 속에서 자신의 역할을 찾으려고 노력했다. 그리고 그것을 폭넓고 공개적인 논쟁을 통해 얻어냈다. 또 그것을 장차 그의 삶과 그의 자식들의 삶을 규정할 중요한 문제로 인식했다. 갈등을 절실하게 내면화하고, 그 돌파구를 찾을 때는 토론을 통해 사회화했다. 쉽지 않은 과정이지만, 자신의 문제이자 동시에 공동체의 미래가 걸린 문제라고 여겼기에 기꺼이 투신할 수 있었다.

흑인들을 위한 공동체 운동에서 비롯된 그의 통합의 가치는 점점 성숙되어 흑백을 뛰어 넘어 모든 인종들이 미국이라는 울타리 안에서 하나가 되는 미래를 제안한다.

'우리'의 힘

이기적 자아는 우리가 다른 사람과 분리되어 있으며, 우리의 영역이 끝나는 곳에서 다른 사람의 영역이 시작된다고 믿는다. 환경은 우리와 분리되어 있으며, 우리가 원하면 환경을 밀어낼 수도 있다고 말한다. 그러나 고대의 지성들은 우리가 언제나 연결되어 있으며 모든 사람과 사람, 사물과 사람은 하나라는 것을 상기시켜준다.

그것은 우리 몸에서도 마찬가지이다. 모든 기관은 각기 분리되어 개별적인 것처럼 보이지만 실은 두루 연결되어 있으며, 한 기관의 손실은 다른 기관의 손실로 이어진다. 인류는 몸 안의 세포들처럼 경쟁 관계가 아니고 한 몸이다. '우리'라는 개념이 없으면 세상 어떤 것도 경쟁을 통해 홀로 살아남을 가능성은 없다.

자신이 모든 이들과 연결되어 있다는 걸 알면 즉시 비난을 멈추게 된다. 누구를 만나도 연민과 사랑의 마음을 갖게 된다. 그것이 '우리'의 개념이다. '우리'는 경쟁자나 배신자가 아니다. 무엇이 다른가를 찾지 말고 무엇을 공유하고 있는가를 찾아라. 우리는 서로에게 필요한 존재이다.

오바마가 설정한 '우리'라는 개념은 프로테스탄트의 개인주의가 팽배한 서양에서는 보기 힘든 심모원려의 산물이다. 동학에 뿌리를 두고 있는 우리의 생명사상에서 '한울님'은 "민중과 중생의 삶 속에서 살아 생동하는 우주 생명"을 가리키는데, 오바마의 '우리'라는 관계적 발상법이 얘기하는 창조성과 상생, 공동체적 공생의 가치와 참으로 닮아 있지 않은가.

진정성으로 해소한 냉소주의

사회를 통합하려는 긍정적인 힘은 분열시키려는 힘보다 강하다. 부정적 태도는 냉소주의를 낳고 말지만, 긍정의 힘은 아무리 작더라도 실질적인 성과를 만들어냄으로써 문제를 해결하는 힘을 지닌다고 오바마는 믿는다.

그가 공직에 처음 출마한 것은 서른다섯 살 무렵이었다. 지금으로부터 12년 전인데, 하버드 로스쿨을 마친 지 4년쯤 되었을 때다. 로스쿨에 입학 신청서를 보낼 때 구상했던 것들을 실천해 봐야겠다는 생각이 구체화되고 있던 때였다. 세상을 좀 더 살기 좋은 곳으로 만들기 위해 그동안 공부했던 것을 바탕으로 일을 크게 벌려봐야겠다는 생각이었다.

마침 일리노이 주 의회의 보궐 선거가 있어서 몇몇 친구들이 출마를 권유했다. 그가 로스쿨을 간 것은 자신이 하고 있던 운동을 더 효과적으로 하기 위한 것이었지, 고액의 연봉을 주는 로펌 같은 곳은 애초부터 관심의 대상이 아니었다. 의회 진출도 마찬가지 이유에서 추진되었다. 친구들은 그가 민권변호사로 일하고 있고, 공동체 운동가로 활동하던 시절부터 알고 지내던 사람들이 지역사회에 널리 퍼져 있었기 때문에 당선 가능성이 충분하다고 생각했다.

선거운동 방식은 링컨이 그곳에서 선거운동을 하던 때와 조금도 다르지 않았다. 사람들을 만날 수 있는 곳은 어디든지 찾아가는 식이었다. 그는 손수 홍보물을 가지고 다니며 나눠주었다. 주민 모임, 교회 모임, 미용실, 이발소는 물론이고, 길가에 두어 사람만 서 있어도 홍보물을 건네주고 그들에게 자기 생각을 말해주었다. 그때 사람들이 그에게 자주 하던 질문 중 하나는 이런 것이었다.

"당신 괜찮은 사람으로 알고 있는데, 왜 정치판 같은 더럽고 추잡한데에 끼어들어서 망가지려고 하는 거요?"

그것은 그가 지역 활동을 하며 무수히 받아본 질문이었다. 정치 같은 공직 사회에 대해 사람들은 엄청나게 냉소적이었다. 사실 그들에게

긍 정 의 힘

비관론이나 냉소주의의 소유자는 세상의 메커니즘을 부정적으로 받아들이기 때문에 어떤 일을 해도 실패하기 쉽다. 낙관론은 세상을 긍정적으로 보기 때문에 성공의 확률이 훨씬 높다. 문제가 많은 정치 분야에 대해서도 오바마는 변화를 일으킬 수 있다는 긍정적이고 적극적인 태도로 접근하고 있다.

오바마 역시 실패를 했을 때는 자신감을 잃을 만큼 좌절해보기도 했지만 한 번도 비관적인 태도를 취한 적이 없다. 그는 늘 앞장을 섰으며 기다리지 않고 자기 할 일을 먼저 해나갔다. 그의 앞에는 늘 새로운 목표가 기다리고 있었고 그 목표를 달성하기 위해 해야 할 다음 일들을 항상 고민했다. 작은 일에 절망을 하고 있기에는 시간이 없었다. 그는 다음 일을 해나갔다. 그것이 그가 더 큰 뜻을 향해 나아가는 방식이었다.

그에게는 끊임없이 샘솟는 열정이 있었다. 그것은 더 나은 사회를 만들 수 있다는 굳은 신념에서 나왔다. 그의 긍정하는 힘, 그의 진정성, 그의 열정 앞에서 냉소주의는 더 이상 효력을 발휘하지 못했다.

는 희망이 없었다. 특히 가난한 지역에 사는 사람들에게는 아무런 탈출구도 보이지 않았다. 아무것도 해주지 않는 정치판을 향해 주민들의 맘은 꽁꽁 얼어붙어 있었다. 그러나 그는 아메리칸 드림으로 상징되는 미국의 힘을 믿었고 그것으로 시민들을 설득했다.

"우리를 하나로 결합시키려는 힘은 우리를 갈라놓는 힘보다 강합니다. 진실을 믿고 진실에 따라 행동하는 사람이 많아지면 됩니다. 그래도 문제를 다 해결하지는 못하겠지요. 하지만 상당한 성과를 거둘 수 있습니다."

이것은 정말 순진하고 단순한 믿음이었다. 그러나 그의 희망은 이 믿음에 바탕을 두고 있다. 이런 그의 말에 담긴 설득력에 끄덕거리며, 많은 사람들이 그의 진정성과 패기를 인정해주었다. 그것으로 그는 일리노이 주 상원의원으로 당선되었다. 긍정의 힘, 진정성의 힘이 작은 성과를 거둔 사건이었다. 그 주인공이 오바마였기에 이 작은 긍정의 기적은 겨우 10년 뒤 크나큰 기적으로 이어지게 된다. 우리가 지금 보고있다시피!

최상의 기준은 상식

오바마는 어떤 문제든지 당사자들과 직접 대면해 문제를 풀어나간다. 유권자들을 직접 접촉해 문제가 된 이슈들에 대해 자신의 대안을 진실된 자세로 설명하면 설득이 가능하다고 생각했다. 그는 평범한 시민들의 상식을 믿었다.

8장_오바마의 새로운 미국 실험

미국이 분열된 것처럼 워싱턴도 분열해 있다. 정치 분야의 대립과 분열은 지난 50년 이래 가장 심하다고 해도 지나친 말이 아니다. 이라크 전쟁, 세금, 임신 중절, 총기 소유, 동성 결혼, 이민, 교육, 환경 등 온갖 쟁점에서 양측의 의견은 이제 도를 넘어서서 끝장 대립하는 수준에 이르렀다. 서로 분열되어 당파를 만든 다음 끊임없이 상대를 공격하면서 격렬하게 부딪치고 있다.

정치는 남을 모욕하는 비즈니스가 되었고, 그런 공격적 풍토가 사회 전반에 독버섯처럼 퍼져나가고 있다. 모든 미디어와 출판이 너도나도 여기에 합류해 싸움을 부추기거나 격렬한 싸움판의 양상을 대서특필하고 있다. 초정밀 미사일이 바그다드를 박살내는 장면을 생중계하듯 말이다. 의회는 법안을 앞에 두고 마주 서서 물러서지 않고 고함을 지르며 비난전을 펼치는 경우가 대부분이다.

이런 대립 상황이 이념이 다른 정치판에서는 있을 수 있다는 점을 오바마도 인정한다. 그러나 그는 거기서 멈추지 않고 오바마의 길을 간다. 비난을 감수하면서까지 보수 성향이 심한 상대당 의원의 법안에도 협력을 서슴지 않았다. 그들과 맥주를 하거나 포커 게임을 하면서 공통점을 찾는 진지함과 유연성을 그는 갖췄다. 반대만 하는 것이 능사가 아니라는 점을 그는 오래도록 몸에 익힌 인물이다.

그가 그렇게 적극적이 된 것은 주 의회 의원으로 일하면서 갖게 된 희망 때문이었다. 정치가 달라질 수 있다는 가능성을 그는 거기서 확인했다. 유권자들과 대화하면서 그들도 변화를 원한다는 사실을 알게 되었다. 자신이 구상했던 변화가 가능하다는 시그널을 시민들에게서 찾아낸 것이다. 자신이 그들에게 돌파구가 되어주겠노라고 굳게 다짐한 계기였다.

그는 상대당에 대한 비난 성명이나 비난 인터뷰를 하지 않았다. 언론을 통해 상대를 향해 독설의 미사일을 날리는 대신, 그는 더 좋은 방법이 있다고 생각했고 그것을 실천에 옮겼다. 법안을 제출한 해당 의원과 열띤 토론을 벌이면서 타협의 길을 찾는 것과 동시에, 유권자들을 직접 접촉해 문제가 된 이슈들에 대해 자신의 대안을 진실된 자세로 설명하면 설득이 가능하다는 생각이었다. 그것은 공정성에 대한 유권자들의 생각을 믿는 그의 건전한 상식에서 나왔다. 그것은 선거운동을 하고 지역구 관리를 하며 어느 의원보다도 많은 유권자들과 직접 대화를 나눴던 경험에서 우러나왔다. 그는 평범한 시민들의 상식을 믿었다. 그래서 보편타당한 상식을 그의 정치 원칙의 하나로 삼고 있다.

그는 이런 상식의 정치가 가능하다고 믿었다. 2004년 연방 상원의원에 출마했을 때 선거운동 기간 내내 상대에 대한 비방 대신 자기 생각을 밝히고 자기 스스로 그것을 번복하지 않도록 최선의 노력을 다했다. 선거의 승리로 그의 생각이 입증된 셈이었다.

그해의 선거는 7명의 후보자들이 상대에 대해 전혀 네거티브 공세를 펼치지 않은 특별한 선거전이었다. 미국의 선거판에서 아주 특이한 변화가 일어났고 그것은 오바마로부터 비롯된 변화였다. 미국 유권자들이 오바마의 경쟁력을 떠받치는 한, 미국 선거운동에서 이런 긍정적 오바마 현상은 날이 갈수록 대세로 자리 잡을 전망이다.

상식의 힘

상식이란 깊이 생각하지 않아도 보통의 사람들이 당연하게 공통적으로 인정하는 사회적인 가치 기준이다. 이는 의식적인 자각과 과학적 검증을 전제로 한 학문적 지식과는 다르다. 보통 사람이라면 누구나 공통적으로 지니고 있는 이 기준이야말로 정치의 원칙으로서는 기본이자 최상의 가치가 아닐 수 없다. 인간의 본능과도 같은 근본 원리를 원칙으로 삼는다면 정치는 가장 자연스럽고 소망스러운 결과를 낳을 것이다.

네거티브 선거 전략은 매스컴의 발달에 따라 세계적으로 번성하고 있는 독버섯이다. 이는 승자 독식의 풍토와 얽혀 물불을 안 가리고 이기려는 정치인들에게 가장 효과적인 수단으로 악용되는 방식이다. 네거티브는 결코 발전적일 수 없는 악의적인 수단이지만 그 유혹을 떨치기란 쉽지 않다. 결국 유권자의 상식에 기댈 수밖에 없지만, 정보가 넘치는 사회에서는 고도의 전략을 구사하는 정치인들의 정보가 옳은지 그른지 판단할 근거가 그리 명확하지 않다.

'무책이 상책'이라는 경구나 '정직이 최선의 정책'이라는 경구에는 새겨들을 만한 지혜가 담겨 있다. 정치뿐만 아니라 어느 곳에서든지 상식만큼 정확하고 보편적인 기준이 있을 수는 없다. 상식의 재발견, 그것은 새로운 세기를 살아가는 데 있어 최상의 방법 중 하나로 손꼽힐 만하다.

선거자금이 가장 투명한 정치인

오바마는 정치 생활이 길어지자 부자들과의 접촉이 늘어나면서 점점 시민들과 멀어진다는 느낌이 들었다. 실제로 만나는 사람들의 범위가 점점 축소되었다. 그런 함정을 벗어나기 위해 그는 의식적으로 작은 공간에서 유권자들을 만나고 여러 지역을 골고루 찾아다니면서 민심을 파악했다.

국토가 방대하고 미디어 선거의 영향력이 막강한 미국의 선거에서 선거자금 문제는 승리를 결정짓는 중요한 요소 중 하나임에 틀림없다. 대부분의 상원의원 후보들은 부자들이어서 지지자들의 모금액까지 합치면 충분한 자금을 확보할 수 있다. 그런 선거자금들은 거의 텔레비전 광고에 투입된다. 규모가 크고 다양한 미디어가 있는 지역에서는 어마어마한 경비가 들어간다.

오바마가 주 의회 의원으로 출마했을 때에는 10만 달러 이상의 경비를 써본 적이 없었다. 우리 돈으로 1억 원 정도이다. 그는 정치 자금에 관한 한 앞뒤가 꽉 막힌 사람이라는 평을 받았다. 엄격한 선거자금법을 스스로 만들어 통과시켰고, 로비스트들의 식사나 담배회사들의 헌금도 거절할 정도로 결벽에 가깝게 정치자금을 관리했다.

연방 상원 선거에 나갈 때도 최소한의 예산으로 선거운동을 하기로 계획을 세웠다. 텔레비전 광고를 하는 것보다는 스스로 뉴스거리를 만들어 언론 보도를 통해 자주 노출되도록 하는 방식을 택한 것이다.

그러나 시카고에서 1주일 텔레비전 광고를 하는 데에만 50만 달러가

들었다. 일리노이 주 전체를 대상으로 한 달 간 광고를 하게 되면 선거
운동원들의 인건비 등을 포함해 당내 예비 선거에만 500만 달러의 비
용이 들었다. 본선에서는 그 배 이상을 모금하지 않으면 안 되었다.

3개월 뒤 모금액을 계산해보니 25만 달러에 불과했다. 정치 자금 모
금에는 능력이 없었다. 그것은 최저한의 모금액에도 미치지 못하는 액
수였다. 그의 상대는 수억 달러의 재산가였다. 광고액에서는 최소한 5
배 이상의 차이가 났다. 상대는 6개월 동안 텔레비전 광고를 하는데
그는 한 달간 광고를 할 비용밖에 없었다.

그러나 그의 광고가 시작되자 지지율이 즉시 상승했다. 부자들도
그에게 헌금을 하기 시작했다. 그러나 그는 부자들을 접촉하면서도
힘들게 하루하루를 살아가는 사람들을 잊지 않기 위해 노력했다. 그
가 정치의 대상으로 삼는 사람들은 그런 소수의 부자들이 아니라 나
머지 99%의 국민들이었다.

쉬운 방법은 있었다. 이익 단체에 기대거나 일류 로비 조직에 맡기
고는 적당히 합리화하면 되었다. 그 많은 선거자금을 소액 헌금으로
모으는 일은 정말 고통스러웠기 때문이었다. 그러나 그는 그런 유혹
을 거절했다. 그러면 일반 국민들의 목소리를 대변할 수 없었다. 실감
나는 현실의 문제들은 '싸워서 얻어내야 할' 과제였다. 그러나 잘못하
면 '잘 관리해야 할' 추상적인 과제가 되어버리기 때문이었다. 그는 기
업 쪽의 로비 조직은 민주주의 개념을 파괴하기 일쑤지만, 노동자들
이나 농민들은 민주주의의 핵심 그 자체라고 생각한다.

돈에 기대어 문제를 해결하는 것은 가장 손쉽고 빠르고 확실한 방법일 것이다. 대개 그런 방식들은 정형화되어 있으며 단지 가격에 따라 옵션이 다를 뿐이다. 그런 방법들은 돈이라는 요소가 제거되면 거의 활용이 불가능하다. 최소 비용 또는 무비용의 방식이 새롭고 창조적이고 더 효율적인 방법들을 낳을 수 있다. 민주주의 원칙을 굳건히 하기 위해 쉬운 길을 버리고 험난한 투명함을 추구한 오바마의 진정성은 미국인들의 마음을 크게 움직였다. 장비를 동원한 대규모 집회보다 일대일로 마주 앉아 대화하는 소규모의 원시적 미팅이 더 효과가 있을 것은 물어보나마나다. 맨손으로 덤벼보면 더욱 창조적이고 효과적으로 일을 해내면서 자신의 능력도 확인해볼 수 있을 것이다.

꿈과 희망의 정치, 비전을 제시하라

오바마 정책 노선의 전반에 흐르는 '철학적' 기조는 당내 최대 견제세력인 힐러리 클린턴 쪽과 크게 다르지 않다. 매우 단순화시켜 말하자면, '서로 다르다는 점을 인정하고, 보편타당한 범주 안에서의 선택권을 존중'한다는 것이 사고의 출발점을 이룬다. 이를 사회 다원주의 관점의 접근이라고 오바마는 표현한다. 미국사회 전반에 걸쳐 만연한 '격차'를 부각시키고, 정치권을 포함한 사회 각 부문을 통합해 '하나의 미국'을 건설해야 한다고 강조한다. 이 점이 '사람'을 강조하고 있는 클린턴 쪽과 약간 다르다.

사회 격차 해소를 통한 '통합'은 오바마가 끊임없이 부르짖어 온 '변화'의 핵심인데, 그의 캠페인 메시지를 듣다 보면, 결국 자신이야말로 미국은 물론 전 세계를 '아우를' 수 있는 유일한 후보라는 얘기로 귀결된다. 파월 장관이 말한 것처럼 자신을 '흑인' 대권 주자로 홍보한 적은 없지만, 오바마가 자신의 이력을 '다양성'이라는 키워드 속에서 녹여 유권자들에게 어필하려 했던 것은 분명한 사실이다.

오바마의 인기가 높아지자 그의 최근 저서 『담대한 희망』은 물론이고, 오래 전에 쓴 『내 아버지로부터의 꿈』이라는 책도 베스트셀러에 오르고 있다. 전자는 오바마가 상원의원이 된 후 유세과정에서 접한 미국인들의 현실과 미래에 대한 비전을 담은 책이며, 후자는 자신의 복잡한 가족사와 내면 성장기를 진솔하게 기술한 자서전이다.

그의 저서들은 남의 손을 빌려 졸속으로 써낸 홍보성 글들이 아니다. 솔직하고 겸손하고 진지하다. 설득력 있고 표현력이 탁월하다. 글솜씨가 뛰어났던 토머스 제퍼슨이나 링컨에 견줄 만하다. 젊은 나이치고는 문제의식이 가볍지 않다. 해법 역시 현실적이다. 갈등 투성이의 문제들에 온몸으로 부딪치며 고민과 심사숙고를 거쳐 구체적인 해결책을 모색해본 사람에게서나 나옴직한 해답들이다. 오랜 자기정체성 탐색과 긴 빈민운동 과정 중에 길러진 오바마의 내공인 셈이다.

사회적 에너지를 모으는 것이 정치라는 생각, 전통적 가치를 귀중하게 여기는 태도 등은 그가 그리 가볍지 않은 사람이라는 느낌을 준다. 특정 집단이 아니라 폭넓은 부류의 사람들이 그에게서 희망을 보는 이유다.

하버드 로스쿨을 우등으로 졸업한 오바마는 대다수 하버드 졸업생들이 가는 뉴욕의 큰 법률회사나 워싱턴의 정치 성향이 높은 법조계를 거부하고, 과거 그가 지역 활동가로 일했던 시카고로 돌아가 민권 변호사의 길을 걷는다. 그는 이런 선택을 통해 출세주의자의 길 대신 꿈과 이상을 위해, 자신이 선택한 원칙을 위해 헌신하는 모습을 보여줬다. 공동체의 이익을 우선하는 그의 일관된 헌신은 그의 정치적 진정성을 드높여주었다. 그래서 그의 말에는 사람을 설득하는 논리 이상으로 사회적 약자의 아픔을 같이하는 감성이 묻어 있는 것이다.

미국에서 가장 인기 있는 대통령으로 꼽히는 케네디도 재임기간 중 딱히 한 일은 없다. 하지만 케네디는 국민에게 꿈과 희망을 주었다는 이유 하나만으로도 아직까지도 국민의 사랑을 받고 있다. 검은 케네디로도 불리는 오바마, 그 역시 국민들로 하여금 정치적 냉소를 걷어내고 '믿음직한 변화'의 꿈을 꾸게 하였다.

사람들은 바로 이런 리더를 선택한다. 미국인들은 바야흐로 버락 오바마를 리더 삼아 21세기에 걸맞는 새로운 아메리카, 새로운 아메리칸 드림을 꿈꾸고 있다.

당신은 변화할 준비가 되어 있는가?

"오늘의 선거는 '잘못된 관행 속에 살았던 어제' 대 '새로운 미래'와의 대결이다.
잘못된 의료보험, 교육 제도가 고쳐질 때까지 더 이상 기다릴 수 없다.
변화는 아래서 시작해 위로 올라갈 수 없다지만 우리는 할 수 있다.
물론 쉽지 않을 것이고 좌절도 있을 것이다. 하지만 희망을 포기할 순 없다.
여러분은 변화를 지지할 준비가 돼 있는가?"
– 버락 오바마

'지도력으로 존경받는 미국'

"정부가 자신들의 모든 문제를 해결할 것이라고 우리 미국인들이 기대하는 것은 아니다. 하지만 그들은 뼛속 깊이 감지하고 있다. 우선순위에 조금만 변화를 주어도, 모든 미국 아이들이 삶의 가능성을 넉넉히 누리게 되며, 기회의 문이 모두에게 열리게 된다는 것을 말이다. 국민들은 우리가 더 잘해나갈 수 있다는 걸 알고 있다. 국민들은 바로 그런 선택을 원한다."

연설은 같은 말이라도 그 현실 문맥이 중요하다. 듣기에 따라 얼핏 평범한 것 같지만, 진지한 목소리와 명쾌한 어조로 뿜어내는 이 연설에 사람들은 순간 열광했다. '단지 정책의 우선순위가 약간만 바뀌어도' 세상은 충분히 달라질 수 있다는 희망의 연설을 접하면서 청중을 잃었던 자신감을 일거에 되찾았다.

"그래, 조금만 밀고 나가도 변화는 가능해!"

눈앞에 놓인 거대한 문제에 대해 어떻게 해결의 실마리를 찾아야 할지 무력감마저 느끼던 이들에게 변화에 대한 자신감을 회복 시켜준 연설이었다.

또 '품격 있는 삶'이라는 말에 정치의 언어가 격을 달리하는 느낌을 받았던 것이다. '격조 있고 기품이 담겨 있는'이라는 뜻을 가진 단어decent 는 미국 정치에서 오랫동안 실종된 처지였다. 클린턴 정권 시기에 '바보, 문제는 경제라니까'It's economy, stupid 라는 비아냥을 거쳐, '테러와의 전쟁'war against terror 이라는 섬뜩하고 비장한 구호가 모든 것 위에 군림하던 부시 정권의 현실에서 '격조와 품격 있는 미국'이라는 발상은 낯설기조차 했다. 하지만 뜻밖에도 이 말은 사람들의 가슴을 신선하게 파고들었다. 각도를 달리한 정치적 상상력을 접한 미국인들은 까마득히 잊었던 미국의 꿈을 새삼 발견하며 무릎을 쳤다. 4년 전인 2004년 오바마의 민주당 전당대회 기조연설은 그렇게 사람들의 영혼 깊은 곳을 큰 울림에 떨게 했다.

당시 대선은 아무래도 공화당이 또다시 정권을 쥐게 될 것이라는 예상이었고, 민주당은 다소 전의가 가라앉은 분위기였다. 부시와 맞설 대선 후보도 유권자의 마음을 들뜨게 만드는 인물은 아니었다. 존 케리 상원의원의 대선 주자 출정식이라는 의미를 띠기도 했던 그해 7월의 매사추세츠 주 보스턴 시의 민주당 전당대회에서는, 그러나 전혀 짐작하지 못했던 새로운 정치 스타가 벼락 같이 등장한다.

텔레비전으로 전국에 생중계된 이날의 현장 화면을 통해 미국인 상당수는 졸린 듯한 눈매와 재미없는 말투로 일관한 대선 후보자 존 케리보다, 기조연설 하나로 일거에 모두의 시선을 사로잡은 버락 오바마에게 매료되었다. 그는 당시 이제 막 연방 상원의원에 도전장을 내민 정치 풋내기일 뿐이었다. 그리고 4년 뒤 2008년, 오바마는 민주당 대선 후보 경선 첫 접전지인 아이오와에서 쟁쟁한 워싱턴 주류의 기세를 꺾는 돌풍의 주역이 되었고 드디어 미국 최초의 대통령 후보가 되어 거침없는 질주를 계속하고 있다.

이번 대선 결과와 무관하게 언젠가는 그가 반드시 미국 최초의 흑인 대통령이 될 것이라는 예상에는 이론을 다는 이가 없다. 오바마는 이미 미국정치에서 찾아보기 힘든 미래형 지도자감으로 우뚝 섰다.

과연 한 차례의 연설이 무명의 정치 신인 오바마를 당당한 민주당 대통령 후보로 수직상승시킨 것일까? 우리는 자기계발의 관점에서 오바마의 삶을 되짚어보며, 지금의 결실이 오랜 단련과 투철한 자기관리, 그리고 소신과 원칙의 산물임을 알게 되었다.

오바마가 피부색과 출신 성분의 장벽마저 뛰어넘어 미국인들의 가슴에 희망의 불꽃을 지피게 된 것은, 그리하여 ('더 강한 미국'이 아니라) '더 큰 미국'을 꿈꿀 수 있게 한 것은, 그 스스로 끊임없이 '더 큰 나'를 목표로 상정하며 자기갱신을 거듭했기에 가능했다. 담대한 변화, 그 것은 미국을 향한 외침이기 이전에 오바마 자신을 향한 당찬 주문이 었다.

자기 내면에 체화된 창조적 주변인의 에너지를 밑거름 삼아 오바마 는 시민들과 공동체의 기운이 폭발할 수 있도록 불을 당기는 희망의 전도사 노릇을 했다. 오바마의 자기계발 스토리는 12단계의 리더십 다지기로 이어졌고, 그렇게 탄생한 참신한 리더와 함께 지금 미국은 새로운 정치를 꿈꾸고 있다. 내가 나섬으로써 '분열의 땅' 미국이 하나 로 통합되고 그리하여 세상도 충분히 달라질 수 있다는 희망을 미국 인들은 품게 되었다.

미국소 때문에 시끄러운 요즘이다. 희망은 절망 속에서 피어나는 꽃 임을 우리는 오바마의 생을 읽으며 확인했다. '대한민국의 밥상', 즉 나만의 삶이 아닌 우리의 생활세계를 두고 한창 갑론을박하는 거리의 젊은이들이 그래서 느껍다. 함께 모여 와자하게 변화를 외치는 그 치 열한 떠들썩함을 미래 창조의 에너지로 묶어내는 리더, 바로 오바마 와 같은 감동과 희망의 리더십 또한 함께 자라기를 마지막으로 기대 해본다.

2004년 민주당 전당대회 기조연설문

2004. 07. 27

이 나라의 중심지이자 위대한 링컨의 고향인 일리노이 주를 대표해서 제가 이 전당대회에서 연설을 하게 되어 너무나 기쁩니다. 오늘 밤은 저에게 특별히 영광스러운 밤입니다. 솔직히 말해 저 같은 사람이 이런 단상에 선다는 게 있을 법한 일이 아니니까요. 저의 아버지는 외국에서 온 유학생이었습니다. 케냐의 작은 마을 출신이었죠. 염소를 키우면서 자랐고, 양철 지붕을 인 오두막 학교에 다녔습니다. 아버지의 아버지, 그러니까 저의 할아버지는 요리사였습니다. 영국인의 집에서 일한 하인이었죠.

그래도 할아버지는 아버지에게 큰 꿈을 걸고 있었습니다. 힘들게 일하면서 참을성 있게 버틴 끝에 아버지는 장학금을 받아 매혹적인 나라 미국에서 공부를 할 수 있게 되었습니다. 오래 전에 이 땅으로 건너왔던 수많은 사람들에게 횃불이 되어 주었던 자유와 기회의 땅에서 말입니다. 아버지는 미국에서 공부하면서 어머니를 만났습니다. 어머니는 아버지의 고향과는 정반대 세상인 캔자스 주에서 태어났었지요. 외할아버지는 석유 공장과 농장에서 일을 하며 대공황 시기를 지났습니다. 진주만 공습 다음 날 입대 신청을 하셨고, 패튼 장군의 부대에 배속되어 유럽을 누볐답니다. 고향 집에서 외할머니는 어린 아이를 키우며 폭격기 조립 라인

Keynote Address at the 2004
Democratic National Convention

July 27, 2004

On behalf of the great state of Illinois, crossroads of a nation, land of Lincoln, let me express my deepest gratitude for the privilege of addressing this convention. Tonight is a particular honor for me because, let's face it, my presence on this stage is pretty unlikely. My father was a foreign student, born and raised in a small village in Kenya. He grew up herding goats, went to school in a tin-roof shack. His father, my grandfather, was a cook, a domestic servant to the British.

But my grandfather had larger dreams for his son. Through hard work and perseverance my father got a scholarship to study in a magical place; America, which stood as a beacon of freedom and opportunity to so many who had come before. While studying here, my father met my mother. She was born in a town on the other side of the world, in Kansas. Her father worked on oil rigs and farms through most of the Depression. The day after Pearl Harbor he signed up for duty, joined Patton's

에서 일했습니다. 전쟁이 끝나자 두 분은 제대군인원호법의 혜택을 받아 공부를 했고 연방주택관리국의 지원으로 집을 구했습니다. 그 뒤 두 분은 좋은 기회를 찾아 서쪽으로 이사를 갔습니다.

두 분 역시 딸에게 큰 꿈을 걸고 있었습니다. 각각 다른 대륙에서 태어났지만 제 부모님의 꿈은 다르지 않았습니다. 부모님은 불가능한 사랑을 나누었을 뿐만 아니라, 이 나라는 뭐든지 가능한 나라라는 굳은 믿음도 함께 나누었습니다. 두 분은 제게 '버락'이라는 아프리카식 이름을 지어주었습니다. '축복 받았다'는 뜻인데, 이 관대한 나라 미국에서는 이름이 이렇게 좀 이상하다고 해서 성공에 방해가 되지는 않을 거라고 믿은 거지요. 두 분은 부자가 아니었지만 저를 제일 좋은 학교에 보낼 수 있을 거라고 생각했습니다. 왜냐하면 관대한 나라 미국에서는 꿈을 이루기 위해서는 돈이 그리 큰 문제가 아니기 때문이죠. 두 분 모두 이제는 세상을 떠나고 없습니다. 그러나 저는 두 분이 오늘밤 저를 내려다보며 자랑스러워 하리라고 생각합니다.

오늘 저는 여기 서서 두 분에게 물려받은 문화적 다양성에 감사하며 제 부모님들의 꿈이 제 소중한 두 딸들에게도 이어져 내려왔다는 것을 느끼고 있습니다. 그리고 제 이야기가 수많은 미국 사람들이 겪은 이야기들 중 하나일 뿐이라는 걸, 저보다 먼저 이 땅에 건너왔던 그 많은 분들이 있었기 때문에 가능한 이야기라는 걸 저는 잘 알고 있습니다. 그리

army and marched across Europe. Back home, my grandmother raised their baby and went to work on a bomber assembly line. After the war, they studied on the G.I. Bill, bought a house through FHA, and moved west, All the way to Hawaii, in search of opportunity.

And they, too, had big dreams for their daughter, a common dream, born of two continents. My parents shared not only an improbable love; they shared an abiding faith in the possibilities of this nation. They would give me an African name, Barack, or "blessed," believing that in a tolerant America your name is no barrier to success. They imagined me going to the best schools in the land, even though they weren't rich, because in a generous America you don't have to be rich to achieve your potential. They are both passed away now. Yet, I know that, on this night, they look down on me with great pride.

I stand here today, grateful for the diversity of my heritage, aware that my parents' dreams live on in my precious daughters. I stand here knowing that my story is part of the larger American story, that I owe a debt to all of those who came before me, and

285

고 이 세상의 다른 어떤 나라에서도 제 이런 이야기가 가능하지 않다는 걸 알고 있습니다. 오늘밤 우리는 우리나라가 위대하다는 것을 확인하기 위해 모였습니다. 우리나라는 높은 빌딩들 때문에 위대한 것이 아닙니다. 군사력이 강해서, 혹은 경제력이 커서 위대한 것이 아닙니다. 우리의 자부심은 아주 간단한 전제에서 출발합니다. 그 요체는 이미 200년 전에 만들어진 한 선언문[미국독립선언문] 속에 요약되어 있습니다. "우리는 다음과 같은 진리들을 굳게 믿는다. 모든 사람은 평등하게 태어난다. 조물주는 인간에게 아무도 빼앗아갈 수 없는 확고한 권리를 부여했으며, 그 권리 중에는 생명권과 자유권, 그리고 행복추구권이 있다."

이것이 진정한 미국의 정신입니다. 그것은 국민들이 자신들의 소박한 꿈, 자그마한 기적들을 믿는 믿음입니다. 그 믿음은 매일 밤 우리가 아이들을 재우며 녀석들을 먹이고 입히고 위험하지 않게 보호해줄 수 있다는 믿음입니다. 우리가 생각하는 것을 마음대로 말하고 마음대로 쓰면서도, 느닷없이 누가 우리 집 문을 두드리지나 않을까 걱정하지 않아도 된다는 믿음입니다. 뇌물을 주지 않고도 독자적인 사업 아이디어를 내어 일을 시작할 수 있다는 믿음입니다. 정치적인 변화에 참여해도 보복 당하지 않을까 두려워하지 않아도 되며, 적어도 거의 언제나 우리의 투표 행위가 영향력을 가지리라는 믿음입니다.

올해의 이 선거에서 우리는 우리들의 가치 기준과 공약을 다시 다짐

that, in no other country on earth, is my story even possible. Tonight, we gather to affirm the greatness of our nation, not because of the height of our skyscrapers, or the power of our military, or the size of our economy. Our pride is based on a very simple premise, summed up in a declaration made over two hundred years ago, "We hold these truths to be self-evident: That all men are created equal. That they are endowed by their Creator with certain inalienable rights. That among these are life, liberty and the pursuit of happiness."

That is the true genius of America, a faith in the simple dreams of its people, the insistence on small miracles. That we can tuck in our children at night and know they are fed and clothed and safe from harm. That we can say what we think, write what we think, without hearing a sudden knock on the door. That we can have an idea and start our own business without paying a bribe. That we can participate in the political process without fear of retribution, and that our votes will be counted -- or at least, most of the time.

This year, in this election, we are called to reaffirm our values

287

해 달라는 요구를 받고 있습니다. 어려운 현실을 이겨나가기 위해 그 가치와 공약을 견지하여, 우리 조상들이 남겨준 유산과 미래 세대들에 대한 약속을 우리가 지킬 수 있을 만한 적절한 존재인지 확인해달라는 요구를 받고 있습니다. 미국 국민 여러분, 민주당원이나 공화당원이나 무소속이라도 상관없습니다. 오늘밤 저는 여러분들에게 이 말을 하고 싶습니다. 우리에게는 해야 할 일이 많습니다. 제가 만난 일리노이 게일스버그의 노동자들을 위해 해야 할 일이 많습니다. 그분들은 메이테그 공장이 멕시코로 이전하는 바람에 일자리를 잃었습니다. 이제 그들은 시간당 7달러를 받는 일자리를 두고 자기 자식 세대들과 다퉈야 합니다. 그리고 제가 만난 어느 아버지를 위해 해야 할 일이 많습니다. 그분은 일자리를 잃고 눈물로 목이 메어 있었습니다. 그 동안 의지해왔던 의료보험 혜택이 없어져 아들에게 필요한 약을 사기 위해 매달 4천5백 달러를 어떻게 지불해야 할지 모르겠다고 걱정하고 있습니다. 세인트루이스 동부에 사는 한 젊은 여성을 위해, 그녀와 비슷한 처지에 있는 수많은 사람들을 위해, 해야 할 일이 많습니다. 그들은 자격이 있고 욕구가 있고 의지가 있지만, 다만 돈이 없어서 대학에 가지 못하고 있습니다.

오해하지는 마십시오. 제가 작은 마을이나 대도시에서 만난 사람들, 저녁식사 때나 상업 지구에서 만난 사람들, 이 분들은 정부가 자신들의 모든 문제를 풀어줄 것이라는 기대는 하고 있지 않습니다. 그분들은 돈을 벌거나 성공하기 위해서는 더 열심히 노력해야 한다는 걸 잘 알고 있습니

and commitments, to hold them against a hard reality and see how we are measuring up, to the legacy of our forbearers, and the promise of future generations. And fellow Americans -- Democrats, Republicans, Independents -- I say to you tonight: we have more work to do. More Work to do for the workers I met in Galesburg, Illinois, who are losing their union jobs at the Maytag plant that's moving to Mexico, and now are having to compete with their own children for jobs that pay seven bucks an hour. More to do for the father I met who was losing his job and choking back tears, wondering how he would pay $4,500 a month for the drugs his son needs without the health benefits he counted on. More to do for the young woman in East St. Louis, and thousands more like her, who has the grades, has the drive, has the will, but doesn't have the money to go to college.

Don't get me wrong. The people I meet in small towns and big cities, in diners and office parks, they don't expect government to solve all their problems. They know they have to work hard to get ahead and they want to. Go into the collar counties

다. 그리고 노력하기를 원합니다. 시카고 주변의 외곽 지역으로 가봅시다. 그곳 사람들은 자신들의 세금을 사회 복지 기관이나 국방부가 헛되이 사용하지 않았으면 좋겠다고 말할 것입니다. 도심부 낙후지역에 살고 있는 이웃들에게 가봅시다. 그분들은 공부할 나이의 아이들을 정부 혼자서는 가르칠 수 없다고 말할 것입니다. 부모들이 부모 노릇을 제대로 해야 한다는 사실을 그분들은 잘 알고 있습니다. 아이들이 성공하려면, 우리 스스로 아이들의 장래성을 키워주고, 텔레비전을 끄고, 책을 들고 다니는 흑인 젊은이에게 백인처럼 행동한다는 비난을 하지 말아야 합니다. 국민들은 이런 사실을 잘 알고 있습니다. 사람들은 정부가 자기들의 모든 문제를 다 해결해 줄 거라고는 기대도 하지 않습니다. 하지만 그들은 뼛속 깊이 감지하고 있습니다. 우선순위에 조금만 변화를 주어도, 모든 미국 아이들이 삶의 가능성을 넉넉히 누리게 되며, 기회의 문이 모두에게 열리게 된다는 것을 말입니다. 국민들은 우리가 더 잘해나갈 수 있다는 걸 알고 있습니다. 국민들은 바로 그런 선택을 원합니다.

이번 선거에서 우리가 제시하는 선택이 바로 그것입니다. 우리 민주당은 우리를 이끌어갈 인물을 선택했습니다. 그는 이 나라가 제시해야 할 최고의 수준을 온몸으로 보여주고 있는 사람, 존 케리입니다. 존 케리 후보는 사회와 믿음과 희생이라는 이상을 잘 이해하고 있습니다. 그가 살아온 인생을 보면 그것을 확실하게 알 수 있습니다. 베트남의 영웅적인 군복무를 시작으로, 몇 년간의 검사와 부지사 생활을 거쳐, 연방 상원에

around Chicago, and people will tell you they don't want their tax money wasted by a welfare agency or the Pentagon. Go into any inner city neighborhood, and folks will tell you that government alone can't teach Our kids to learn. They know that parents have to Teach, that children can't achieve unless we raise their expectations and turn off the television sets and eradicate the slander that says a black youth with a book is acting white. THEY KNOW THOSE THINGS. People don't expect government to solve all their problems. But they sense, deep in their bones, that with just a slight change in priorities, we can make sure that every child in America has a decent shot at life, and that the doors of opportunity remain open to all. They know we can do better. And they want that choice.

In this election, we offer that choice. Our party has chosen a man to lead us who embodies the best this country has to offer. That man is John Kerry. John Kerry understands the ideals of community, faith, and sacrifice, because they've defined his life. From his heroic service in Vietnam to his years as prosecutor and lieutenant governor, through two decades in the United

서 20년을 지내면서, 그는 이 나라를 위해 온몸을 바쳐 왔습니다. 더 쉬운 길들이 많았지만 그는 항상 쉽지 않은 선택을 했습니다. 그의 가치관과 그의 이력을 보면 우리들이 지닌 최고의 가능성이 무엇인지 잘 알 수 있습니다.

존 케리 후보는 미국이라는 나라가 노력하면 보상을 받는 나라임을 확신하고 있습니다. 그래서 일자리를 다른 나라로 이전시키는 회사들 대신 국내에 일자리를 만들어내는 회사들에게 세금 우대를 해줄 것입니다. 존 케리 후보는 미국의 모든 국민들이 워싱턴의 정치인들이 받고 있는 것과 똑같은 수준의 건강 보험 혜택을 받을 자격이 있음을 확신하고 있습니다. 존 케리 후보는 에너지 자립을 할 수 있다고 확신하고 있습니다. 그래서 정유 회사의 이익이나 해외 유전의 사보타지에 볼모 잡히지 않을 것입니다. 존 케리 후보는 헌법이 보장하는 자유를 확신하고 있습니다. 전 세계가 우리나라를 부러워하는 것은 이 자유 때문입니다. 그는 절대 우리의 기본적인 자유들을 희생시키지 않을 것입니다. 신앙을 이용해 우리를 갈라놓지도 않을 것입니다. 존 케리 후보는 위험한 세상에서는 전쟁이라는 방법을 선택해야 할 때도 있지만, 절대로 그것이 첫 번째 방법이 되어서는 안 된다고 확신하고 있습니다.

얼마 전 저는 일리노이 주 이스트몰린에 있는 해외참전군인의 전당에서 셰이머스라는 젊은 청년을 만난 적이 있습니다. 얼굴이 잘생겼고, 190

States Senate, he has devoted himself to this country. Again and again, we've seen him make tough choices when easier ones were available. His values and his record affirm what is best in us.

John Kerry believes in an America where hard work is rewarded. So instead of offering tax breaks to companies shipping jobs overseas, he'll offer them to companies creating jobs here at home. John Kerry believes in an America where all Americans can afford the same health coverage our politicians in Washington have for themselves. John Kerry believes in energy independence, so we aren't held hostage to the profits of oil companies or the sabotage of foreign oil fields. John Kerry believes in the constitutional freedoms that have made our country the envy of the world, and he will never sacrifice our basic liberties nor use faith as a wedge to divide us. And John Kerry believes that in a dangerous world, war must be an option, but it should never be the first option.

A while back, I met a young man named Shamus at the VFW Hall in East Moline, Illinois. He was a good-looking kid, 6´2˝ or 6´3˝, clear eyed, with an easy smile. He told me he'd

센티 정도의 키에, 눈이 맑았습니다. 미소가 따뜻했지요. 그는 해병대에 입대했는데, 다음 주에 이라크로 간다고 말했습니다. 그는 자신이 입대한 이유, 우리나라와 지도자들에 대한 굳은 믿음, 병역과 군복무에 대한 헌신적인 자세들을 얘기했습니다. 그걸 들으면서 저는 이 젊은이야말로 우리 모두가 어린 시절에 꿈꾸던 바로 그 모습이라고 생각했습니다. 그러나 한편으로는 저 스스로에게 물어봤습니다. "셰이머스가 우리를 위해 봉사하는 것만큼 우리도 셰이머스를 위해 봉사하고 있는가?" 저는 고향으로 돌아오지 못할 900명(당시의 이라크 전쟁 전사자)도 넘는 남녀 군인들, 아들과 딸들, 남편과 아내들, 친구들과 이웃들을 생각했습니다. 저는 제가 만났던 가족들을 생각했습니다. 전몰자의 수입이 없어 힘들게 살아가고 있던 가족들, 혹은 사랑하는 이가 팔다리를 잃거나 정신적 혼돈에 휩싸인 채 돌아왔지만 예비군이라는 이유로 아직도 장기 건강 보험 혜택이 없는 가족들을 생각했습니다. 우리가 젊은 남녀들을 위험한 곳으로 보낼 때는, 정황을 적당히 꾸며대거나, 그들이 그곳에 가는 진실한 이유가 뭔지 감추지 않아야 할 엄숙한 책무가 우리에게는 있습니다. 그들이 그곳에 가 있는 동안 그 가족들을 돌봐야 할 엄숙한 책무가 우리에게는 있습니다. 그 병사들에게 주의를 기울여 그들의 귀환을 돌봐주어야 할 엄숙한 책무가 우리에게는 있습니다. 전쟁에서 이겨 평화를 지켜내고 세계의 존경을 받을 수 있을 만한 충분한 병력을 보낼 수 없다면 절대로 전쟁에 뛰어들지 말아야 할 엄숙한 책무가 우리에게는 있습니다.

joined the Marines and was heading to Iraq the following week. As I listened to him explain why he'd enlisted, his absolute faith in our country and its leaders, his devotion to duty and service, I thought this young man was all any of us might ever hope for in a child. But then I asked myself: Are we serving Shamus as well as he was serving us? I thought of more than 900 service men and women, sons and daughters, husbands and wives, friends and neighbors, who won't be returning to their hometowns. I thought of families I had met who were struggling to get by without a loved one's full income, or whose loved ones had returned with a limb missing or with nerves shattered, but who still lacked long-term health benefits because they were reservists. When we send our young men and women into harm's way, we have a solemn obligation not to fudge the numbers or shade the truth about why they're going, to care for their families while they're gone, to tend to the soldiers upon their return, and to never ever go to war without enough troops to win the war, secure the peace, and earn the respect of the world.

Now let me be clear. We have real enemies in the world. These enemies must be found. They must be pursued and they must

분명하게 말씀드리겠습니다. 세상에는 우리의 진짜 적들이 있습니다. 그 적들을 반드시 찾아내야 합니다. 끝까지 추적해야 합니다. 그래서 쓰러뜨려야 합니다. 존 케리 후보는 이 사실을 잘 이해하고 있습니다. 케리 대위는 베트남에서 주저 없이 생명의 위협을 무릅쓰고 같이 참전했던 부하들을 보호했습니다. 그와 같이, 케리 대통령 역시 미국을 무사하고 안전하게 지키기 위해서라면 조금도 주저하지 않고 우리의 군사력을 사용할 것입니다. 존 케리 후보는 미국을 믿습니다. 그는 우리 중 몇 사람만 부자가 되어서는 안 된다고 생각하고 있습니다. 우리의 그 유명한 개인주의와 함께 미국의 전설을 구성하고 있는 또 다른 요소가 있습니다.

그것은 우리가 하나의 국민으로 서로 연결되어 있다는 믿음입니다. 시카고 사우스사이드 지역에 글을 읽지 못 하는 어떤 아이가 있다면, 그 아이가 제 아이가 아니더라도 저에게는 중요한 문제가 됩니다. 처방약에 돈을 낼 수가 없어서 의약품과 집세 중에 하나를 선택할 수밖에 없는 노인이 어딘가에 있다면, 그분이 제 할머니가 아니더라도 그것 때문에 제 인생은 더 가난해지고 맙니다. 변호사의 도움이나 정당한 법 절차 없이 체포된 아랍계 미국인 가족이 있다면, 그것 때문에 저는 제 시민의 자유를 위협받게 됩니다. 내가 내 형제의 지킴이이고 내 누이의 지킴이라는 믿음, 바로 이런 근본적인 믿음이 이 나라를 움직이는 힘입니다. 이 믿음 덕분에 우리는 각자의 꿈을 추구하면서도 동시에 미국이라는 하나의 가족으로 뭉칠 수 있습니다. 즉, 우리는 '여럿으로 이루어진 하나'입니다.

be defeated. John Kerry knows this. And just as Lieutenant Kerry did not hesitate to risk his life to protect the men who served with him in Vietnam, President Kerry will not hesitate one moment to use our military might to keep America safe and secure. John Kerry believes in America. And he knows it's not enough for just some of us to prosper. For alongside our famous individualism, there's another ingredient in the American saga.

A belief that we are connected as one people. If there's a child on the south side of Chicago who can't read, that matters to me, even if it's not my child. If there's a senior citizen somewhere who can't pay for her prescription drugs and has to choose between medicine and the rent, that makes my life poorer, even if it's not my grandparent. If there's an Arab American family being rounded up without benefit of an attorney or due process, that threatens my civil liberties. It's that fundamental belief -- I am my brother's keeper, I am my sisters' keeper -- that makes this country work. It's what allows us to pursue our individual dreams, yet still come together as one American family. "E pluribus unum." Out of many, one.

하지만 우리가 말하고 있는 이 순간에도, 우리를 분열시키려는 사람들이 있습니다. 무슨 짓을 해도 괜찮다는 식의 정치적 수단을 이용하는 선거 운동 전문가들과 악성 선전 전파자들이 그들입니다. 그래서 저는 오늘밤 그 사람들에게 이런 말을 하고 싶습니다. 미국은 민주당의 미국도 공화당의 미국도 아니고 미합중국일 뿐입니다. 미국은 흑인의 미국도 백인의 미국도 라틴계의 미국도 아시아계의 미국도 아니고 미합중국일 뿐입니다. 전문가들은 우리나라를 빨간색의 주와 파란색의 주로 토막내기를 좋아합니다. 빨간색은 공화당을 지지하는 주, 파란색은 민주당을 지지하는 주라는 식으로 말입니다. 하지만 그 사람들이 모르는 이야기가 있습니다. 우리는 파란색의 주에서도 경외로운 신을 믿습니다. 우리는 빨간색의 주에서도 FBI 요원들이 서재를 여기저기 들쑤시면 싫어합니다. 우리는 파란색의 주에서도 소년 야구 팀의 코치를 하며, 빨간색의 주에도 동성연애자 친구들이 있습니다. 이라크 전을 반대하는 애국자도 있고, 이라크 전을 지지하는 애국자도 있습니다. 우리는 한 국민입니다. 우리 모두는 미국 국기에 충성을 맹세하는 한 국민입니다. 우리 모두는 미합중국을 수호하는 한 국민입니다.

결국 이것이 바로 이번 선거의 의미입니다. 우리는 냉소주의적인 정치에 참여해야 할까요, 아니면 희망의 정치에 참여해야 할까요? 존 케리 후보는 우리에게 희망을 가지라고 말합니다. 존 에드워즈 후보는 우리에게 희망을 가지라고 말합니다. 저는 지금 맹목적인 낙관주의를 이야기하

Yet even as we speak, there are those who are preparing to divide us, the spin masters and negative ad peddlers who embrace the politics of anything goes. Well, I say to them tonight, there's not a liberal America and a conservative America -- there's the United States of America. There's not a black America and white America and Latino America and Asian America; there's the United States of America. The pundits like to slice-and-dice our country into Red States and Blue States; Red States for Republicans, Blue States for Democrats. But I've got news for them, too. We worship an awesome God in the Blue States, and we don't like federal agents poking around our libraries in the Red States. We coach Little League in the Blue States and have gay friends in the Red States. There are patriots who opposed the war in Iraq and patriots who supported it. We are one people, all of us pledging allegiance to the stars and stripes, all of us defending the United States of America.

In the end, that's what this election is about. Do we participate in a politics of cynicism or do we participate in a politics of hope? John Kerry calls on us to hope. John Edwards calls on us to hope. I'm not talking about blind optimism here -- the

는 것이 아닙니다. 우리가 실업 문제를 거론하지 않아도 그 문제가 스스로 풀린다거나, 의료 보험 위기를 모른 척해도 그 위기가 저절로 해결될 것이라고 생각하는 것은 고의적인 묵살 행위에 가깝습니다. 그보다 저는 더 실질적인 이야기를 하고 싶습니다. 그것은 모닥불 주위에 둘러앉아 자유의 노래를 부르던 노예들의 희망입니다. 머나먼 신대륙을 향해 출발하던 이민자들의 희망입니다. 용감하게 메콩 강 삼각주를 순찰하던 한 젊은 해군 대위(존 케리)의 희망입니다. 불평등에 대담하게 도전한 한 공장 노동자 아들(존 에드워즈)의 희망입니다. 미국에는 자신이 설 자리가 있다고 믿는, 우스꽝스러운 이름을 가진 **빼빼마른** 한 아이(버락 오바마)의 희망이기도 합니다. 희망을 품으십시오. 어려움이 닥쳐도 희망을 품으십시오. 미래가 불확실해도 희망을 품으십시오. 담대하게 희망을 품으십시오!

결국 이것이 신이 주신 가장 큰 선물입니다. 이 나라를 지탱하는 기반입니다. 그것은 보이지는 않는 것들을 믿는 믿음입니다. 우리 앞에는 더 좋은 날들이 있다는 믿음입니다. 저는 우리가 중산층을 구제할 수 있고 근로자 가족들에게 기회를 열어줄 수 있다고 믿습니다. 저는 우리가 일자리 없는 사람들에게 일자리를 줄 수 있고, 집 없는 사람들에게 집을 줄 수 있고, 전국에 있는 도시의 젊은이들을 폭력과 절망에서 일으켜 세울 수 있다고 믿습니다. 저는 우리가 역사의 갈림길에 서 있을 때, 올바른 선택을 하고 당면한 문제들을 해결할 수 있다고 믿습니다.

almost willful ignorance that thinks unemployment will go away if we just don't think about it, or the health care crisis will solve itself if we just ignore it. No, I'm talking about something more substantial. It's the hope of slaves sitting around a fire singing freedom songs; the hope of immigrants setting out for distant shores; the hope of a young naval lieutenant bravely patrolling the Mekong Delta; the hope of a mill worker's son who dares to defy the odds; the hope of a skinny kid with a funny name who believes that America has a place for him, too. HOPE, HOPE IN THE FACE OF DIFFICULTY. HOPE IN THE FACE OF UNCERTAINTY. The audacity of hope!

In the end, that is God's greatest gift to us, the bedrock of this nation; the belief in things not seen; the belief that there are better days ahead. I believe we can give our middle class relief and provide working families with a road to opportunity. I believe we can provide jobs to the jobless, homes to the homeless, and reclaim young people in cities across America from violence and despair. I believe that, as we stand on the crossroads of history, we can make the right choices, and meet the challenges that face us.

미국 국민 여러분! 오늘 밤 제가 느끼는 것과 같은 에너지를 느끼신다면, 제가 느끼는 것과 같은 긴박함을 느끼신다면, 제가 느끼는 것과 같은 열정을 느끼신다면, 제가 느끼는 것과 같은 희망찬 기분을 느끼신다면, 그래서 만약 우리가 해야 할 일을 한다면, 저는 의심하지 않습니다. 플로리다 주에서 오리건 주까지, 워싱턴 주에서 메인 주까지, 전국에 걸쳐서 11월에는 국민들이 일어설 것이라는 사실을. 존 케리 후보는 대통령으로 선서할 것이고, 존 에드워즈 후보는 부통령으로 선서할 것이라는 사실을. 약속의 땅 미국이 다시 그 이름에 걸맞는 나라가 되리라는 사실을. 이 오랜 정치적 어둠이 걷히고 환한 날이 다가올 것이라는 사실을.

감사합니다.

America! Tonight, if you feel the same energy I do, the same urgency I do, the same passion I do, the same hopefulness I do -- if we do what we must do, then I have no doubt that all across the country, from Florida to Oregon, from Washington to Maine, the people will rise up in November, and John Kerry will be sworn in as president, and John Edwards will be sworn in as vice president, and this country will reclaim its promise, and out of this long political darkness a brighter day will come.

Thank you and God bless you.

YES, WE CAN.
더 큰 나를 꿈꾸는 당신에게 드리는 오바마의 성공 메시지

초판 인쇄 2008년 6월 13일
2쇄 발행 2008년 11월 15일

지은이 김성
펴낸이 김제구
펴낸곳 도서출판 리즈앤북

등록일 2002년 11월 15일
주 소 121-841 서울시 마포구 서교동 463-31 플러스빌딩 4층
전 화 02)332-4037
팩 스 02)332-4031

ISBN 978-89-90522-50-4 03320

값 13,800원